D1998512

Das Einsteigerseminar

Macromedia Fireworks MX 2004

Achim Beiermann
Volker Hinzen

Das Einsteigerseminar
Macromedia Fireworks MX 2004

bhv

Dieses Buch wurde der Umwelt zuliebe auf chlorfrei gebleichtem Papier gedruckt.

verlag moderne industrie Buch AG & Co. KG, Landsberg
Königswinterer Str. 418
D – 53227 Bonn
www.vmi-Buch.de

08 07 06 05 04

10 9 8 7 6 5 4 3 2 1

1. Auflage

ISBN 3-8266-7275-5

Printed in Germany

Inhalt

Vorwort

Macromedia Fireworks ist ein professionelles Bildbearbeitungsprogramm für Webdesigner. Sie können mit Fireworks nicht nur Bilder, sondern auch animierte Banner, Imagemaps, Schaltflächen, Navigationsleisten, komplette Web-Seiten und vieles mehr erstellen und bearbeiten. Auch im Zusammenspiel mit dem führenden Web-Editor Dreamweaver spielt Fireworks seine Stärken aus.

Das vorliegende Einsteigerseminar

- führt Sie anhand von praktischen Beispielen in die Grundlagen der Vektor- und Bitmap-Bearbeitung ein,
- begleitet Sie Schritt für Schritt bei der Erstellung eines animierten Banners, einer Navigationsleiste, eines Fotoalbums sowie einer vollständigen Web-Seite,
- zeigt Ihnen die Möglichkeiten, Bilder zu optimieren,
- erläutert das Zusammenspiel von Macromedia Dreamweaver und Fireworks.

Für weiter gehende Informationen, Ergänzungen, Aktualisierungen und unterstützende Übungsdateien haben wir ein Webangebot eingerichtet. Die Adresse lautet: *http://www.buchteam.de*. Hier können Sie auch per E-Mail mit uns in Kontakt treten. Für Fragen, Anregungen, Kritik oder Ähnliches sind wir jederzeit dankbar.

Wir wünschen Ihnen viel Spaß beim Lesen und Lernen.

Achim Beiermann und *Volker Hinzen*

Einleitung

Fireworks ist ein Grafikprogramm, das vom Pixelmodus bis zur umfangreichen Vektorbearbeitung vieles bietet. Der Fokus liegt dabei eindeutig auf der Verwendung von Grafiken im Web. So verfügt das Programm über effiziente Funktionen zur Bildoptimierung sowie zum Erstellen von Animationen, Imagemaps und sogar kompletten Web-Seiten.

Der Funktionsumfang des Programms ist so groß, dass wir gar nicht erst den Versuch unternommen haben, in einem *Einsteiger*-Seminar alle Facetten von Fireworks zu beschreiben.

Vielmehr haben wir uns dazu entschlossen, Ihnen im Rahmen kleiner, in sich abgeschlossener Projekte den Leistungsumfang von Fireworks näher zu bringen. Dabei haben Sie die Möglichkeit, die Projekte – angepasst an Ihre individuellen Bedürfnisse – sofort in die Praxis umzusetzen. Gerade das trägt nach unserer Meinung dazu bei, dass Sie am Ende des Buchs die Funktionen nicht nur kennen gelernt, sondern auch erfolgreich erprobt haben.

Sollte Ihnen die Gelegenheit fehlen, das ganze Buch durchzuarbeiten, kann jedes Kapitel für sich als abgeschlossene Übungseinheit nachvollzogen werden.

Die Orientierung an Projekten bringt es mit sich, dass manche Funktionen wiederholt – teils in leicht abgewandelter Form – angesprochen werden. Dies ist sehr hilfreich, um wichtige Funktionen vertiefen zu können.

Viele der in dem Buch verwendeten Übungsdateien, Grafiken und Fotos stehen auf unserer Website *http://www.buchteam.de* zum Download bereit.

Ein Letztes noch: Am Ende eines jeden Kapitels finden Sie eine Zusammenfassung sowie Fragen und Übungen zu den behandelten Inhalten. Die Lösungen folgen dann nach dem letzten Kapitel des Buchs.

Einführung

1 Einführung

Mit Fireworks MX 2004 steht Ihnen ein komfortables Instrument für das professionelle Entwerfen und Erstellen von Webgrafiken zur Verfügung. Daneben ermöglicht Fireworks die Bearbeitung und Animation von Webgrafiken, die interaktive Gestaltung sowie die Optimierung von Bildern in einer professionellen Umgebung. In diesem Kapitel erfolgt zunächst eine Einführung in Fireworks (Systemvoraussetzungen, Programmstart und -oberfläche, Einrichten des Dokumentfensters und Hilfefunktionen). Da Fireworks Bearbeitungswerkzeuge sowohl für Vektor- als auch für Bitmap-Grafiken enthält, erfahren Sie anschließend Grundlegendes über beide Grafiktypen.

1.1 Macromedia Fireworks

Fireworks in der neuesten Version MX 2004 ist nicht nur als Stand-alone-Version erhältlich. Wünschen Sie beispielsweise eine optimale Integration von Siteentwicklung und Webgrafikdesign, dann entscheiden Sie sich für die Komplettlösung Macromedia Studio MX 2004. Die Studioversion beinhaltet neben Fireworks auch die Produkte Macromedia Flash MX 2004, Dreamweaver MX 2004, FreeHand MX und ColdFusion MX 6.1 Developer Edition (nur Windows).

Weitere ausführliche Produktinformationen erhalten Sie auf der Homepage von Macromedia unter *http://www.macromedia.com/de/software/.*

HINWEIS

Fireworks MX 2004 sowie weitere Softwareprogramme können Sie kostenlos von der Macromedia-Homepage herunterladen und nach der Installation 30 Tage lang testen.

Abb. 1.1: Die Homepage von Macromedia Fireworks MX

Systemvoraussetzungen

Fireworks MX steht sowohl für das Betriebssystem Windows als auch für Macintosh zur Verfügung.

Im Einzelnen wird von Macromedia empfohlen:

Windows 95/98/NT	Macintosh
Intel Pentium III-Prozessor (oder Äquivalent) mit 600 MHz	PowerPC G3-Prozessor mit 500 MHz
Windows 98 SE, Windows 2000 oder Windows XP	Mac OS 10.2.6
256 MB RAM (512 MB empfohlen)	256 MB RAM (512 MB empfohlen)
800 MB verfügbarer Festplatten-speicher	500 MB verfügbarer Festplattenspeicher
256-Farben-Monitor mit einer Auflösung von 800 x 600 Pixeln	256-Farben-Monitor mit einer Auflösung von 800 x 600 Pixeln
Adobe Type Manager Version 4 oder neuer, Type-1-Schriftarten	Adobe Type Manager Version 4 oder neuer, Type-1-Schriftarten (unter OS 9.x)
CD-ROM-Laufwerk	CD-ROM-Laufwerk

Tab. 1.1: Systemvoraussetzungen

HINWEIS

Wie Sie der Tabelle entnehmen können, steht Fireworks für Windows- und Macintosh-Plattformen zur Verfügung. In diesem Buch beschränken wir uns jedoch aus Platzgründen auf die Beschreibung der Windows-Version.

Ähnlich wie Windows XP muss auch Fireworks MX 2004 vor der ersten Benutzung über das Internet oder per Telefon aktiviert werden. Nähere Hinweise hierzu erhalten Sie im Rahmen der Installation.

Fireworks starten

Gestartet wird Fireworks über *Start / Programme / Macromedia / Macromedia Fireworks MX 2004*.

Wenn Sie in Zukunft häufiger mit Fireworks arbeiten wollen, ist der Weg über das *Start*-Menü recht umständlich. Daher bietet Windows die Möglichkeit, das Symbol von Fireworks direkt auf dem Desktop abzulegen, so dass Sie das Programm künftig sofort per Doppelklick starten können.

Windows 98/ME/2000/XP

Unter Windows 98/ME/2000/XP geht dies blitzschnell. Öffnen Sie das Menü *Start / Programme / Macromedia / Macromedia Fireworks MX 2004*. Klicken Sie dann mit der rechten Maustaste auf den Eintrag *Macromedia Fireworks MX 2004*, halten Sie die Maustaste gedrückt und ziehen Sie den Menüeintrag auf Ihren Desktop.

Abb. 1.2: Mit rechter Maustaste herausziehen ...

Nach dem Loslassen der Maustaste erscheint ein Kontextmenü.

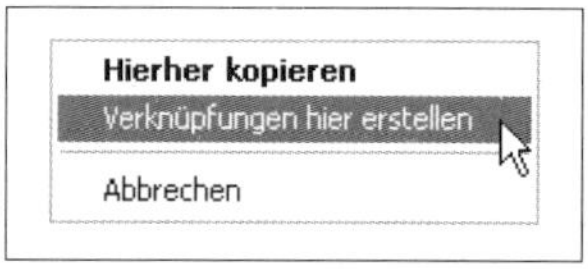

Abb. 1.3: ... und Verknüpfung erstellen

Wählen Sie den Eintrag *Verknüpfungen hier erstellen* mit der linken Maustaste aus, und schon befindet sich das Programmsymbol für Fireworks auf dem Desktop.

Windows 95/Windows NT 4

Wenn Sie Windows 95 oder Windows NT 4 benutzen, ist das Einrichten von Fireworks auf dem Desktop ein wenig aufwändiger. Klicken Sie mit der rechten Maustaste auf den Hintergrund des Desktops und rufen Sie über das Kontextmenü den Menübefehl *Neu / Verknüpfung* auf.

Abb. 1.4: Verknüpfung über das Kontextmenü erstellen

In dem folgenden Dialogfenster klicken Sie auf die Schaltfläche *Durchsuchen*. Wechseln Sie zum Ordner *Programme / Macromedia / Macromedia Fireworks MX 2004* auf Laufwerk *C:* (sofern Sie Fireworks dort installiert haben). Hier finden Sie die Programmdatei *Fireworks.exe*.

Klicken Sie den Dateinamen einmal an, und bestätigen Sie die Auswahl über *Öffnen*. Weiter geht es mit *Weiter*. Vergeben Sie einen aussagekräftigen Namen für das neue Symbol auf dem Desktop.

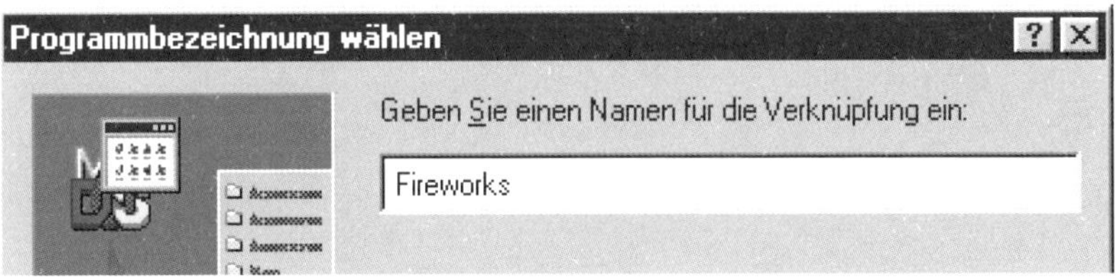

Abb. 1.5: Geben Sie den Namen `Fireworks` ein

Die Arbeitsumgebung von Fireworks

Unabhängig davon, wie Sie nun Fireworks gestartet haben, beim ersten Mal werden Sie vermutlich überrascht sein, weil die Darstellung der Programmoberfläche mit ihren Bedienfeldern und Bedienfeldgruppen, die

Sie im rechten Fensterbereich erkennen, nicht so ganz in das gewohnte Bild anderer Anwendungen passen will. Haben Sie jedoch schon mit Dreamweaver MX 2004 gearbeitet, werden Sie die enge Verwandtschaft der beiden Programme auf einen Blick erkennen.

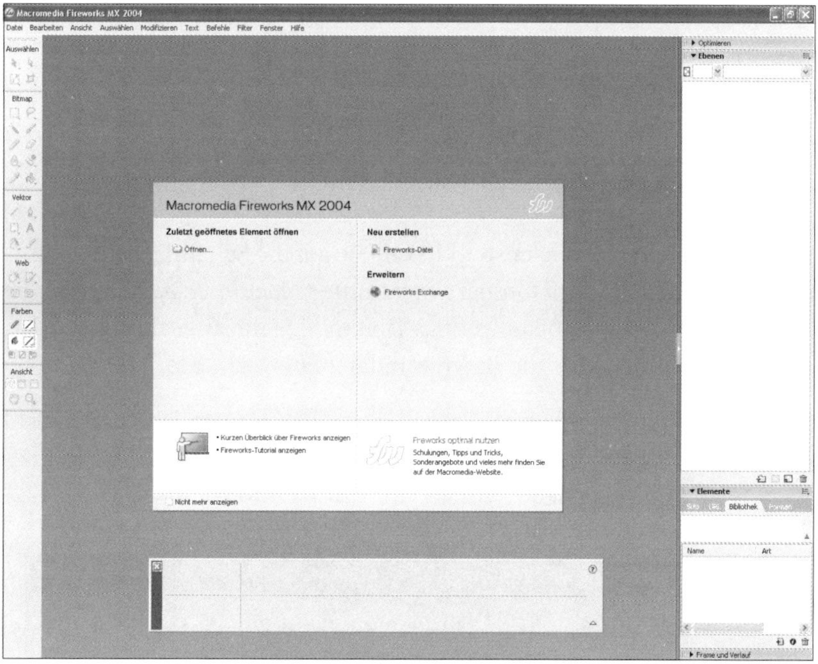

Abb. 1.6: Fireworks geizt nicht mit Bedienfeldern

Das *Startseite*-Fenster, das Sie in der Mitte sehen, bietet unter anderem die Möglichkeit, auf direktem Weg zuletzt bearbeitete Dateien bzw. Elemente zu öffnen oder neue zu erstellen. Stört Sie dieser Einstieg, weil Sie lieber die entsprechenden Funktionen auf der Menüleiste nutzen, dann aktivieren Sie unten links per Mausklick die Checkbox *Nicht mehr anzeigen*. Sie erhalten einen Hinweis, wie sich bei Bedarf die *Startseite* wieder aktivieren lässt. Drücken Sie den Button *OK*, so dass ab dem nächsten Fireworks-Start das Fenster bis auf weiteres entfällt.

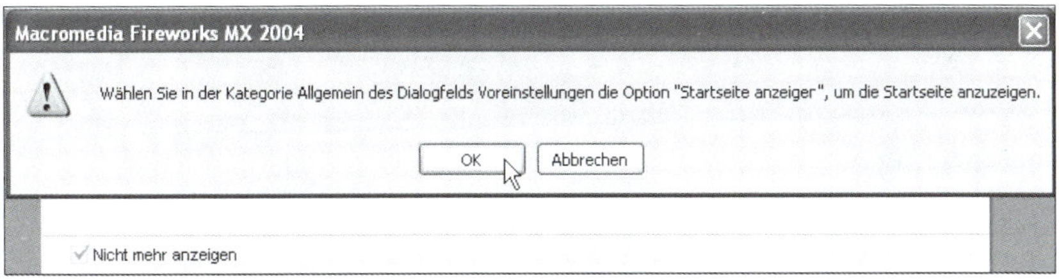

Abb. 1.7: Das Fenster *Startseite* künftig ausblenden

Die Bedienfelder und Bedienfeldgruppen lassen sich mit einem Klick auf die Titelleiste ein- und ausblenden.

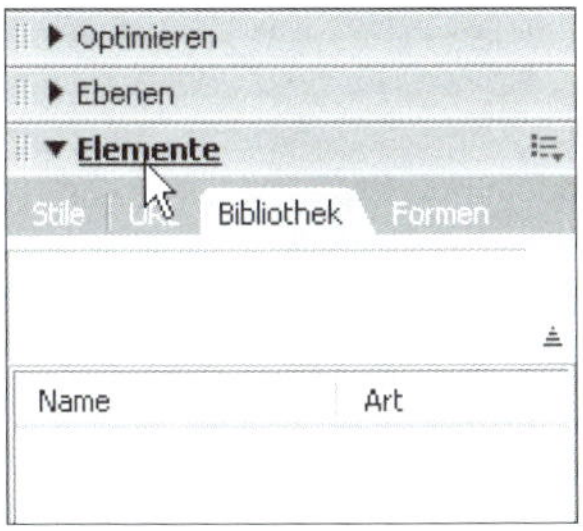

Abb. 1.8: Bedienfeld ein- und ausblenden

Dokumentfenster

Trotz der vielen Fenster, die Sie bereits sehen, fehlt jedoch noch das wichtigste: das *Dokumentfenster*. Dieses erscheint erst, wenn Sie ein neues Dokument erstellen oder ein bereits vorhandenes öffnen. Sie können im Übrigen beliebig viele Dokumentfenster öffnen und bearbeiten. Bei mehreren geöffneten Dokumentfenstern ist es sogar möglich, Objekte zwischen den einzelnen Fenstern auszutauschen (siehe Abbildung 1.9).

Aus der Titelleiste des Dokumentfensters sind der Name des Dokuments (sofern bereits gespeichert) und der Prozentsatz der Vergrößerung ersichtlich. Unterhalb der Titelleiste sind vier Register anklickbar, von denen das erste, *Original* genannt, das aktive Fireworks-Dokument anzeigt.

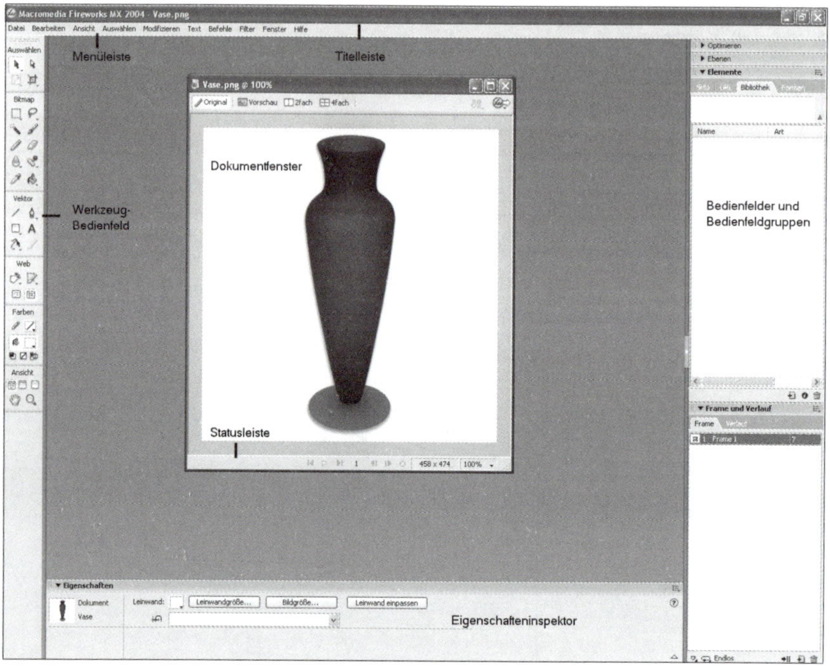

Abb. 1.9: Das Dokumentfenster steht im Mittelpunkt

Das Register *Vorschau* präsentiert das Dokument so, wie es in einem Browser dargestellt würde. Über die Register *2fach* und *4fach* können Sie optimierte Versionen einer Grafik mit dem Original vergleichen.

Abb. 1.10: Die Titelleiste und vier Register

Bedienfelder

Streng genommen ist nur das Dokumentfenster ein Fenster im Sinne der Windows-Terminologie. Die anderen Fenster werden *Bedienfelder* genannt. Bedienfelder helfen beim Bearbeiten der verschiedenen Eigenschaften eines ausgewählten Objekts. Sie können jederzeit über das Menü

Fenster mit einem Mausklick einzeln ein- oder ausgeblendet werden. Sind erst einmal Bedienfelder eingeblendet, können Sie besonders schnell über die [F4]-Taste zwischen *Anzeigen* und *Nicht anzeigen* wechseln. Darüber hinaus lassen sich Bedienfelder über das Grifffeld links auf der Titelleiste mit gedrückter Maustaste ab- und andocken.

HINWEIS

Bei *Bedienfeldgruppen* handelt es sich um verwandte Bedienfelder, die unter einer Überschrift zusammengefasst werden.

Bedienfelder lassen sich nach eigenem Geschmack organisieren. Dazu markieren Sie zunächst das gewünschte Namensregister und klicken anschließend mit der rechten Maustaste auf die Titelleiste der Bedienfeldgruppe. Aus dem folgenden Kontext wählen Sie die Bedienfeldgruppe, mit der Sie das Namensregister gruppieren wollen.

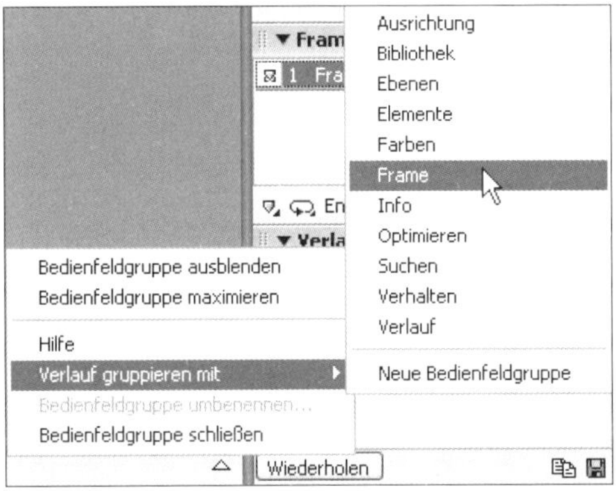

Abb. 1.11: Bedienfelder lassen sich beliebig gruppieren ...

Selbstverständlich lässt sich auch eine neue Bedienfeldgruppe anlegen. Das gewählte Namensregister steht zunächst als einziges Bedienfeld zur Verfügung, bis Sie gegebenenfalls weitere Namensregister dazupacken.

Abb. 1.12: ... oder als eigenes Bedienfeld präsentieren

Mit einem Doppelklick auf die Titelleiste lässt sich ein Bedienfeld zusammen- und wieder aufklappen. Damit ist es leichter möglich, auch bei mehreren eingeblendeten Bedienfeldern den Überblick zu behalten. Außerdem beanspruchen die Bedienfelder so weniger Platz auf der Arbeitsfläche.

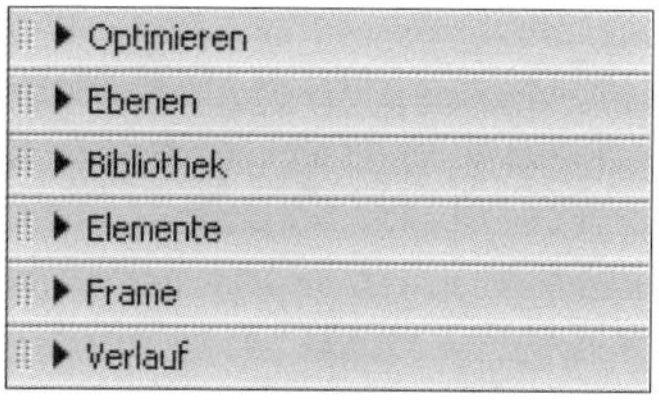

Abb. 1.13: So bleibt mehr Platz: zusammengeklappte Bedienfelder

HINWEIS

Wenn Sie die Monitor-Auflösung verändert haben, kann es passieren, dass anschließend Bedienfelder scheinbar fehlen. Um Bedienfelder an den Standardpositionen für Ihre Bildschirmauflösung wiederherzustellen, klicken Sie auf *Befehle / Bedienfelder-Layouts und dann auf die gewünschte Auflösung*. So werden alle Bedienfelder wieder innerhalb des sichtbaren Bildschirmbereichs angeordnet.

Über die Schaltfläche *Optionen* lässt sich ein Menü öffnen, das alle Befehle für das betreffende Bedienfeld enthält.

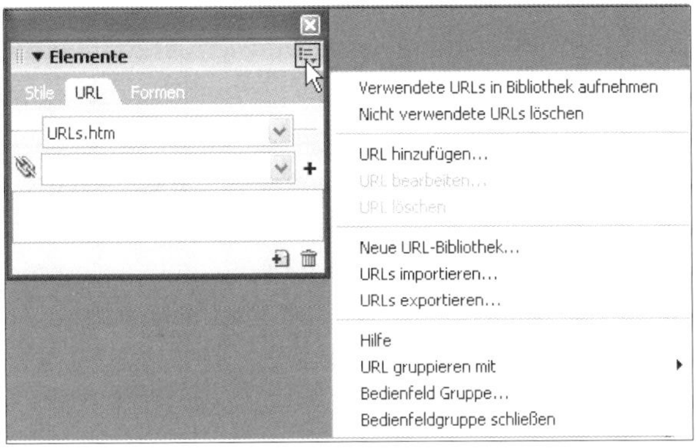

Abb. 1.14: Die Schaltfläche *Optionen*

Werkzeug-Bedienfeld

Das *Werkzeug*-Bedienfeld beinhaltet eine Vielzahl von Arbeitsgeräten, so z.B. zum Auswählen, zum Erstellen und zum Bearbeiten von Objekten. Mit einem einfachen Mausklick wird das gewünschte Werkzeug aktiviert. Manche Werkzeuge sind auch in Werkzeuggruppen zusammengefasst. Sie erkennen eine Gruppe an dem kleinen Dreieck, das unten rechts auf einem Werkzeugsymbol angebracht ist. Die Gruppe wird geöffnet, wenn Sie die Maustaste auf dem entsprechenden Werkzeugsymbol gedrückt halten.

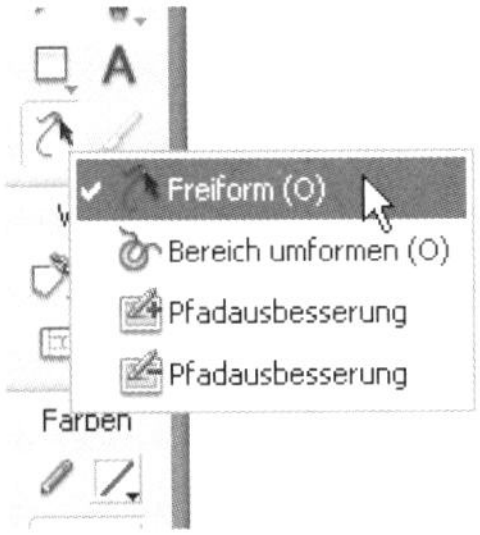

Abb. 1.15: Gruppe auf dem *Werkzeug*-Bedienfeld

Ziehen Sie den Mauszeiger auf das gewünschte Werkzeug. Sobald Sie die Maustaste loslassen, erscheint das ausgewählte Werkzeug auf dem *Werkzeug*-Bedienfeld.

Viele Werkzeuge können Sie Ihren eigenen Wünschen anpassen. Hierfür ist das Bedienfeld *Eigenschaften* erforderlich, das Sie standardmäßig am unteren Bildschirmrand eingeblendet sehen. Es wird an verschiedenen Stellen auch *Eigenschafteninspektor genannt* und zeigt die Eigenschaften eines ausgewählten Objekts an. Unten rechts sehen Sie einen Pfeil, der entweder nach oben oder nach unten zeigt. Mit einem Klick auf diesen Pfeil wird die Ansicht des Inspektors eingeschränkt oder erweitert.

Abb. 1.16: Das Bedienfeld *Eigenschaften* – auch Eigenschafteninspektor genannt

> **HINWEIS**
> Sie können Werkzeuge schneller aufrufen, indem Sie Kurzbefehle per Tastatur einsetzen. Die Kurzbefehle können Sie sehen, wenn Sie den Mauszeiger für einen kurzen Moment über einem Werkzeug verharren lassen. In einer so genannten *QuickInfo* erscheint der Kurzbefehl neben dem Namen des Werkzeugs in Klammern.

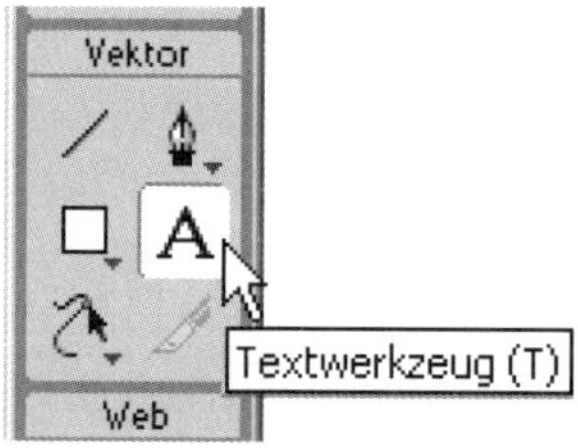

Abb. 1.17: Schneller geht es mit Kurzbefehlen

Neben dem *Werkzeug*-Bedienfeld finden Sie über das Menü *Fenster / Werkzeugleisten* die Symbolleisten *Standard* und *Modifizieren*. Mit Hilfe dieser Symbolleisten erhalten Sie ebenfalls schnellen Zugriff auf die unterschiedlichsten Befehle, die Ihnen zum Teil von anderen Anwendungen her vertraut sein dürften.

Abb. 1.18: Die *Standard-* ...

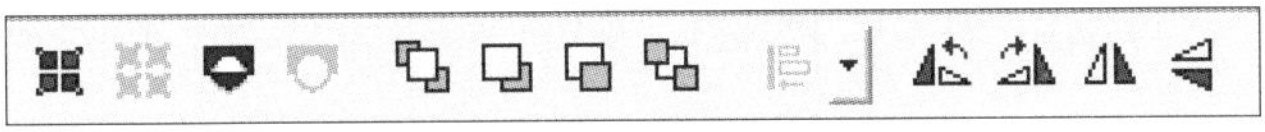

Abb. 1.19: ... und *Modifizieren*-Symbolleisten

Lineale, Hilfslinien und Raster

Lineale und Hilfslinien sind dabei behilflich, Objekte anschaulicher zu positionieren oder in ihrer Größe zu verändern. Darüber hinaus erleichtert ein *Raster* die punktgenaue Positionierung und Größenanpassung.

Die *Lineale* werden über das Menü *Ansicht* horizontal und vertikal eingeblendet. Als Maßeinheit wird Pixel verwendet, unabhängig davon, welche Maßeinheit Sie beim Erstellen eines Dokuments eingesetzt haben.

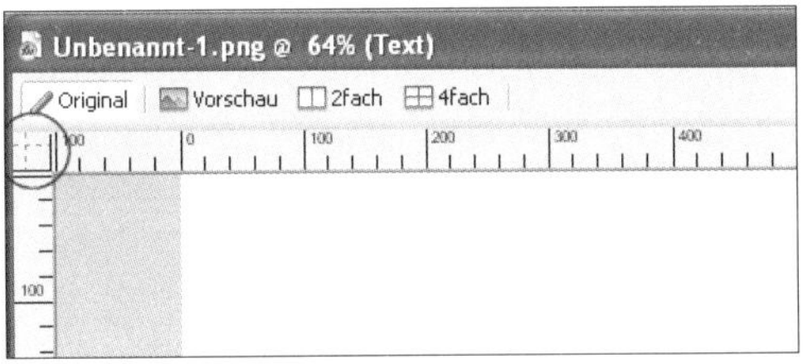

Abb. 1.20: Nullposition verändern

Um die Nullposition zu verändern, klicken Sie mit der Maus auf den Nullpunkt im Schnittpunkt der beiden Lineale und ziehen diese mit gedrückter Maustaste in das Dokumentfenster. Befindet sich die Position an ihrem Zielort, lassen Sie die Maustaste wieder los. Ein Doppelklick auf den Schnittpunkt der Lineale setzt den Nullpunkt wieder zurück auf die Standardposition.

Durch wiederholtes Anklicken des Menübefehls *Ansicht / Lineale* werden die Lineale ausgeblendet.

Hilfslinien erzeugen Sie, indem Sie die gedrückte Maustaste vom Lineal weg ins Dokumentfenster ziehen. Sobald Sie die Hilfslinie richtig positioniert haben, lassen Sie die Maustaste los. Zum eventuellen Korrigieren ziehen Sie die Linie erneut mit gedrückter Maustaste an eine andere Position.

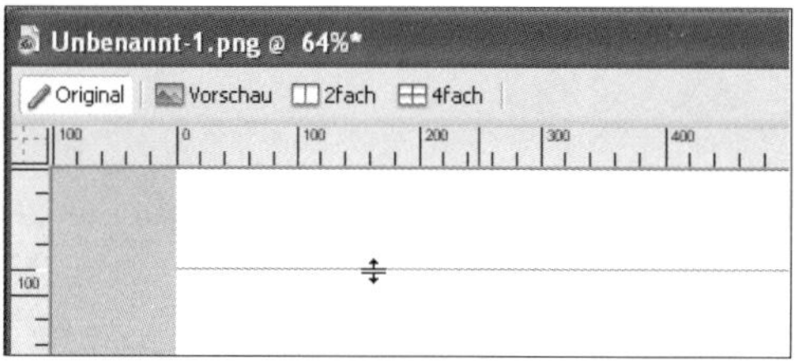

Abb. 1.21: Eine Hilfslinie einfügen

Um eine Hilfslinie pixelgenau zu setzen, klicken Sie diese mit dem *Zeigerwerkzeug,* das Sie auf dem *Werkzeug*-Bedienfeld auswählen, doppelt an und tragen den gewünschten Wert in das Eingabefeld *Position* ein. Nachdem Sie Ihr *OK* gegeben haben, erscheint die Hilfslinie an der entsprechenden Stelle.

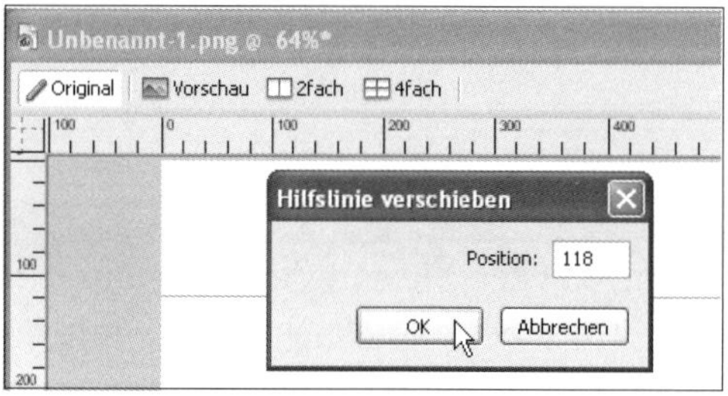

Abb. 1.22: Die Hilfslinie pixelgenau positionieren

Auch ein *Raster* kann bei Bedarf über das Menü *Ansicht* eingeblendet werden.

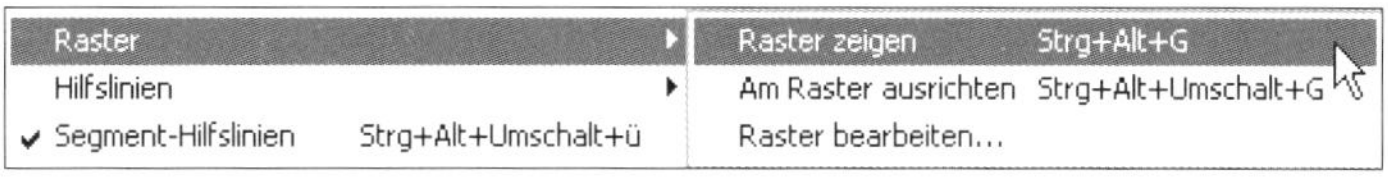

Abb. 1.23: Raster einblenden

Wenn Sie zusätzlich den Menübefehl *Am Raster ausrichten* per Mausklick aktivieren, stellen Sie sicher, dass Ebenen beim Verschieben oder beim Ändern ihrer Größe automatisch am Raster ausgerichtet werden.

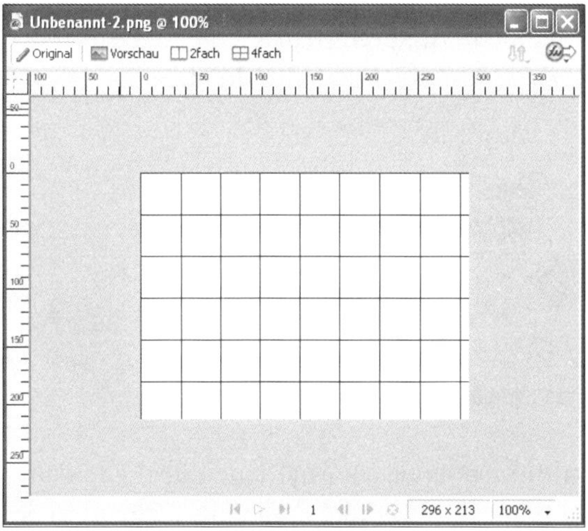

Abb. 1.24: Dokumentfenster mit eingeblendeten Linealen und Raster

Durch erneutes Anklicken des Menübefehls *Ansicht / Raster / Raster zeigen* wird das *Raster* ausgeblendet.

HINWEIS

Bei Fireworks ist es ebenso wie bei anderen Windows-Anwendungen möglich, die wichtigsten Menübefehle statt mit der Maus mit entsprechenden Tastenkombinationen (*Shortcuts*) zu aktivieren.

Die hierfür erforderlichen Kombinationen sind aus den Menüs ersichtlich.

Abb. 1.25: Lineale per Tastenkombination einblenden

Wenn Sie mal nicht weiterwissen

Fireworks lässt Sie bei Fragen nicht im Regen stehen. Starten Sie die Hilfe über den Menübefehl *Hilfe / Fireworks-Hilfe* oder drücken Sie die F1-Taste.

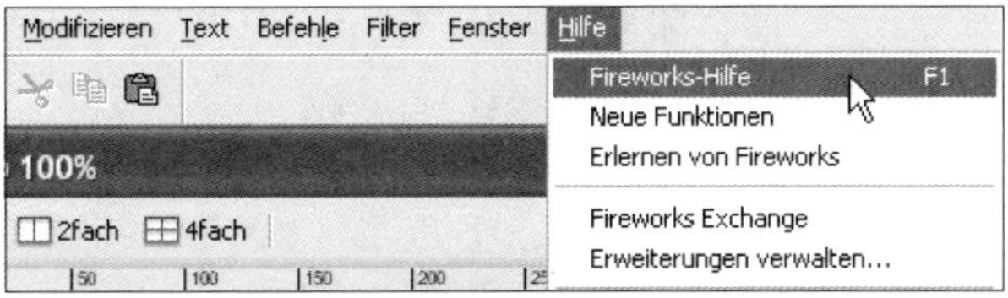

Abb. 1.26: Fireworks hilft in fast allen Lebenslagen

Die Fireworks-Hilfe enthält umfassende Informationen über alle Funktionen und wurde für die Online-Verwendung optimiert. Sie wird in der Microsoft-HTML-Hilfe angezeigt (siehe Abbildung 1.27).

Fireworks bietet Ihnen insgesamt vier Möglichkeiten, um die gesuchte Unterstützung zu erhalten:

- Im Register *Inhalt* können Sie sich alle Informationen thematisch geordnet anzeigen lassen, vergleichbar mit den Kapiteln eines Buchs. Um Unterthemen anzuzeigen, klicken Sie auf die entsprechenden Haupteinträge (siehe Abbildung 1.28).

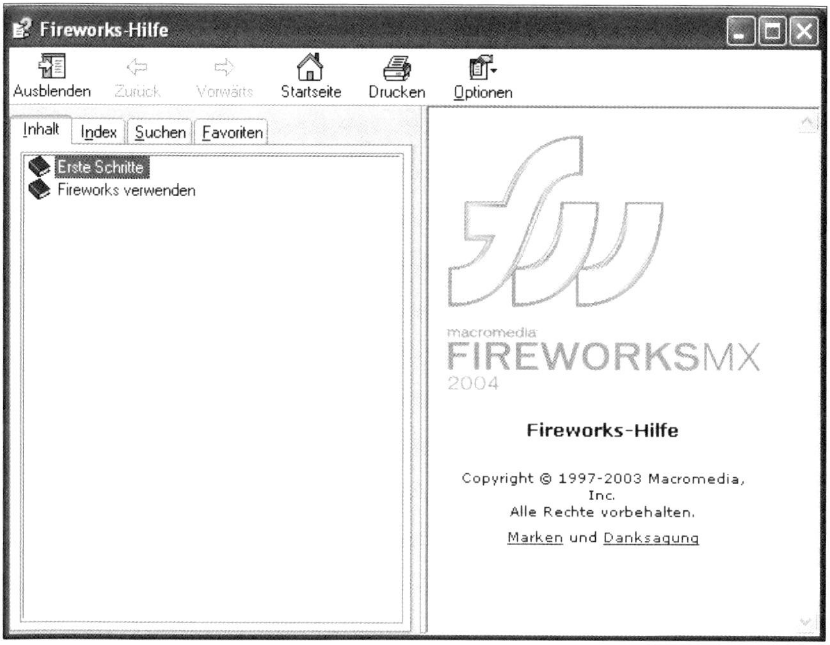

Abb. 1.27: Die Fireworks-Hilfe

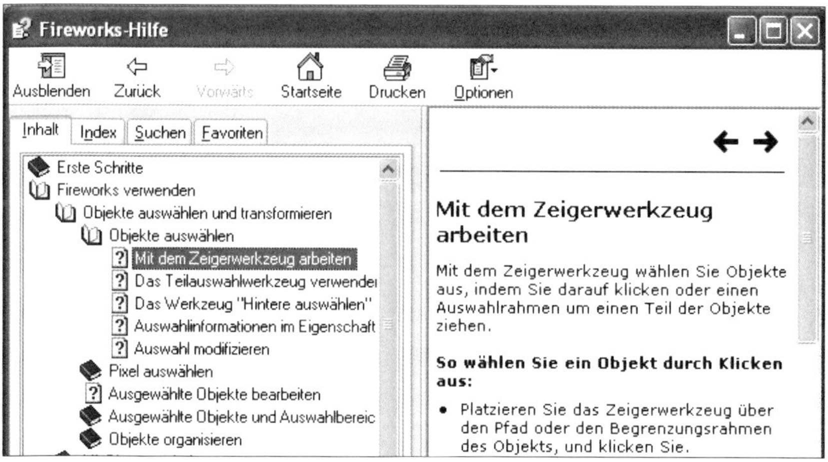

Abb. 1.28: Das Inhaltsverzeichnis

- Der *Index* sortiert die wichtigsten Begriffe und sinnverwandte Themen alphabetisch, wie das Stichwortverzeichnis in einem Buch.

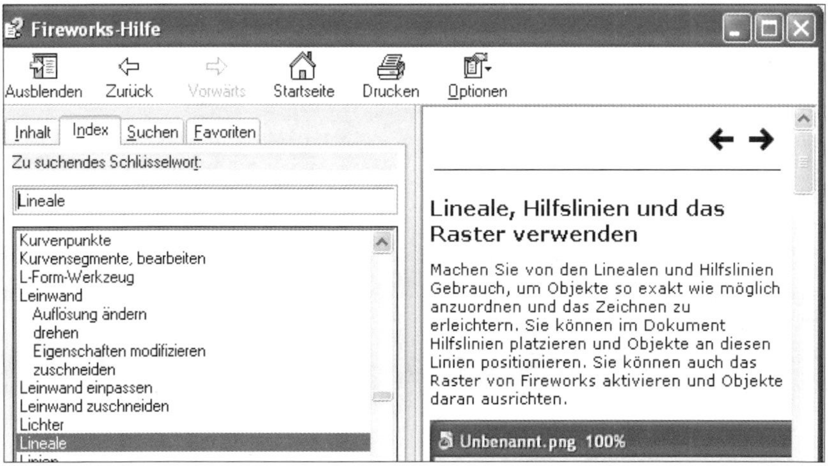

Abb. 1.29: Der Index – zum Anklicken

- Mit Hilfe der Funktion *Suchen* lässt sich eine beliebige Zeichenfolge im gesamten Text der Fireworks-Hilfe finden.

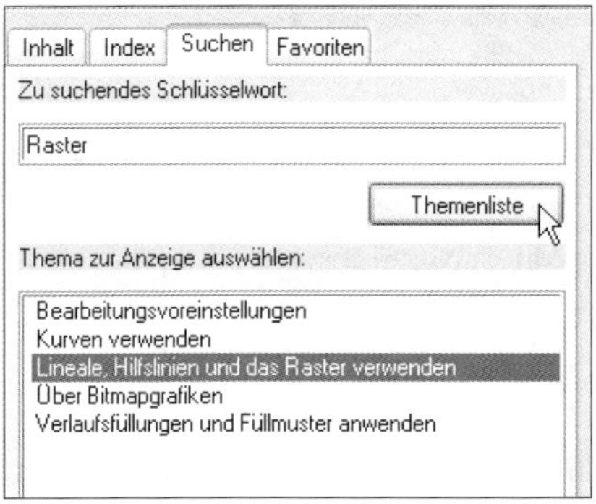

Abb. 1.30: Die *Suchen*-Funktion

In das Texteingabefeld tragen Sie den oder die Suchbegriffe ein. Dabei spielt die Groß- oder Kleinschreibung keine Rolle. Unmittelbar nachdem

Sie die Schaltfläche *Themenliste* gedrückt haben, werden die Suchergebnisse angezeigt. Mit der Maus markieren Sie das gewünschte Thema und aktivieren die Schaltfläche *Anzeigen*: Das gewählte Thema wird im Browser ausführlich erläutert.

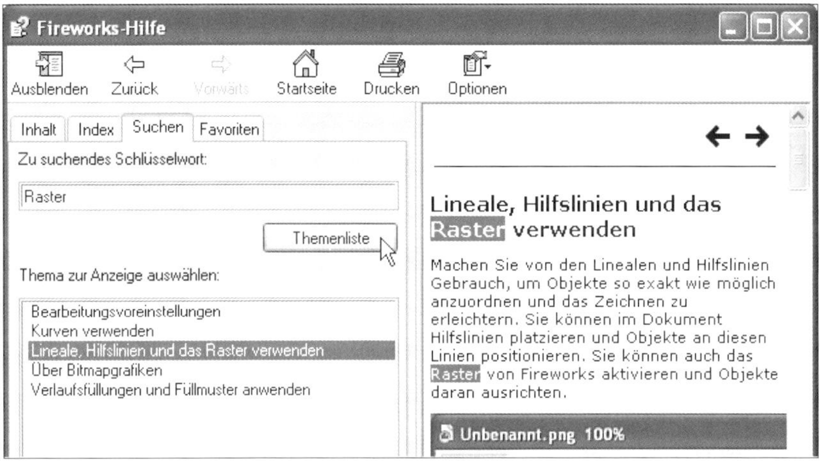

Abb. 1.31: Das Thema auswählen und anzeigen

Die Schaltflächen mit den Pfeilen ermöglichen ein bequemes Navigieren durch die verschiedenen Hilfethemen. Analog zur thematischen Reihenfolge im Inhaltsverzeichnis gelangen Sie mit *Vorwärts* oder *Rückwärts* zum nächsten bzw. vorherigen Thema innerhalb eines Abschnitts.

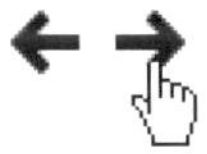

Abb. 1.32: Voriges und nächstes Thema in einem Abschnitt

- Die kontextbezogene Hilfe bietet die Möglichkeit, von allen Dialogfeldern, Bedienfeldern und Inspektoren aus das situationsbedingte Thema aufzurufen. Um sie anzuzeigen, klicken Sie in einem Dialogfeld auf die Schaltfläche *Hilfe*. Es ist auch möglich, in der Titelleiste einer Bedienfeldgruppe im *Optionen*-Menü die Option *Hilfe* zu wählen bzw. in einem Inspektor oder einem anderen Fenster auf das vorhandene Fragezeichen zu klicken.

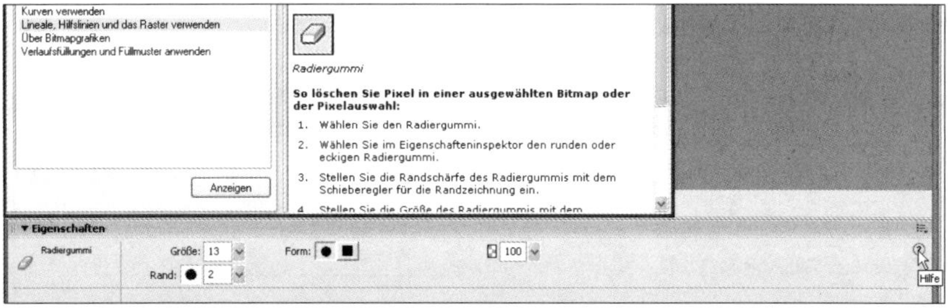

Abb. 1.33: Die kontextbezogene Hilfe

Fireworks beenden

Um Fireworks zu beenden, klicken Sie auf die Schaltfläche *Schließen* in der rechten oberen Ecke des Programmfensters.

Abb. 1.34: Fireworks beenden

Sofern noch ein Dokument geöffnet ist, dessen aktuellen Stand Sie noch nicht gespeichert haben, erscheint ein Dialogfenster, in dem Sie gefragt werden, ob Sie die Änderungen an dem Dokument speichern wollen.

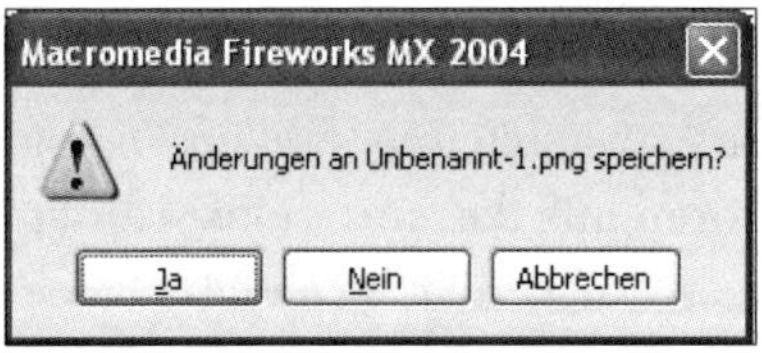

Abb. 1.35: Noch ist alles offen!

1.2 Vektor- und Bitmap-Grafiken

Mit Fireworks können Sie Vektor- oder Bitmap-Grafiken erstellen, aber auch importieren und bearbeiten, wenn Sie diese zuvor in anderen Anwendungen erstellt haben. Bevor Sie mit Fireworks starten, sollen diese zwei wesentlichen Grundbegriffe zum Thema Grafiken näher erläutert werden.

Vektorgrafik – Objekt für Objekt

Bei *Vektorgrafiken* werden auf einer Zeichenfläche Objekte neben- und übereinander angeordnet. Die Lage jedes Objekts wird durch dessen Koordinaten (Position) auf der Zeichenfläche festgelegt. Die Einzelobjekte (Kreise, Ellipsen, Linien, Rechtecke, Vielecke) können beliebig gegeneinander verschoben, überlagert und in der Größe geändert werden. Jedes Objekt besitzt Eigenschaften wie Füllung, Liniengestaltung und Verzerrungseffekte, die individuell eingestellt und geändert werden können.

Abb. 1.36: Einzelobjekte einer Vektorgrafik

In der Datei einer Vektorgrafik werden nicht einzelne Bildpunkte abgespeichert, sondern die Anweisungen zur Erstellung der Grafikobjekte. Diese sind auf Vektoren basierende Formeln – daher der Name *Vektorgrafik*.

Zur Beschreibung eines Kreises benötigt man z.B. die Koordinaten des Mittelpunkts sowie den Radius. Durch Änderung des Wertes für den Radius kann der Kreis jederzeit in der Größe verändert werden. Da wenige Informationen ausreichen, um Objekte wie den Kreis zu beschreiben, haben Vektorgrafiken vergleichsweise geringe Dateigrößen.

Beispiele für Vektorgrafikformate sind: WMF (***W**indows **M**etafiles*), CDR (*Corel**DR**AW*), WPG (***W**ord**P**erfect **G**raphics*), AI (***A**dobe **I**llustrator*), EPS (***E**ncapsulated **P**ost**S**cript*).

Bitmap-Grafik – viele Punkte ergeben ein Bild

Eine *Bitmap-Grafik* besteht aus vielen kleinen Punkten (Pixel, daher oft auch: *Pixelgrafik* genannt). Jeder dieser Punkte hat eine Farbe. Alle Punkte zusammen betrachtet ergeben den Eindruck des Bildes.

Abb. 1.37: Eine Bitmap- bzw. Pixelgrafik besteht aus Punkten

Dieses Prinzip kennen Sie bereits von einem Fotoapparat. Fotografien bestehen ebenfalls aus vielen sehr kleinen Bildpunkten. Je kleiner die

Bildpunkte sind und je näher sie zusammenliegen, desto höher ist die Qualität des Bildes.

Man erstellt und verändert sie mit so genannten *Bildbearbeitungsprogrammen* (Malprogrammen). Bilder, die man mit einem Scanner einliest, werden als Pixelbilder abgespeichert.

Einen Kreis sieht der Betrachter eines Pixelbildes immer nur dann, wenn viele gleichfarbige Punkte entsprechend neben- und übereinander angeordnet sind. Diesen »Kreis« kann man jedoch nicht ohne weiteres in der Größe ändern oder mit einem Rand versehen. Eine Veränderung ist nur durch Bearbeitung der einzelnen Punkte des Bildes möglich. Gute Bildbearbeitungsprogramme unterstützen den Anwender dabei natürlich, so weit es geht.

Es gibt unzählige Bitmap-Formate. Hier nur wenige Beispiele: BMP (*Windows-**Bitmap***), TIFF (***T**agged **I**mage **F**ile **F**ormat*) und natürlich die drei Webformate GIF, JPEG und PNG.

Vektorgrafiken lassen sich problemlos in Bitmap-Grafiken umwandeln (exportieren). Umgekehrt sieht das schon anders aus. Nur ganz bestimmte Grafiken eignen sich für das *Vektorisieren*, wie dieser Vorgang genannt wird. Comicartige Zeichnungen oder Strichgrafiken bieten sich hierzu an. Ein Porträtfoto oder eine Landschaftsaufnahme dürften wohl keine befriedigenden Ergebnisse liefern.

HINWEIS

Bei den marktgängigen Bildbearbeitungsprogrammen sind die Grenzen zwischen Bitmap- und Vektorgrafik fließend. Mit Fireworks lassen sich z.B. Texte, Kreise oder Linien als Vektorobjekte in ein Pixelbild einfügen. Diese Elemente bleiben dann beim Speichern jedoch nur erhalten, wenn Sie auch ein Grafikformat verwenden, das dies unterstützt (meist das eigene Format des jeweiligen Programms).

1.3 Zusammenfassung, Fragen und Übungen

Zusammenfassung

In diesem Kapitel haben Sie erfahren, dass

- Macromedia Fireworks der professionellen Erstellung und Bearbeitung von Grafiken dient.
- Sie mit Fireworks Vektor- oder Bitmap-Grafiken erstellen können.
- Fireworks MX 2004 sowohl für das Betriebssystem Windows als auch für Macintosh zur Verfügung steht.
- Fireworks neben seinem Dokumentfenster weitere Fenster, so genannte Bedienfelder, zur Verfügung stellt, von denen das *Werkzeug*-Bedienfeld eines der wichtigsten ist.
- das *Werkzeug*-Bedienfeld eine Vielzahl an Arbeitsgeräten beinhaltet, und dass das gewünschte Werkzeug mit einem einfachen Mausklick aktiviert wird.
- Lineale und Hilfslinien nützlich sein können, um Objekte anschaulicher zu positionieren oder in ihrer Größe zu verändern.
- Sie die umfangreiche Hilfe zu Fireworks über den Menübefehl *Hilfe / Arbeiten mit Fireworks* oder über die F1-Taste starten.

Fragen und Übungen

1. Was unterscheidet Vektor- von Bitmap-Grafiken?
2. In welchen Versionen steht Ihnen Fireworks zur Verfügung?

Fragen und Übungen

3. Mit welcher Taste können Sie in Fireworks sehr schnell Bedienfelder ein- oder ausblenden?
4. Ziehen Sie ein Namensregister aus einer Bedienfeld-Gruppe und integrieren Sie es anschließend wieder in die Gruppe!
5. Welche Vorteile bieten die einblendbaren Lineale und das Raster?
6. Wie lautet die Tastenkombination, mit deren Hilfe das Raster angezeigt wird?
7. Mit welcher Taste starten Sie die Fireworks-Hilfe?

Vektorobjekte I: Beispiel Windrose

2 Vektorobjekte I: Beispiel Windrose

Am Beispiel einer einfachen Windrose werden Sie die Grundfunktionen zum Einfügen und Bearbeiten von Vektorobjekten kennen lernen.

Abb. 2.1: Bei dieser Übung erstellen Sie eine Windrose

Starten Sie Fireworks über *Start / Alle Programme / Macromedia / Macromedia Fireworks MX 2004*.

2.1 Dokument einrichten

Legen Sie zuerst eine neue Grafik an und nehmen Sie sich dann noch etwas Zeit, um sich mit der *Zoom*-Funktion vertraut zu machen. Sie werden bei der Arbeit mit Fireworks immer mal wieder zwischen vergrößerter Detailansicht und verkleinerter Übersicht wechseln müssen.

Neue Grafik erstellen

Mit dem Menübefehl *Datei / Neu* erstellen Sie eine neue Grafik. Es erscheint ein Dialogfenster, in das Sie die Maße des neuen Bildes eingeben und in dem Sie die Hintergrundfarbe einstellen können.

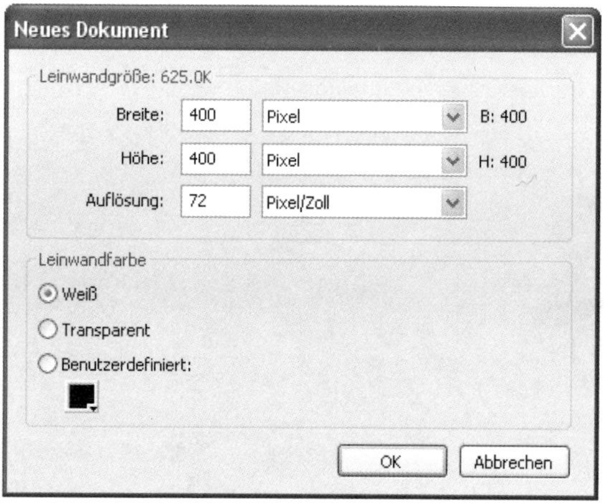

Abb. 2.2: Erstellen einer neuen Grafik

Mit 400 x 400 Pixeln geben Sie die Werte für *Breite* und *Höhe* erst einmal großzügig ein. Sie werden das Bild später noch auf das notwendige Maß zurechtschneiden. Die Angabe bei *Auflösung* richtet sich an die Ausgabegeräte (z.B. Drucker), die ein Bild in verschiedenen Qualitäten darstellen können (Punkte je Längenmaß). Je enger die Punkte gedruckt werden, desto feiner ist die Darstellung. Für die Anzeige der Grafik im Webbrowser spielt die Auflösung keine Rolle, hier zählt nur die absolute Breite und Höhe eines Bildes in Pixeln. Wie fein das Bild dann dargestellt wird, hängt von den physikalischen Möglichkeiten des Bildschirms und der eingestellten Bildschirmauflösung ab.

Legen Sie auch sofort die *Leinwandfarbe*, das ist die Farbe des Bildhintergrundes, fest. Wählen Sie für das Beispiel *Weiß* aus. Bestätigen Sie die Eingaben mit *OK*.

Das Zoom-Werkzeug

Wie bereits gesagt, werden Sie die *Zoom*-Funktion bei der Arbeit mit Fireworks immer wieder benötigen. Entweder vergrößern Sie die Ansicht, um Details besser erkennen zu können, oder Sie verkleinern eine Grafik auf dem Bildschirm, um sich einen Überblick über das gesamte Bild zu verschaffen.

Den aktuellen Zoom-Faktor lesen Sie in der Titelleiste des Dokumentfensters ab.

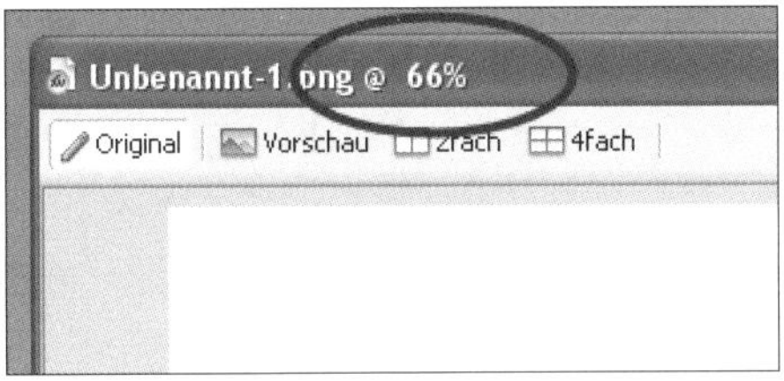

Abb. 2.3: Zoom-Faktor in der Titelleiste

Auf der Symbolleiste *Werkzeuge* finden Sie die *Zoom*-Schaltfläche.

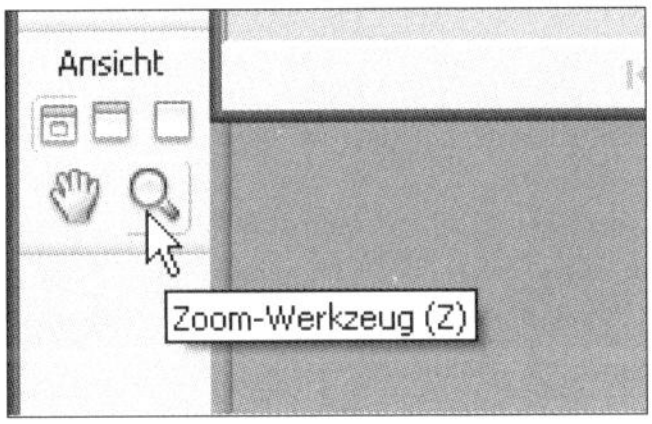

Abb. 2.4: Das *Zoom-Werkzeug*

Durch Anklicken dieses Symbols rufen Sie das *Zoom-Werkzeug* auf. Wenn Sie die Maus danach über das Bild bewegen, verwandelt sich der Mauszeiger in ein Lupensymbol mit Pluszeichen. Durch mehrfaches Klicken in das Bild wird die Ansicht schrittweise vergrößert, wobei die Stelle, an die Sie klicken, jeweils zum Mittelpunkt des neuen Ausschnitts wird.

Wenn Sie beim Klicken die [Alt]-Taste gedrückt halten, wird die Ansicht verkleinert.

Abb. 2.5: **Größer zoomen = Klicken, kleiner zoomen = Klicken und [Alt]-Taste**

Die Vergrößerung und Verkleinerung richtet sich nach vorgegebenen Prozentstufen (von *6%* bis *6400%*). Fireworks bietet leider kein stufenloses Zoomen. Wenn Sie mit der rechten Maustaste in das Bild klicken, finden Sie die Zoom-Stufen im Untermenü *Vergrößerung*.

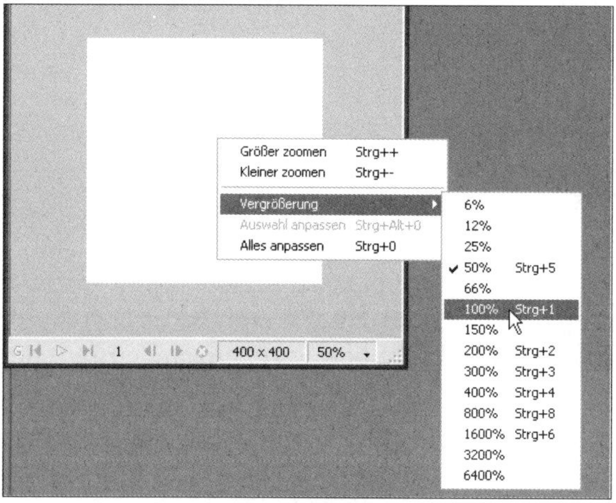

Abb. 2.6: **Kontextmenü zur Zoom-Funktion**

Alle Funktionen dieses Kontextmenüs stehen auch im Fireworks-Menü *Ansicht / Vergrößerung* zur Verfügung.

> **HINWEIS**
> Durch Doppelklicken auf das Lupensymbol in der Werkzeugleiste stellen Sie die Vergrößerung auf *100%* ein.

Zoomen über Tastatur

Im Kontextmenü werden auch die Tastenkombinationen für die verschiedenen Zoom-Einstellungen angezeigt:

Tastenkombination	Funktion
Strg + +	Größer zoomen
Strg + -	Kleiner zoomen
Strg + 0	Alles anpassen
Strg + 5	Zoom-Größe *50%*
Strg + 1	Zoom-Größe *100%*
Strg + 2	Zoom-Größe *200%*
Strg + 4	Zoom-Größe *400%*
Strg + 8	Zoom-Größe *800%*
Strg + 6	Zoom-Größe *1600%*

Tab. 2.1: Einfaches Zoomen per Tastatur

HINWEIS

Sie sollten sich die wichtigsten Tastenbefehle für das Zoomen einprägen. Auf diese Weise sparen Sie eine Menge Mausklicks und kommen bei der Arbeit schneller voran.

Mit der Funktion *Alles anpassen* im Kontextmenü bzw. im Menü *Ansicht* wird die Anzeigegröße an die aktuelle Größe des Dokumentfensters angepasst. Es wird die größte Zoom-Stufe gewählt, bei der die Grafik noch vollständig angezeigt werden kann.

Weitere Zoom-Alternativen

Am unteren Rand des Dokumentfensters können Sie ebenfalls die Zoom-Einstellung ändern. Durch Klicken auf den Prozentwert öffnet sich eine Liste mit den bekannten Zoom-Stufen.

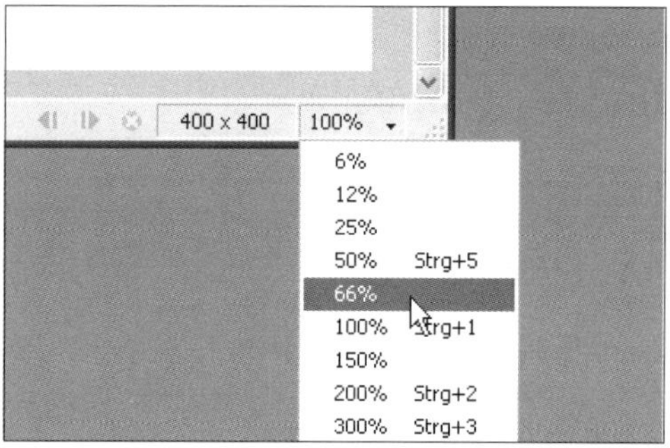

Abb. 2.7: Zoom-Funktionen, wohin man nur schaut

Wollen Sie sich einen Bereich des Bildes im wahrsten Sinne des Wortes näher ansehen, so können Sie bei aktiviertem *Zoom-Werkzeug* auch einen Rahmen im Bild aufziehen. Dieser Bereich wird dann entsprechend vergrößert.

Abb. 2.8: Einen Ausschnitt heranzoomen

Größe des Dokumentfensters anpassen

Jetzt haben Sie sich das Bild richtig nah herangeholt und schon sehen Sie nur noch einen kleinen Ausschnitt. Ziehen Sie in diesem Fall an der rechten unteren Ecke des Dokumentfensters, um das Fenster zu vergrößern.

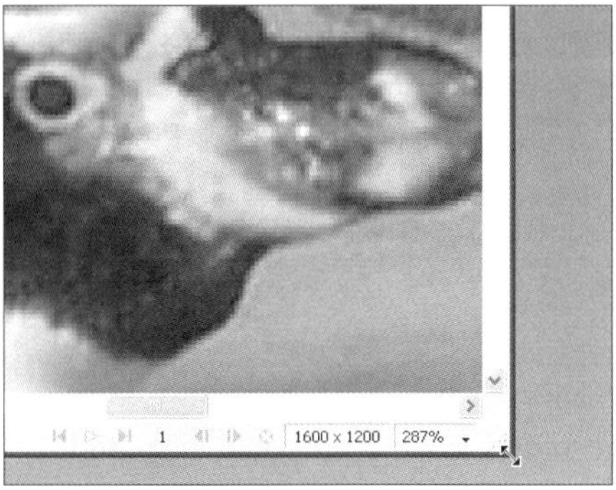

Abb. 2.9: Fenster größer ziehen

Sie können auch direkt in die Vollen gehen: Über die *Maximieren*-Schaltfläche des Dokumentfensters wird das Bild auf die Größe des Programmfensters ausgedehnt.

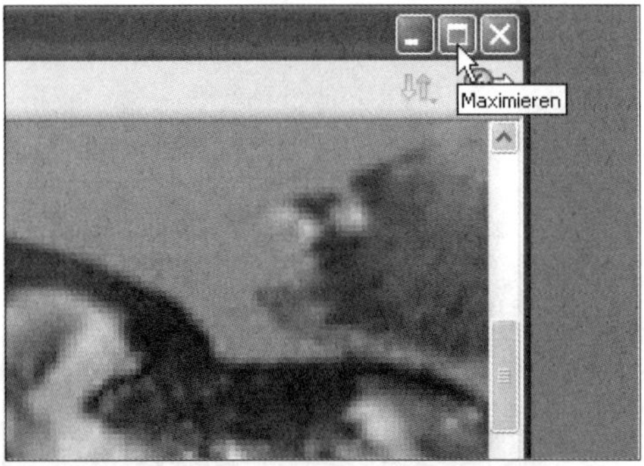

Abb. 2.10: Dokumentfenster maximieren

Ausschnitt mit der Hand verschieben

Wird das Bild immer noch nicht komplett angezeigt? Dann probieren Sie doch einmal das *Handwerkzeug* aus. Klicken Sie es in der Werkzeugleiste an.

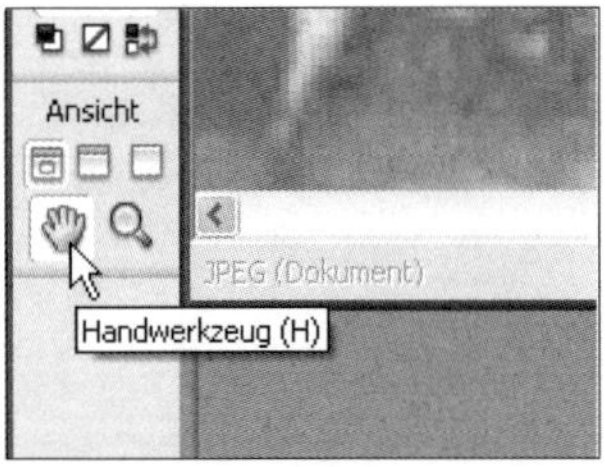

Abb. 2.11: Das *Handwerkzeug*

Der Mauszeiger verwandelt sich über dem Bild in ein Handsymbol. Durch Klicken und Ziehen im Dokumentfenster können Sie den Bildausschnitt problemlos verschieben.

Abb. 2.12: Aber Vorsicht, er schnappt nach der Hand!

Mit den Rollbalken am rechten und unteren Rand des Dokumentfensters geht das zwar auch, jedoch nicht ganz so komfortabel.

Beginnen Sie die Arbeit an der Windrose mit einer Zoom-Stufe, die möglichst hoch ist, bei der das Bild aber noch in Gänze zu sehen ist.

2.2 Vom Dreieck zum Stern

Die Grundform der Windrose ist ein Dreieck. Dieses erstellen Sie in Fireworks mit dem *Polygonwerkzeug*.

Dreieck erstellen

Wählen Sie auf der Leiste *Werkzeuge* am linken Bildschirmrand das *Polygonwerkzeug* aus.

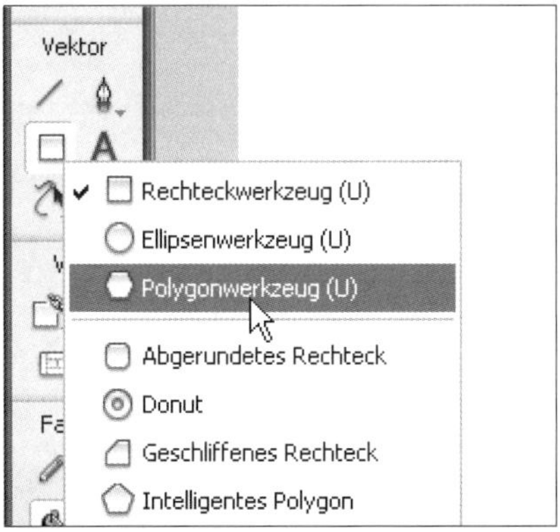

Abb. 2.13: Das *Polygonwerkzeug*

Ein Polygon hat, wie der Name schon sagt, viele Ecken und genauso viele Seiten. Über das Bedienfeld *Eigenschaften* (Menübefehl: *Fenster / Eigenschaften*) geben Sie die Anzahl der *Seiten* für das zu erstellende Vieleck an.

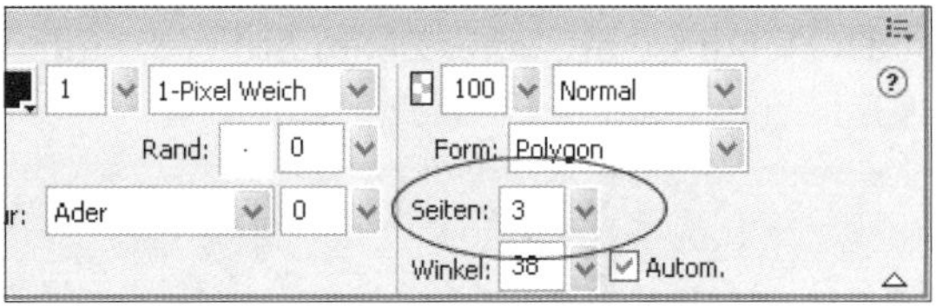

Abb. 2.14: Geben Sie bei *Seiten* eine 3 ein

In der Liste neben *Form* sollte *Polygon* ausgewählt sein. Die Seitenanzahl können Sie auf zwei Arten eintragen:

- Geben Sie den gewünschten Wert unmittelbar in das Eingabefeld ein
- oder klicken Sie auf den Pfeil neben dem Eingabefeld und stellen Sie den Wert über die dann eingeblendete Laufleiste ein.

Nach Eingabe der Seitenanzahl klicken Sie in die Mitte der Zeichenfläche und ziehen das Dreieck mit der Maus nach oben hin auf. Im Freihandmodus ist es recht schwierig, die Unterseite waagerecht auszuloten. Wenn

Sie jedoch beim Aufziehen die [⇧]-Taste gedrückt halten, erstellen Sie das Dreieck ohne Mühe so, dass die Unterkante in der Waage ist.

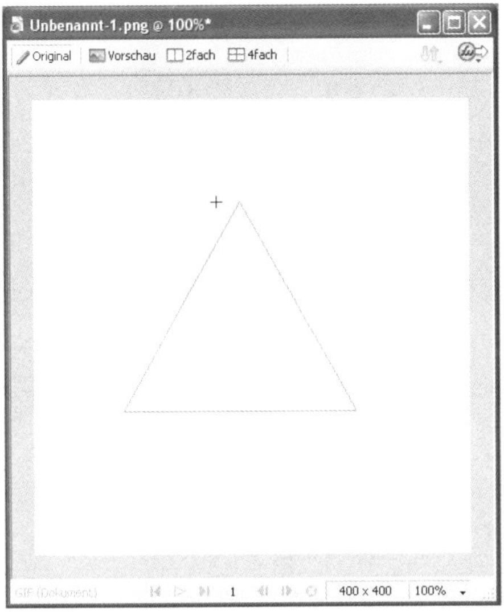

Abb. 2.15: Tatsächlich: Ein Dreieck hat drei Seiten

Lassen Sie die Maustaste los, wenn die Form ungefähr so groß ist wie in der vorstehenden Abbildung. Sie haben das Dreieck als *Vektorelement* erstellt. Welche Vorteile das hat, werden Sie gleich sehen.

HINWEIS

Ob Vektorobjekte wie das Dreieck in einer Grafik erhalten bleiben, hängt davon ab, in welchem Format das Bild gespeichert wird. Nur bestimmte Grafikformate sind in der Lage, diese Objekte zu speichern (z.B. das PNG-Format von Fireworks). Bei den klassischen Webgrafikformaten wie GIF und JPEG geht die Vektoreigenschaft verloren. Damit Sie später noch Änderungen vornehmen können, sollten Sie Ihre Arbeitsergebnisse daher in jedem Fall auch im Fireworks-Format sichern.

Mit dem *Polygonwerkzeug* lassen sich übrigens auch Sterne erzeugen. Sie müssen dazu bei *Form* anstatt *Polygon* den Eintrag *Stern* auswählen.

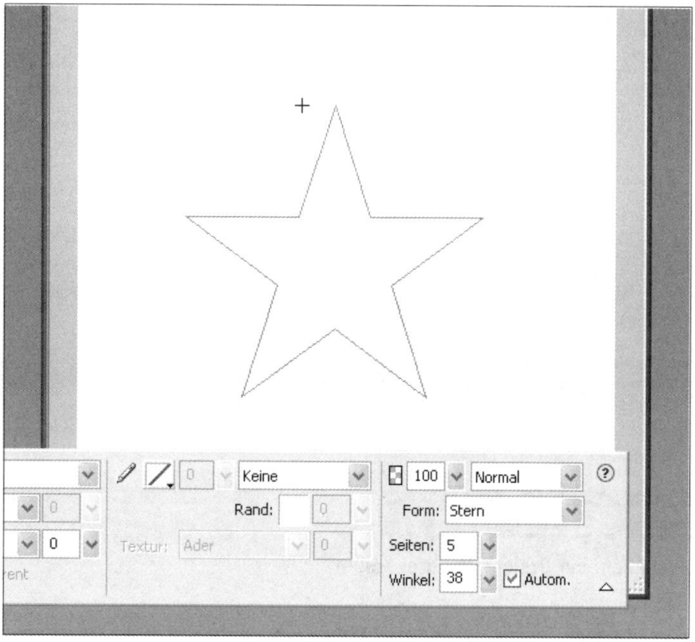

Abb. 2.16: Sterne erstellt man mit dem *Polygonwerkzeug*

Hier führt die Bezeichnung *Seiten* allerdings ein wenig in die Irre, da beim Erstellen eines Sterns nicht Seiten, sondern Spitzen gemeint sind.

Dreieck abflachen

Sie werden das Dreieck jetzt stark abflachen. Da es sich dabei um ein Vektorobjekt handelt, stellt die nachträgliche Änderung der Form kein Problem dar, Sie müssen nur den entsprechenden Punkt des Objekts bearbeiten. So gehen Sie vor:

- Klicken Sie im Fenster *Werkzeuge* das Symbol *Teilauswahl* an.

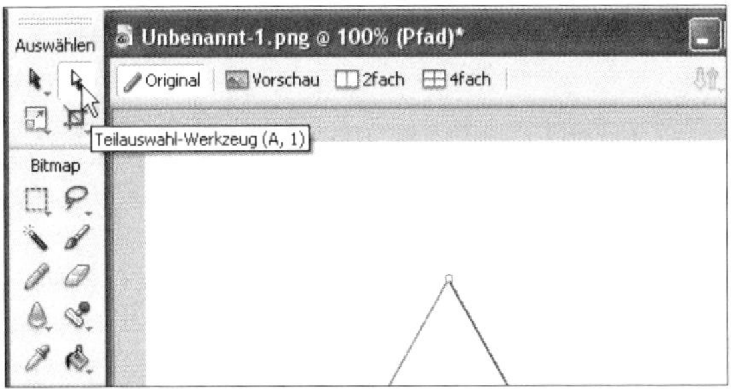

Abb. 2.17: Das *Teilauswahl-Werkzeug*

- Klicken Sie auf das quadratische Kästchen (im Folgenden auch *Punkt* oder *Knoten* genannt) an der oberen Spitze des Dreiecks.
- Ziehen Sie den Knoten nach unten. Wenn Sie dabei die ⇧-Taste gedrückt halten, ist sichergestellt, dass die Spitze nicht nach rechts oder links verrutscht.

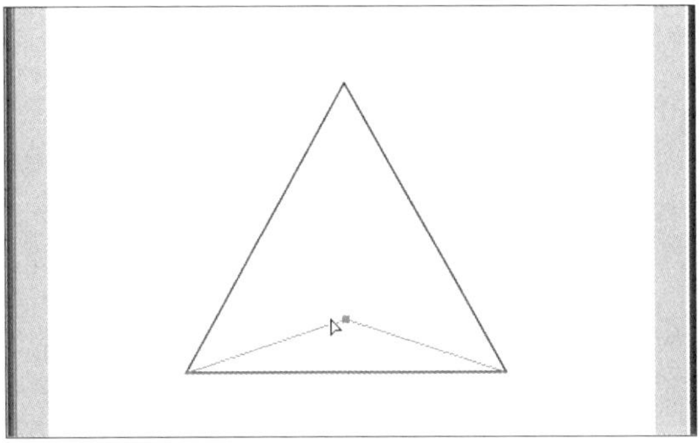

Abb. 2.18: Ziehen Sie das Dreieck schmaler

Entweder Sie stellen die neue Höhe des Dreiecks wie in der vorstehenden Abbildung nach Augenmaß ein, oder Sie wählen die pixelgenaue Alternative. Wenn das Dreieck markiert ist (erkennbar an den quadratischen Kästchen an den Ecken), werden im Bedienfeld *Eigenschaften* die Position sowie die Höhe und Breite angezeigt.

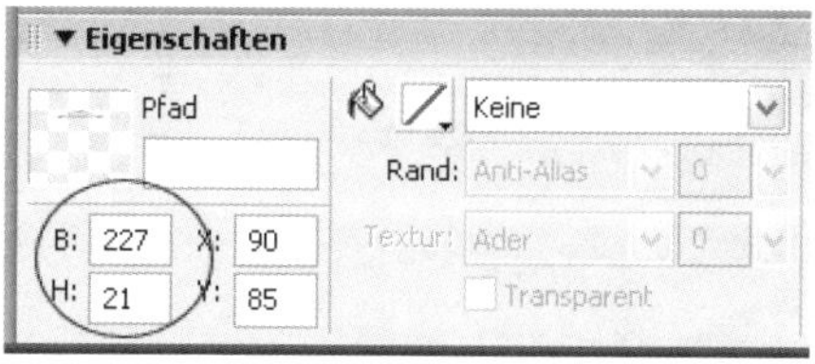

Abb. 2.19: Angabe der Größe in Pixel

Tragen Sie einfach die oben stehenden Werte für die Breite *B* sowie die Höhe *H* ein und schließen Sie die Eingabe mit der [↵]-Taste ab.

Füllfarbe ändern

Das Dreieck hat zurzeit noch eine beliebige Farbfüllung, Fireworks färbt neue Objekte mit der zuletzt verwendeten Füllfarbe ein. Sie möchten dem Dreieck einen dunkelblauen Anstrich verpassen. Das geht schnell:

- Das Dreieck ist immer noch markiert.
- Im Bereich *Farben* des Bedienfelds *Werkzeuge* finden Sie ein Eimersymbol und daneben ein Farbauswahlfeld. Klicken Sie dieses Feld an. Es öffnet sich eine Palette mit einer größeren Anzahl von Farbwerten (siehe Abbildung 2.20).
- Diese Palette werden wir im Folgenden noch genauer erklären. Wählen Sie zum jetzigen Zeitpunkt einfach nur den Blauwert mit dem Farbcode *#000099* aus. Auch auf die Bedeutung des Farbcodes wird noch näher eingegangen.
- Oberhalb der Füllfarbe legen Sie die Farbe für den Rand des Dreiecks fest. Das Objekt soll keinen Rand haben (siehe Abbildung 2.21). Öffnen Sie die Farbpalette für das Stiftsymbol. Klicken Sie im Kopf der Palette die Schaltfläche für keine Farbe an (roter Schrägstrich auf weißem Hintergrund).

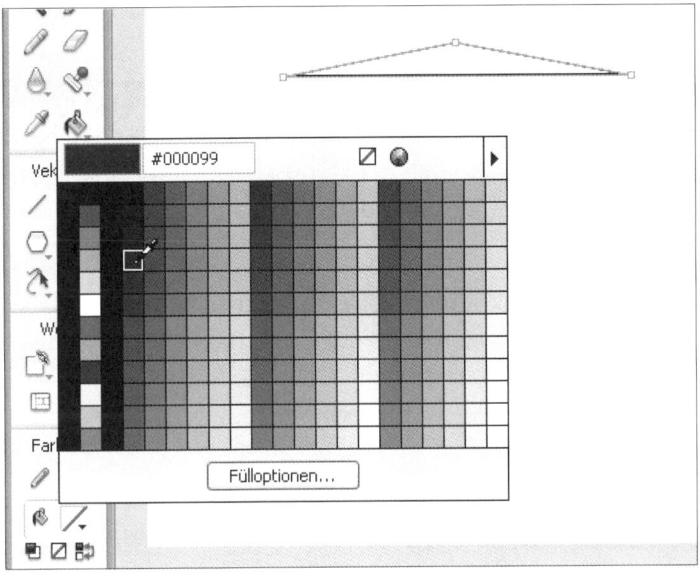

Abb. 2.20: Die Qual der Wahl bei der Füllfarbe

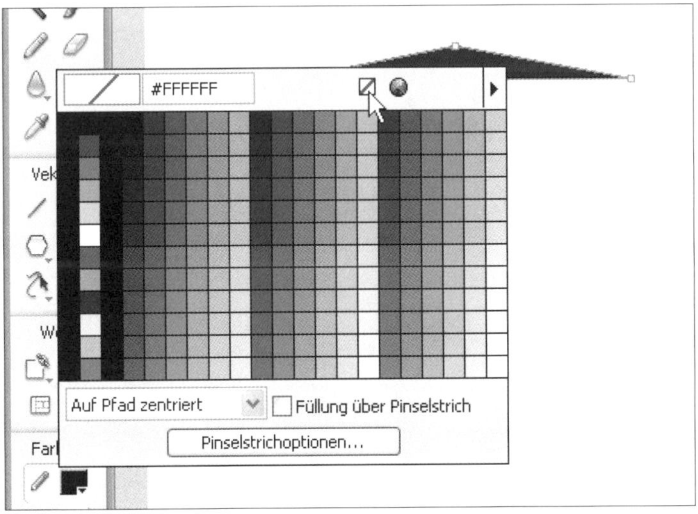

Abb. 2.21: Das Dreieck soll keinen Rand haben

Duplizieren und kippen

Auf dem Weg zur fertigen Windrose benötigen Sie das gleiche Dreieck jetzt noch einmal, nur spiegelverkehrt. Was liegt da näher, als das Objekt einfach zu kopieren? Das Kopieren in einem Arbeitsgang wird in Fireworks, wie übrigens bei vielen anderen Grafikprogrammen auch, *Duplizieren* genannt.

Eigentlich sollte das Dreieck immer noch markiert sein. Wenn Sie aber zwischenzeitlich an eine andere Stelle des Dokumentfensters geklickt haben, ist die Auswahl vielleicht verloren gegangen. Rufen Sie in diesem Fall das *Zeigerwerkzeug* in der Werkzeugleiste auf und klicken Sie das Dreieck an.

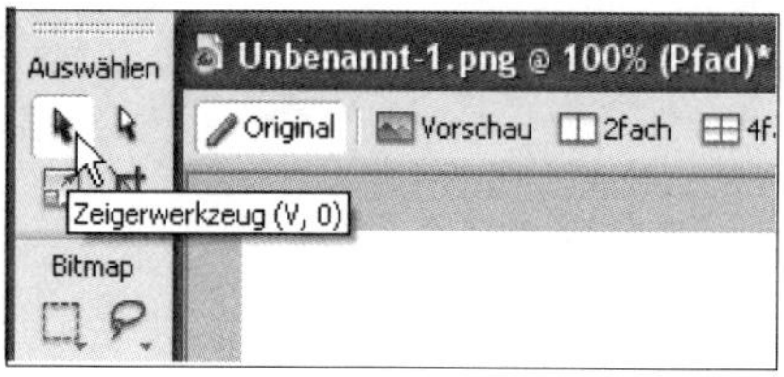

Abb. 2.22: Das *Zeigerwerkzeug*

Jetzt ist es (wieder) ausgewählt. Rufen Sie den Menübefehl *Bearbeiten / Duplizieren* auf.

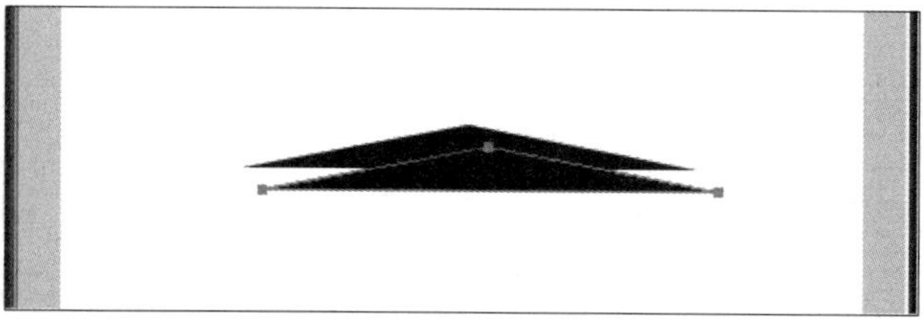

Abb. 2.23: Aus eins mach zwei

Das Dreieck wird kopiert und etwas versetzt eingefügt. Das neue Objekt ist markiert, und das ist auch gut so. Stellen Sie es auf den Kopf. Rufen

Sie dazu den Menübefehl *Modifizieren / Transformieren / Vertikal kippen* auf.

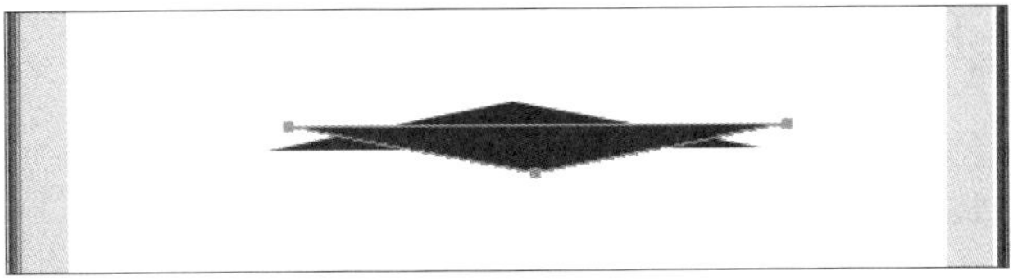

Abb. 2.24: Das Dreieck steht Kopf

HINWEIS

Mit dem Menübefehl *Modifizieren / Transformieren / Horizontal kippen* spiegeln Sie ein Objekt horizontal.

Füllen Sie das neue Dreieck mit dem hellen Blauwert *#00CCFF*. Sie wissen schon: Die Füllfarbe ändern Sie über das Eimersymbol unterhalb der Werkzeugleiste.

Mit Hilfslinie ausrichten

Die beiden Dreiecke sollen mit ihrer Grundseite direkt aneinander stoßen. Es gibt aber keine Funktion, mit der man dies unmittelbar erreicht. Hilfslinien helfen, wie es der Name schon andeutet, in einem solchen Fall weiter.

- Hilfslinien erstellen Sie, indem Sie sie aus dem Lineal herausziehen. Dazu muss das Lineal jedoch angezeigt werden. Wenn Sie kein »Maßband« am oberen und linken Rand des Dokumentfensters sehen, sollten Sie den Menübefehl *Ansicht / Lineale* aufrufen.

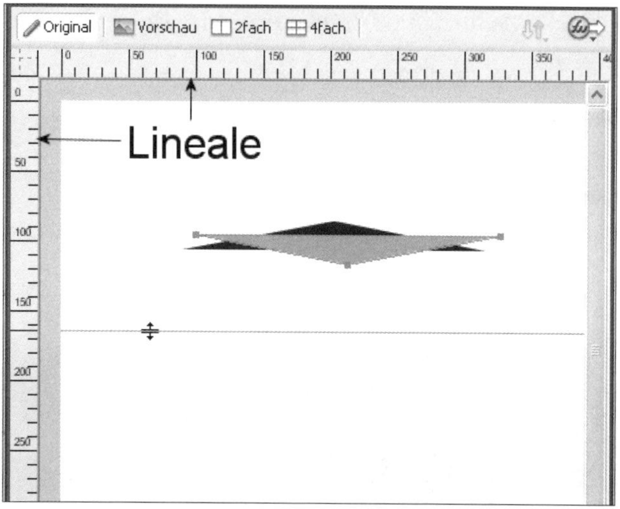

Abb. 2.25: Ziehen Sie die Hilfslinie aus dem Lineal

- Klicken Sie mitten in die Skala des oberen Lineals und ziehen Sie die Hilfslinie in die Mitte des Fensters. Wollen Sie die Linie präziser positionieren? Auch kein Problem. Klicken Sie sie mit dem *Zeigerwerkzeug* doppelt an. In das folgende Dialogfenster lässt sich die exakte *Position* als Pixelwert eingeben.

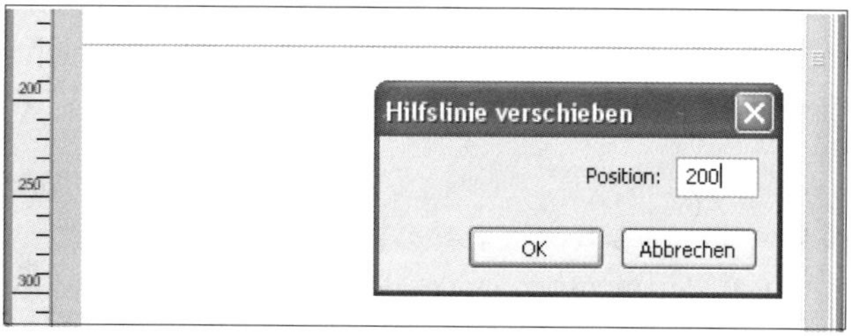

Abb. 2.26: Hilfslinie pixelgenau platzieren

- Damit die beiden Dreiecke an der Hilfslinie einrasten, müssen Sie die Funktion *Ansicht / Hilfslinien / An Hilfslinien ausrichten* aktivieren. Im Menü muss vor dem Eintrag ein Häkchen zu sehen sein.

▶ Ziehen Sie jetzt die beiden Objekte nacheinander langsam in Richtung der Hilfslinie. Sobald sie in deren Nähe kommen, werden sie wie von einem Magneten angezogen. Lassen Sie die Dreiecke an der Hilfslinie anschnappen.

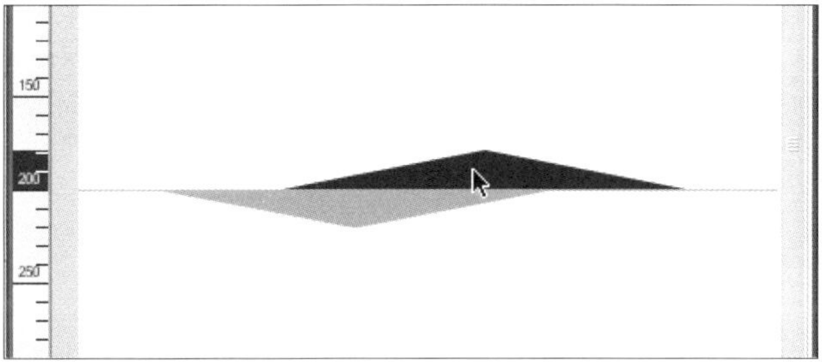

Abb. 2.27: Die Hilfslinie zieht die Dreiecke magnetisch an

Objekte aneinander ausrichten

Die beiden Dreiecke berühren sich zwar jetzt mit der Grundseite, horizontal sind sie aber immer noch gegeneinander versetzt. Wie schön, dass Fireworks passende Funktionen zur Verfügung stellt, um Objekte aneinander auszurichten:

▶ Markieren Sie zuerst die beiden Dreiecke. Wählen Sie dazu das *Zeigerwerkzeug* aus. Jetzt haben Sie zwei Möglichkeiten:

▶ Klicken Sie das erste Dreieck an und halten Sie dann beim Anklicken des zweiten die [⇧]-Taste gedrückt. Auf diese Weise sammeln Sie beliebig viele Objekte für die Auswahl auf.

▶ Sie können aber auch mit dem *Zeigerwerkzeug* einen Rahmen um die beiden Dreiecke aufziehen. Jedes Objekt, das von dem Rahmen berührt oder eingeschlossen wird, wird markiert.

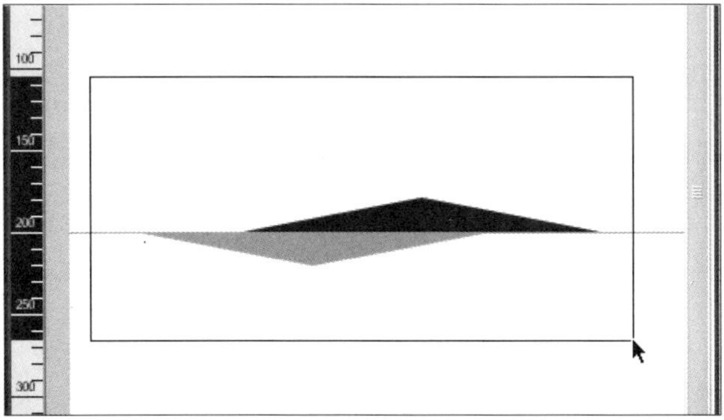

Abb. 2.28: Die Objekte im Rahmen werden ausgewählt

- Rufen Sie den Menübefehl *Modifizieren / Ausrichten / Vertikal zentrieren* auf. Die beiden Dreiecke liegen jetzt bündig übereinander.

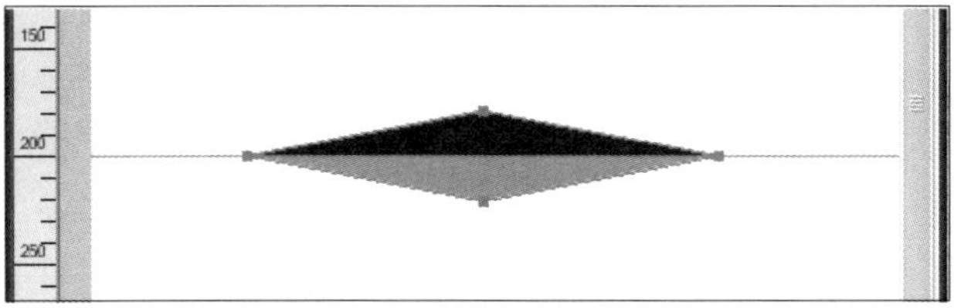

Abb. 2.29: Bündiger geht es nicht

Im Untermenü *Ausrichten* gibt es noch weitere Alternativen zum gegenseitigen Ausrichten von Objekten. Sie werden später noch einige kennen lernen.

Übrigens: Die Bezeichnung *Vertikal zentrieren* ist ein wenig irritierend, handelt es sich doch eher um eine horizontale Zentrierung zwischen linkem und rechtem Rand.

Damit die beiden Dreiecke nicht mehr gegeneinander verrutschen und bei den weiteren Schritten wie ein einzelnes Objekt behandelt werden können, sollten Sie sie gruppieren:

- Beide Objekte müssen markiert sein.
- Rufen Sie den Menübefehl *Modifizieren / Gruppieren* oder die Tastenkombination [Strg] + [G] auf.

HINWEIS

Eine Gruppierung lösen Sie auf, indem Sie die Gruppe auswählen und den Menübefehl *Modifizieren / Gruppierung aufheben* aufrufen. Die entsprechende Tastenkombination lautet [Strg] + [⇧] + [G].

Klonen und drehen

Erstellen Sie nun den großen Stern der Windrose. Sie müssen dazu das gruppierte Doppeldreieck kopieren und um 90 Grad drehen:

- Die Gruppe ist noch markiert. Rufen Sie den Menübefehl *Bearbeiten / Klonen* auf. Hat sich überhaupt etwas verändert? Auf den ersten Blick nicht. Tatsächlich haben Sie aber eine Kopie des Objekts erzeugt, die das Ausgangsobjekt komplett überdeckt.
- Machen Sie sich diesen Umstand zunutze und rufen Sie sofort darauf den Menübefehl *Modifizieren / Transformieren / 90°-Linksdrehung* auf.

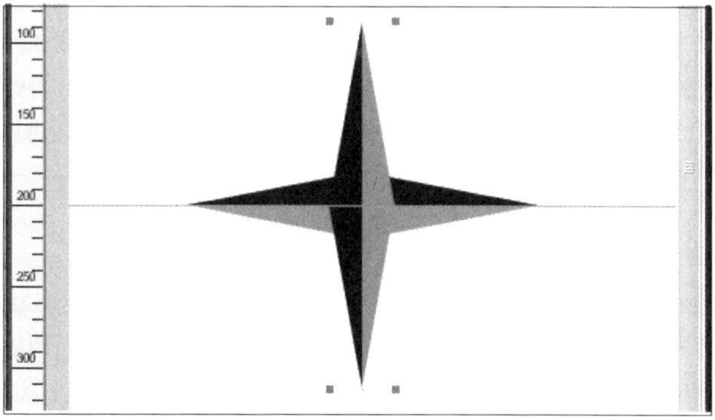

Abb. 2.30: Der große Stern ist fertig

HINWEIS

Sie haben es im Untermenü *Transformieren* bestimmt gesehen: Man kann ein Objekt auch in die andere Richtung oder um 180 Grad drehen.

Auch der Stern soll wieder als Gruppe zusammengefasst werden. Markieren Sie dazu die beiden Objekte des Sterns mit dem *Zeigerwerkzeug* (Rahmen ziehen oder mit [⇧]-Taste aufsammeln) und drücken Sie die Tastenkombination [Strg] + [G]. Sie sehen, man kann gruppierte Objekte mit anderen Objekten weiter gruppieren.

Skalieren und numerisch drehen

Jetzt geht es fix. Kopieren Sie den kompletten Stern mit *Bearbeiten / Klonen*. Wie gesagt, die Sterne liegen genau übereinander. Der zweite, später etwas gedrehte Stern soll ein wenig kleiner sein. Sie können die Größe auf zwei Arten ändern:

Klicken Sie mit dem *Zeigerwerkzeug* auf den oben liegenden Stern und aktivieren Sie das *Skalierungswerkzeug* in der Symbolleiste. Sie können zur Größenänderung die kleinen schwarzen Quadrate an den Seiten und den Ecken verwenden. Beim Ziehen an den Ecken bleiben die Proportionen des Objekts (Verhältnis Höhe zu Breite) erhalten (siehe Abbildung 2.31).

Sie möchten es aber ganz genau nehmen und rufen daher den Menübefehl *Modifizieren / Transformieren / Numerisch transformieren* auf (siehe Abbildung 2.32).

- In der Liste im oberen Bereich des Fensters muss *Skalieren* ausgewählt sein.
- Tragen Sie in das Eingabefeld für die Breite (Doppelpfeil nach links und rechts) die Zahl 85 ein. Der Stern soll auf 85% der Ausgangsgröße verkleinert werden. Der Wert für die Höhe wird automatisch angepasst, weil die Option *Proportionen beschränken* aktiviert ist.

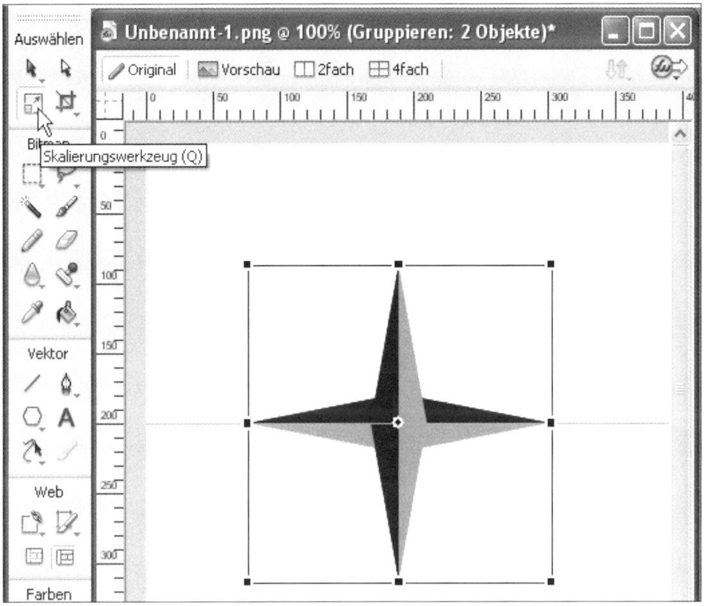

Abb. 2.31: Größe ändern mit dem *Skalierungswerkzeug*

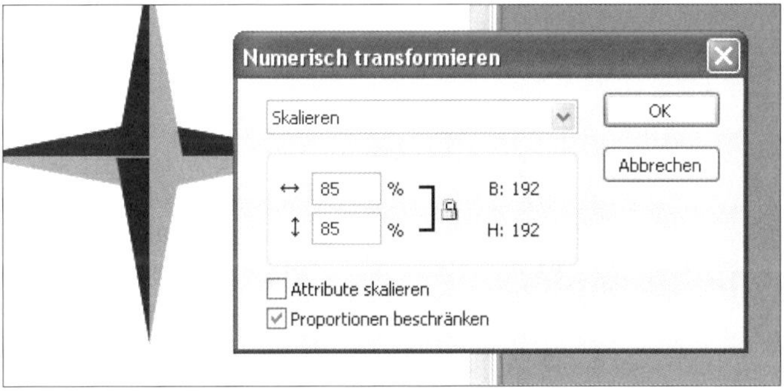

Abb. 2.32: Präzise skalieren

HINWEIS Bei eingeschalteter Option *Attribute skalieren* werden bei der Größenänderung neben dem eigentlichen Objekt auch die Attribute, wie zum Beispiel die Dicke des Rands, proportional angepasst. Wenn die Option nicht aktiviert ist, bleiben die Attribute unverändert. Der Rand würde also seine Breite behalten.

Der kleine Stern soll im 45-Grad-Winkel zum großen Stern gedreht werden. Rufen Sie wieder *Modifizieren / Transformieren / Numerisch transformieren* auf.

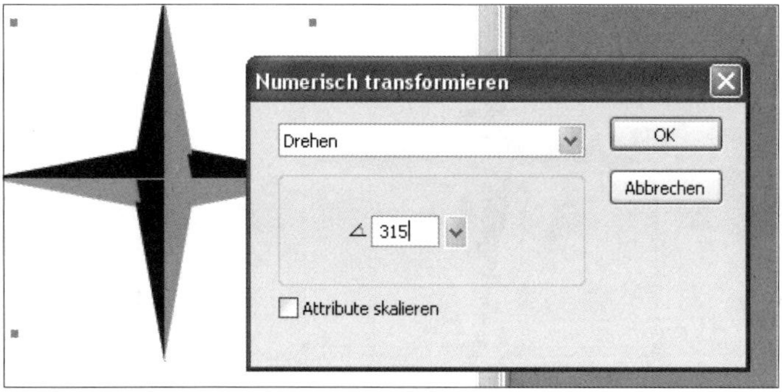

Abb. 2.33: Mit genauer Winkelangabe drehen

Wählen Sie in der Liste *Drehen* aus. Es gibt keine Möglichkeit, die Richtung für die Drehung festzulegen. Da im Uhrzeigersinn gedreht wird, Sie aber 45 Grad gegen den Uhrzeigersinn drehen möchten, müssen Sie einen Winkel von 360 - 45 = 315 Grad angeben.

Stapelreihenfolge ändern

Der kleine Stern überlagert im Dokumentfenster den großen. Das hat folgenden Grund: Die Vektorobjekte liegen in einem Stapel übereinander. Die zuletzt eingefügten Objekte befinden sich dabei im Stapel oben. Im Bedienfeld *Ebenen* lässt sich diese Anordnung sehr schön nachvollziehen. Sie blenden es über den Menübefehl *Fenster / Ebenen* oder mit der Funktionstaste F2 ein.

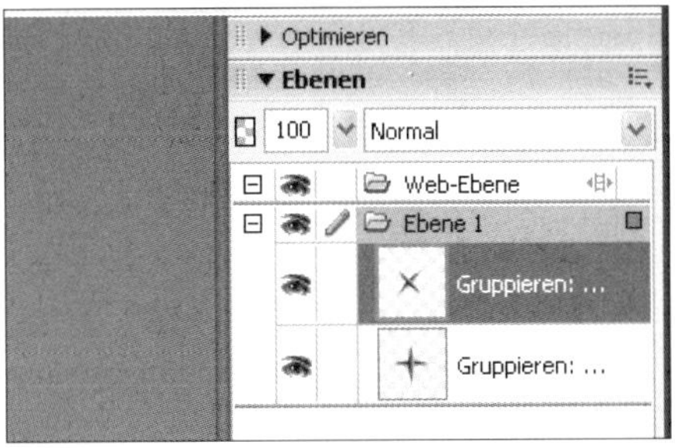

Abb. 2.34: Der kleine Stern liegt über dem großen

Sie können die Reihenfolge des Stapels und damit auch die Darstellung im Dokumentfenster auf zwei Arten ändern:

- Ziehen Sie im Bedienfeld *Ebenen* das jeweilige Objekt mit der Maus an eine andere Stelle im Stapel. Beim Ziehen zeigt Fireworks die neue Einfügeposition mit einem blinkenden Balken an.
- Sie können das Objekt, z.B. den kleinen Stern, aber auch im Dokumentfenster markieren und mit *Modifizieren / Anordnen / In den Hintergrund* an die unterste Stelle des Stapels oder mit *Modifizieren / Anordnen / Nach hinten stellen* um eine Position im Stapel nach unten verschieben.

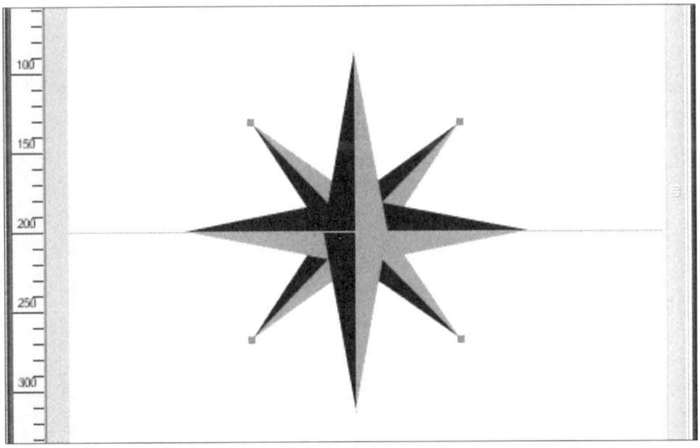

Abb. 2.35: Jetzt liegt der kleine hinter dem großen Stern

Die geänderte Reihenfolge können Sie auch am Bedienfeld *Ebenen* ablesen.

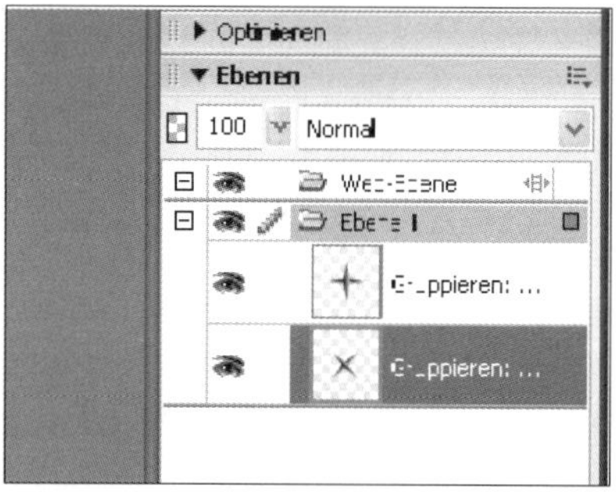

Abb. 2.36: Der kleine Stern ist tief gestapelt

Sämtliche Funktionen zum Ändern der Stapelreihenfolge finden Sie im Untermenü *Modifizieren / Anordnen*.

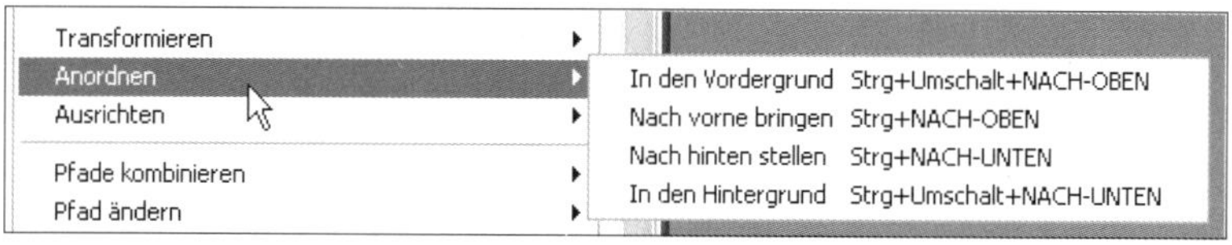

Abb. 2.37: Befehle zur Änderung der Objektreihenfolge

HINWEIS

Auch in diesem Fall lohnt es sich, die Tastenkombinationen auswendig zu lernen. Sie werden die Funktionen häufiger benötigen und die Bedienung per Tastatur ist einfach schneller.

Schlagschatten

Noch sieht die Windrose etwas flach und zweidimensional aus. Ein wenig optische Tiefe wäre nicht schlecht. Ein Schatteneffekt dürfte hier weiterhelfen. Wenn Sie jedoch die beiden Sterne markieren und die

Schattenfunktion anwenden, dann ist das Ergebnis unbefriedigend. Nicht beide Sterne gemeinsam, sondern jeder Stern für sich erhält einen Schatten. Ein solcher Effekt ist jedoch nicht gewollt.

Abb. 2.38: Hier ist ein Schatten zu viel

Die Lösung ist einfach: Sie müssen die beiden Sterne gruppieren, dann werden sie als ein Objekt behandelt und erhalten auf diese Weise einen gemeinsamen *Schlagschatten*.

Markieren Sie mit dem *Zeigerwerkzeug* beide Sterne und gruppieren Sie sie mit Strg + G oder *Modifizieren / Gruppieren*. Zur Liste mit den Effekten gelangen Sie über das Fenster *Eigenschaften*.

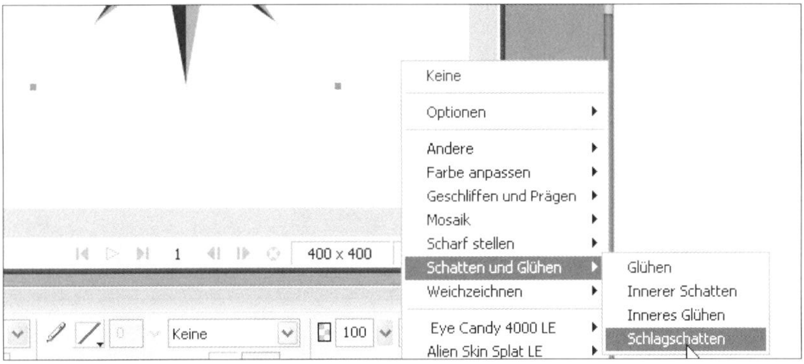

Abb. 2.39: Effekt: *Schlagschatten*

Klicken Sie auf das Plussymbol und wählen Sie dann *Schatten und Glühen / Schlagschatten* aus. Das ging nicht nur schnell, sondern sieht auch noch gut aus.

Abb. 2.40: Die Windrose hat einen einheitlichen Schatten

Wenn Sie trotzdem mit dem Schatten noch ein wenig experimentieren möchten, dann schauen Sie sich doch einmal die Eigenschaften des Effekts an. Klicken Sie dazu einfach auf das Infosymbol im Fenster *Eigenschaften*.

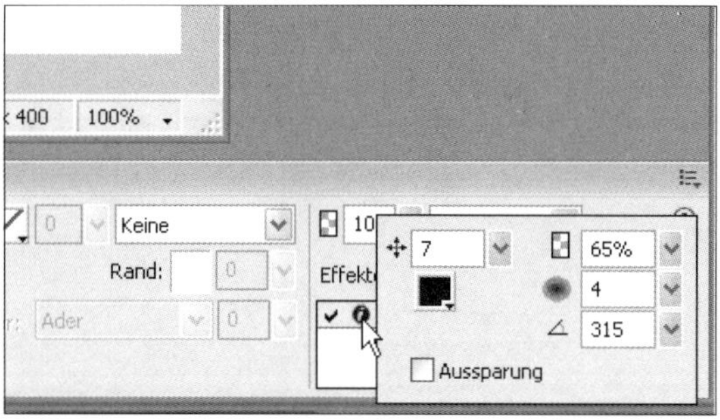

Abb. 2.41: Einstellungen für den Schlagschatten

Über die Eigenschaften geben Sie den Abstand zum Objekt, die Farbe, die Deckkraft, die Weichheit des Randes und den Winkel für den Schlagschatten an.

2.3 Ein kreisrunder Ring

Werfen Sie noch einmal einen Blick auf die Vorlage für die Windrose am Anfang des Kapitels. Sie werden feststellen, dass noch etwas fehlt. Genau, der dünne Ring hinter der Windrose. Der Ring ist in Wirklichkeit ein Kreis ohne Füllung. Und ein Kreis ist in Fireworks, wie auch bei fast allen anderen Grafikprogrammen, eine besondere Form der Ellipse.

Farben für Füllung und Rand

Bevor Sie den Kreis aufziehen, legen Sie die Farben für die Füllung und den Rand fest. Die Auswahlfelder finden Sie – na wo schon? – auf der Symbolleiste *Werkzeuge*. Über das Stiftsymbol geben Sie dem Rand des Objekts eine Farbe. Der Eimer ist, wie Sie ja schon wissen, das Symbol für die Füllfarbe.

Wählen Sie bei der Farbe für den Pinselstrich das helle Blau mit dem Farbcode *#00CCFF* aus. Bei der Füllung geben Sie jedoch keine Farbe an. Klicken Sie dort im Kopf der Farbpalette auf das Symbol für keine Farbe.

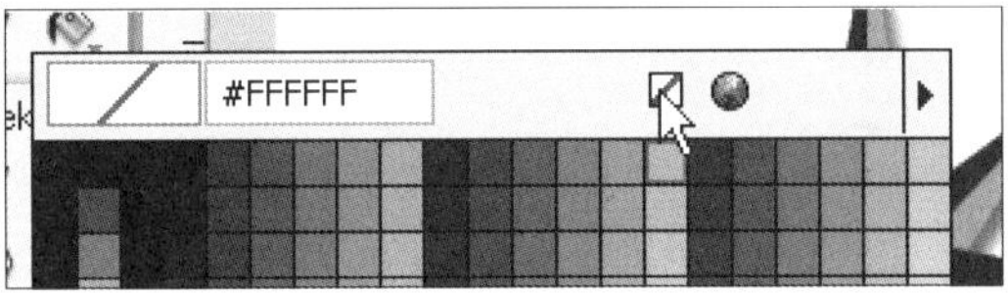

Abb. 2.42: Keine Farbe für die Füllung

Kreis erstellen

Erstellen Sie nun den Kreis. Wählen Sie in der Symbolleiste das *Ellipsenwerkzeug* aus.

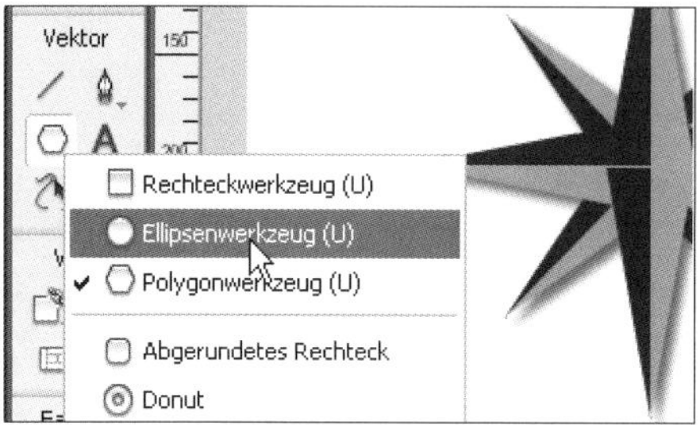

Abb. 2.43: Das *Ellipsenwerkzeug*

Ziehen Sie die Ellipse irgendwo im Dokumentfenster auf. Die Größe und die Position werden Sie gleich noch genauer festlegen. Halten Sie beim Aufziehen der Ellipse die ⇧-Taste gedrückt. Auf diese Weise erhalten Sie einen gleichmäßigen Kreis.

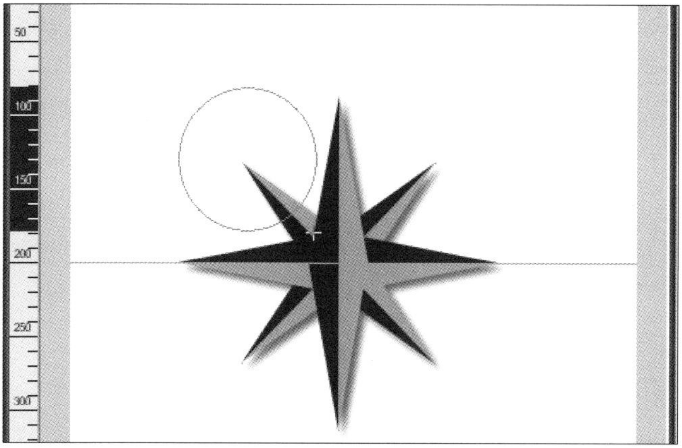

Abb. 2.44: Einen Kreis aufziehen

Die genaue Größe des Kreises stellen Sie über das Bedienfeld *Eigenschaften* ein. Geben Sie für die Breite und die Höhe jeweils 160 Pixel ein (siehe Abbildung 2.45).

Mit der ↵-Taste werden die Angaben übernommen.

Abb. 2.45: Die Größe des Kreises pixelgenau angeben

Kreis und Stern ausrichten

Der Kreis und die Windrose sollen mittig übereinander liegen. Markieren Sie dafür beide Elemente mit dem *Zeigerwerkzeug*. Rufen Sie dann nacheinander die Menübefehle *Modifizieren / Ausrichten / Vertikal zentrieren* und *Modifizieren / Ausrichten / Horizontal zentrieren* auf. Um nur den Kreis auswählen zu können, müssen Sie die bestehende Auswahl aufheben. Folgende Methoden bieten sich dafür an:

- Klicken Sie bei aktiviertem *Zeigerwerkzeug* irgendwo in den Weißraum des Bildes,
- rufen Sie den Menübefehl *Auswählen / Auswahl aufheben* auf
- oder drücken Sie die Tastenkombination Strg + D.

Klicken Sie dann den Kreis an und bringen Sie ihn über *Modifizieren / Anordnen / In den Hintergrund* oder durch Verschieben im *Ebenen*-Fenster unter die Windrose.

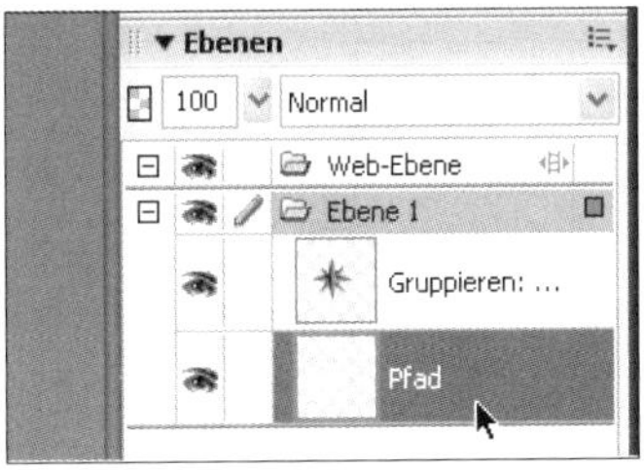

Abb. 2.46: Der Kreis liegt jetzt im Stapel unter der Windrose

Randbreite

Der Rand des Kreises könnte noch ein wenig breiter sein. Markieren Sie den Kreis. Ändern Sie die Breite über das Bedienfeld *Eigenschaften*. Benutzen Sie entweder die Laufleiste (wie in der nachfolgenden Abbildung zu sehen) oder geben Sie den Wert unmittelbar ein.

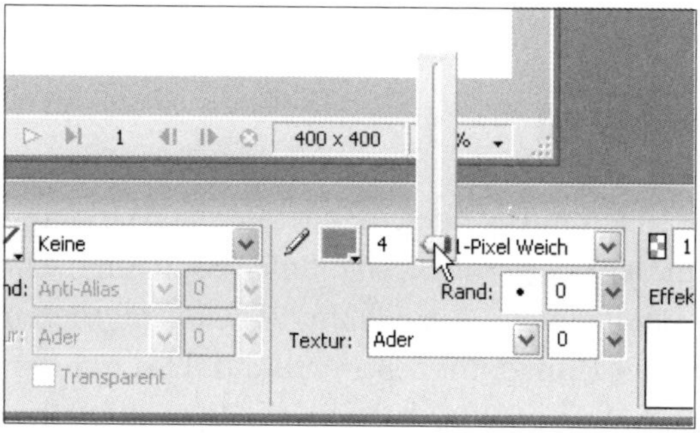

Abb. 2.47: Vier Pixel müssten genügen

Sie haben es geschafft! Die Grafik scheint fertig zu sein. Es wird in jedem Fall höchste Zeit, dass Sie sie speichern:

- Rufen Sie den Menübefehl *Datei / Speichern unter* auf.
- Wechseln Sie in den gewünschten Ordner. Wenn noch kein passender Ordner für das Bild existiert, können Sie ihn über die Schaltfläche *Neuen Ordner erstellen* anlegen.

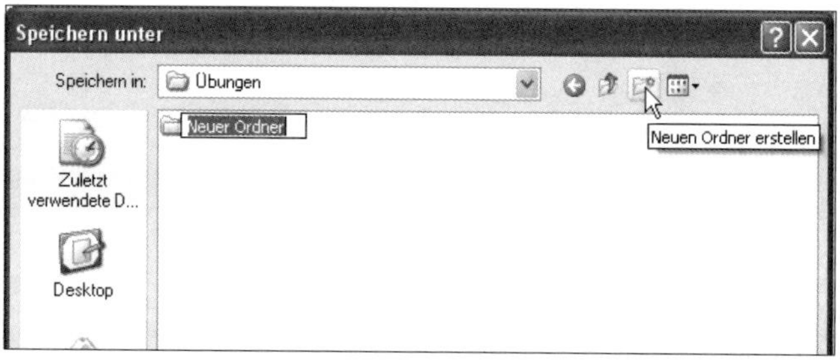

Abb. 2.48: Beim Speichern Ordner anlegen

▶ Überschreiben Sie den vorgegebenen Dateinamen mit einem aussagekräftigen Namen für die Grafik und klicken Sie auf *Speichern*.

Grafik zuschneiden

Ganz fertig sind Sie doch noch nicht: Um die Windrose herum befindet sich noch zu viel Weißraum. Den schneiden Sie einfach ab. Wählen Sie dazu in der Symbolleiste das *Zuschneidewerkzeug* aus.

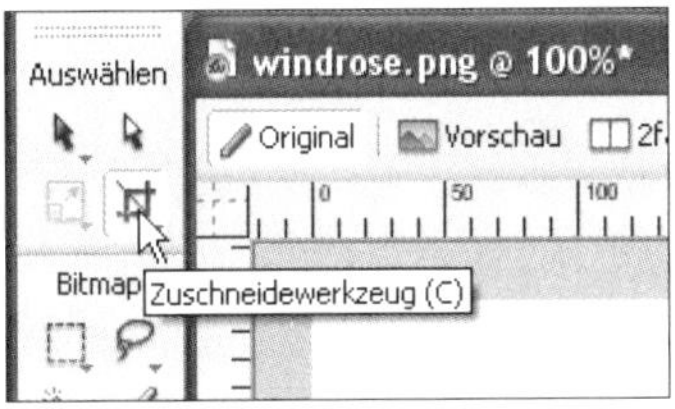

Abb. 2.49: Das *Zuschneidewerkzeug*

Ziehen Sie um die Windrose herum ein Rechteck auf, um den Bereich festzulegen, der im Bild verbleiben soll.

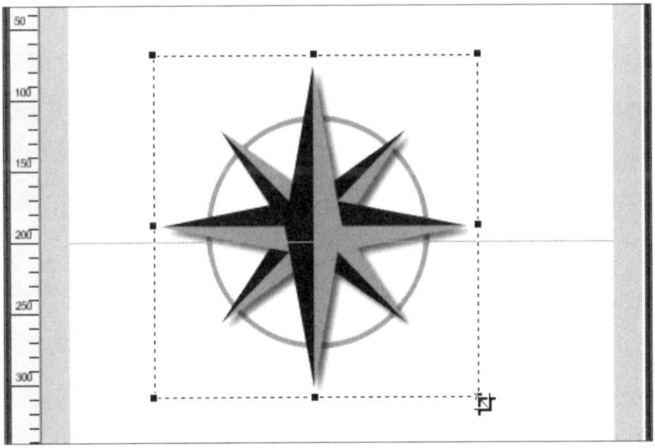

Abb. 2.50: Legen Sie den Zuschneidebereich fest

An den kleinen Quadraten rund um den ausgewählten Bereich, aber auch an der gestrichelten Linie dazwischen können Sie ziehen, um die Breite bzw. die Höhe der Zuschneidefläche zu verändern. Wenn der Ausschnitt Ihren Vorstellungen entspricht, genügt ein Doppelklick in den markierten Bereich: Das Bild wird zugeschnitten. Alle Teile außerhalb der Markierung fallen aus dem Bild heraus.

Jetzt soll es aber wirklich fürs Erste reichen, nachher träumen Sie noch von Windrosen. Speichern Sie das Ergebnis mit *Datei / Speichern* zwischen und machen Sie eine ausgiebige Pause. Die folgenden Fragen können Sie dann ja später beantworten.

HINWEIS

Die Ergebnisse der meisten Übungen dieses Buchs können Sie von unserer Website *www.buchteam.de* herunterladen. Wechseln Sie in die Kategorie *Bücher* und klicken Sie dort das Cover des Buchs *Fireworks MX 2004* an.

2.4 Zusammenfassung, Fragen und Übungen

Zusammenfassung

- Mit dem *Zoom-Werkzeug* haben Sie vielfältige Möglichkeiten, die Bildansicht zu vergrößern und zu verkleinern. Mit den Tastaturbefehlen geht das besonders schnell.
- Vielecke, wie z.B. ein Dreieck oder einen Stern, erstellen Sie mit dem *Polygonwerkzeug*.
- Das *Teilauswahl-Werkzeug* ermöglicht die Bearbeitung einzelner Punkte eines Vektorobjekts.

Zusammenfassung

- Mit den Menübefehlen im Menü *Modifizieren / Transformieren* lassen sich Vektorobjekte unter anderem skalieren, drehen und spiegeln.
- Mit den Funktionen *Bearbeiten / Duplizieren* und *Bearbeiten / Klonen* kopieren Sie ein Objekt in einem Arbeitschritt. Beim *Klonen* wird das neue Objekt an exakt der gleichen Position eingefügt wie das Ausgangsobjekt.
- Hilfslinien erlauben das präzise Anordnen von Objekten im Bearbeitungsfenster.
- Im Menü *Modifizieren / Ausrichten* finden Sie mehrere Funktionen zum gegenseitigen Ausrichten von Objekten.
- Die Stapelreihenfolge der Bildobjekte verändern Sie über die Funktionen im Menü *Modifizieren / Anordnen*.
- Einen Kreis erstellen Sie mit dem *Ellipsenwerkzeug*.
- Das *Zuschneidewerkzeug* schneidet überflüssige Ränder eines Bildes ab.

Fragen und Übungen

1. Mit welcher Tastenkombination schalten Sie die Zoom-Größe von *100%* ein?
2. Wie erstellen Sie sehr einfach ein Dreieck mit waagerechter Grundlinie?
3. Wie lautet die Funktion zum Spiegeln eines Objekts an seiner Längsachse?

Fragen und Übungen

4. Mit welcher Einstellung werden Objekte von den Hilfslinien angezogen?
5. Wo können Sie die Stapelreihenfolge der Objekte eines Bildes sehr gut nachvollziehen?

3

Vektorobjekte II: Noch mehr Beispiele

3 Vektorobjekte II: Noch mehr Beispiele

Nach dem etwas umfassenderen Beispiel im vorhergehenden Kapitel werden Sie in diesem Kapitel mit kleineren Übungen weitere Praxis im Umgang mit Vektorobjekten sammeln können.

3.1 Randgestaltung

Beim Thema Füllung gibt es mehr Möglichkeiten, als beim Beispiel der Windrose bereits vorgestellt. Sehen Sie sich die Optionen für das Füllwerkzeug im Fenster *Eigenschaften* einmal näher an. Oben im Bedienfeld geben Sie den Füllmodus und die Füllfarbe an. Diese Einstellungen werden Sie bei den Beispielen weiter unten ausprobieren.

Beim Objektrand haben Sie die Auswahl zwischen drei verschiedenen Gestaltungen.

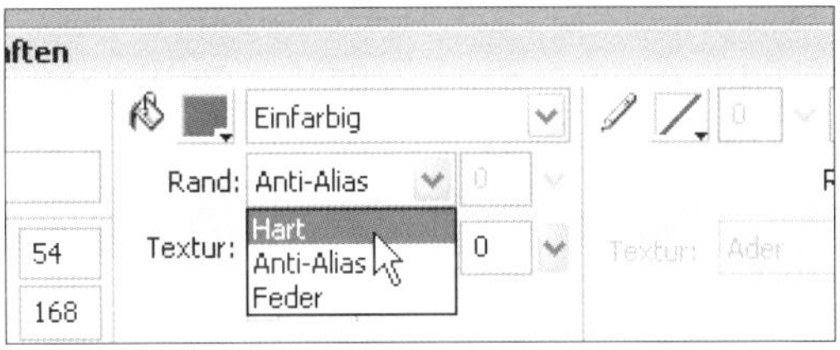

Abb. 3.1: Drei Möglichkeiten für den Rand

Harter Rand

Bei der Einstellung *Hart* werden nur die Farben der Objektfüllung und des Hintergrundes verwendet. An den Stellen, an denen das Objekt gekrümmt ist, macht sich dies in Form mehr oder weniger sichtbarer Treppenstufen bemerkbar.

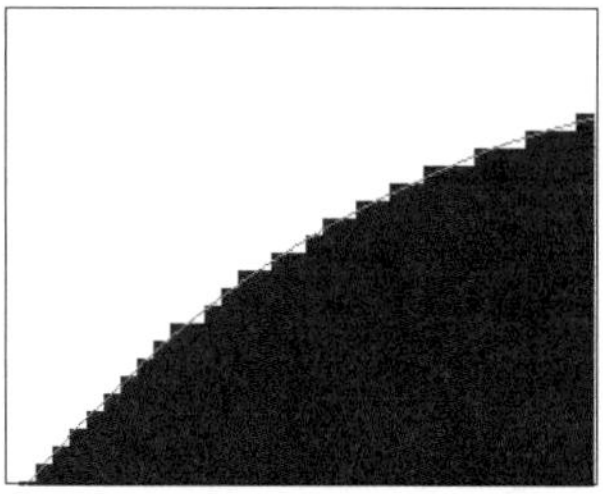

Abb. 3.2: Treppige Konturen dank hartem Rand

Das Bild sieht mit diesen harten Kanten gröber aus. Bei sehr kleinen Objekten oder Schriftzügen bietet eine solche Randgestaltung aber auch Vorteile. Außerdem wird auf diese Weise die Anzahl der Farben im Bild niedrig gehalten, was sich bei Webgrafiken in der Regel durch geringere Dateigrößen bemerkbar macht.

Anti-Alias

Anti-Alias wird bei Bildbearbeitungsprogrammen eine Methode genannt, bei der harte Konturen durch Einfügen von Zwischentönen aufgeweicht werden. Das Grafikprogramm fügt bei aneinander grenzenden Farbflächen Mischfarbtöne ein. Treppenstufeneffekte werden damit weitgehend vermieden, es steigt aber auch die Anzahl der Farben im Bild.

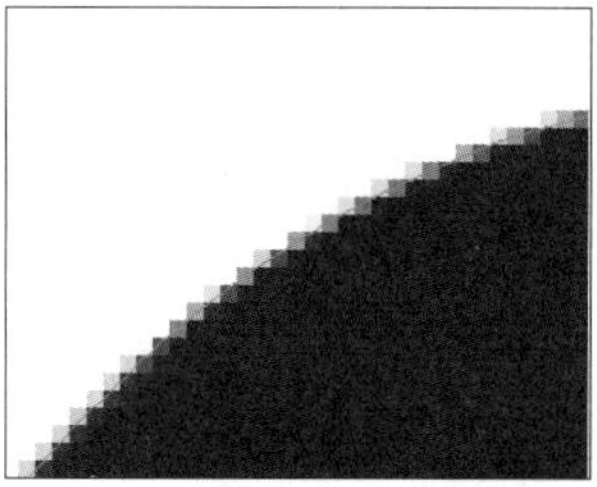

Abb. 3.3: Weiche Kanten durch *Anti-Alias*

Gefederter Rand

Ganz soft wird der Übergang bei einem gefederten Rand. Über sehr feine Abstufungen verlaufen die Farbflächen ineinander.

Abb. 3.4: Federweicher Übergang

Sie können bei Auswahl von *Feder* die Breite des Übergangs variieren. Auf diese Weise erzielen Sie interessante Effekte. Die Anzahl der Farben im Bild explodiert aber förmlich, je weicher der Rand gestaltet wird.

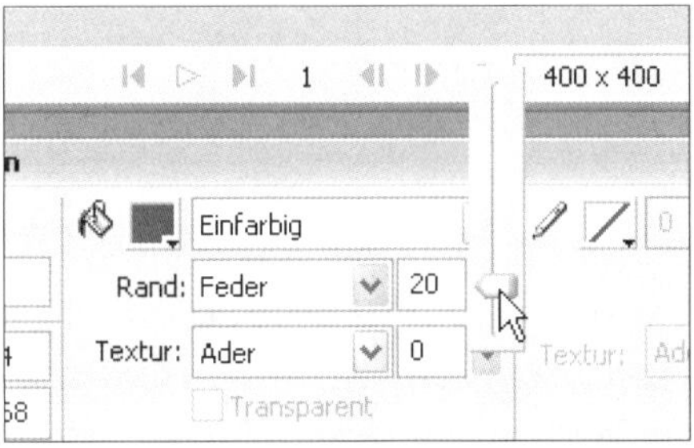

Abb. 3.5: Legen Sie die Breite des gefederten Bereichs fest

Die Randgestaltung eines Objekts lässt sich zu jeder Zeit verändern. Markieren Sie es dazu einfach und nehmen Sie im Fenster *Füllen* die Änderung vor.

3.2 Gut kombiniert

Vektorobjekte können auf unterschiedliche Weise miteinander kombiniert werden. An drei sich überlagernden Kreisen können Sie die verschiedenen Methoden einmal ausprobieren.

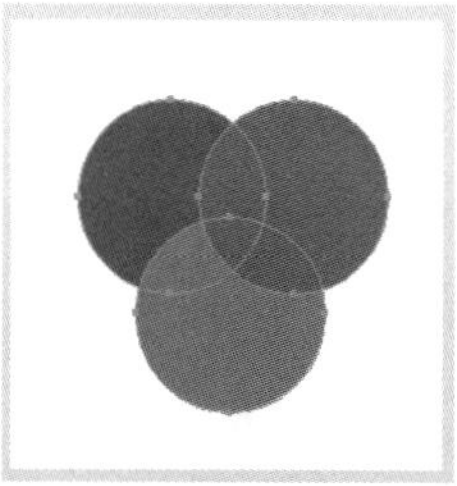

Abb. 3.6: Die Kreise überdecken sich teilweise

Bei den folgenden vier Möglichkeiten müssen die Kreise markiert sein. Ziehen Sie mit dem *Zeigerwerkzeug* einfach einen Rahmen um die drei Objekte.

Vereinigen

Mit dem Menübefehl *Modifizieren / Pfade kombinieren / Vereinigen* verschmelzen die drei Kreise zu einem Vektorobjekt. Das neue Objekt erhält die Füllfarbe des Kreises, der im Stapel ganz unten lag. Mit dieser Funktion erzeugen Sie aus einfachen Grundformen komplexe Vektorelemente.

Abb. 3.7: Aus drei mach eins

Überschneiden

Mit *Modifizieren / Pfade kombinieren / Überschneiden* bleibt von den drei Kreisen nur die gemeinsame Schnittmenge übrig. Das neue Objekt wird ebenfalls mit der Farbe des im Stapel unten liegenden Objekts gefüllt. Bei dieser Funktion müssen Sie häufig etwas tüfteln, bis Sie ein zufrieden stellendes Ergebnis erhalten.

Abb. 3.8: Nur die gemeinsame Schnittmenge bleibt übrig

Öffnen

Rufen Sie den Menübefehl *Modifizieren / Pfade kombinieren / Öffnen* auf. Bei dieser Methode wird der oben liegende Kreis als Schablone verwendet, um Bereiche aus den darunter liegenden Objekten herauszuschneiden.

Abb. 3.9: Angenagte Kreise

Zuschneiden

Genau umgekehrt funktioniert die Methode *Modifizieren / Pfade kombinieren / Zuschneiden*. Von den unten liegenden Objekten bleiben lediglich die Bereiche erhalten, die vom obersten Kreis überdeckt wurden.

Abb. 3.10: Herausgestanzte Bereiche

So viel zur Theorie. Im folgenden Beispiel werden Sie das Zuschneiden einmal in der Praxis ausprobieren. Natürlich werden Sie dabei auch noch weitere Funktionen der Vektorbearbeitung kennen lernen.

3.3 Sonne hinter Gittern

Legen Sie sofort los. So soll das Ergebnis der Übung aussehen:

Abb. 3.11: Sind Fenstergitter waagerecht?

Acht Rechtecke erstellen

Erstellen Sie mit *Datei / Neu* eine neue Grafik. Bei *Breite* und *Höhe* geben Sie jeweils `250` ein.

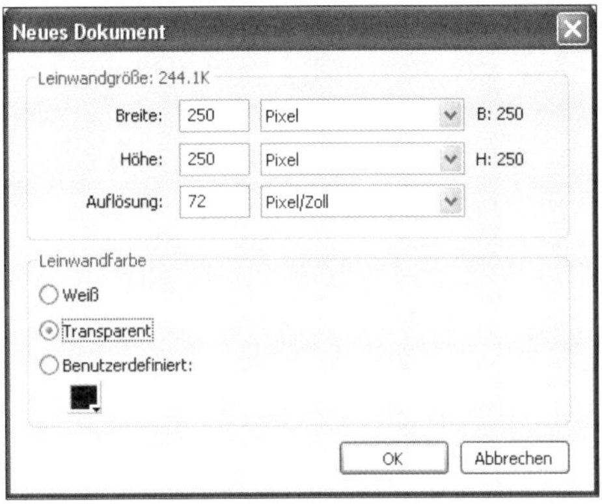

Abb. 3.12: Einstellungen für das neue Dokument

Klicken Sie auf *OK*. Die Bildfläche ist mit einem grau-weißen Schachbrettmuster gefüllt. Das liegt daran, dass bei *Leinwandfarbe* die Option *Transparent* ausgewählt war. Noch stört diese Einstellung nicht, daher belassen Sie es erst einmal dabei.

Wählen Sie in der Werkzeugleiste das *Rechteckwerkzeug* aus und ziehen Sie im oberen Bereich des Dokumentfensters ein schmales Rechteck auf.

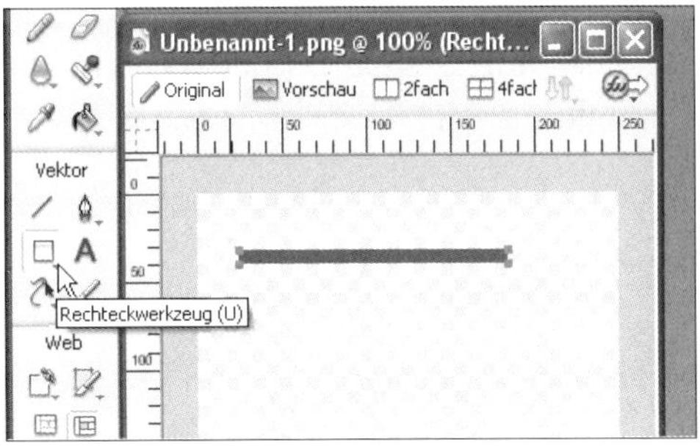

Abb. 3.13: Erstellen Sie ein dünnes Rechteck

Verwenden Sie bei der Füllung ruhig die aktuelle Füllfarbe. Sie werden das komplette Objekt später sowieso mit einem Farbverlauf füllen. Da das Rechteck markiert ist, nutzen Sie die Gelegenheit und duplizieren es sieben Mal mit der Tastenkombination Strg + Alt + D.

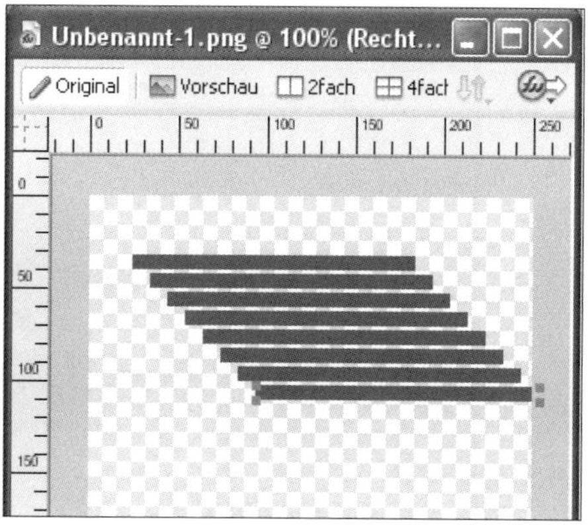

Abb. 3.14: Acht gleich große Rechtecke

Objekte gleichmäßig anordnen

Sie werden die Objekte jetzt übereinander zentrieren und mit gleichen Abständen anordnen. Keine Bange, das wird keine kniffelige Handarbeit: Fireworks stellt Ihnen entsprechende Funktionen zur Verfügung.

- Ziehen Sie die Rechtecke nach Augenmaß untereinander. Wichtig ist dabei nur, dass das oberste und das unterste Objekt bereits den richtigen Abstand haben (siehe Abbildung 3.15).
- Ziehen Sie nun mit dem *Zeigerwerkzeug* einen Markierungsrahmen um die Rechtecke (siehe Abbildung 3.16).

Abb. 3.15: Sieht aber noch nicht sehr gleichmäßig aus

Abb. 3.16: Markieren

- Wir hatten Ihnen versprochen, noch weitere Ausrichtungsfunktionen vorzustellen. Und Versprechen sollte man halten: Mit *Modifizieren / Ausrichten / Links* werden die Rechtecke linksbündig in einer Flucht ausgerichtet. Gleiche Abstände zwischen den Objekten erzielen Sie mit *Modifizieren / Ausrichten / Höhen verteilen*.

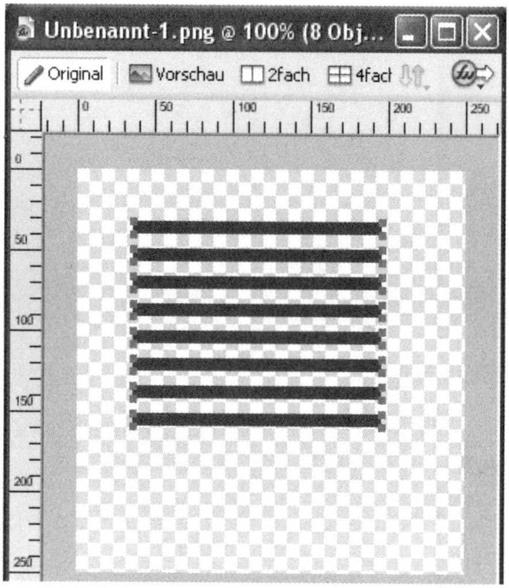

Abb. 3.17: Ordnung muss sein

Einen Kreis ausstanzen

Sie werden die Rechtecke jetzt auf die Form eines Kreises zurechtschneiden. Ziehen Sie dazu mit dem *Ellipsenwerkzeug* einen Kreis auf. Halten Sie dabei die Tasten [Alt] + [⇧] gedrückt. Mit der [⇧]-Taste wird die Ellipse kreisrund, und mit der [Alt]-Taste wird der Kreis beim Aufziehen an der Klickposition zentriert.

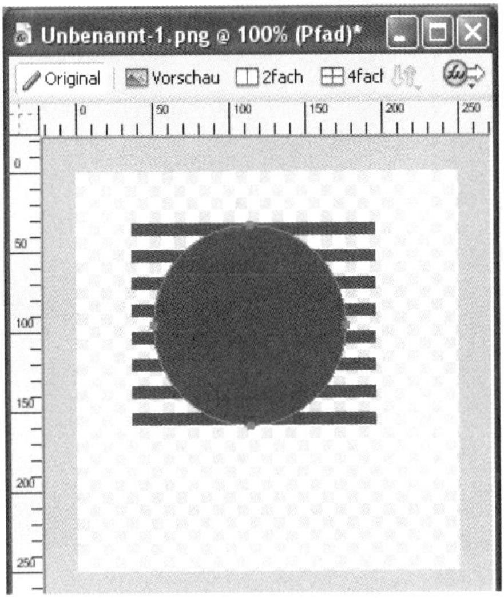

Abb. 3.18: Der Kreis sollte so hoch wie der Stapel mit den Rechtecken sein

Jetzt geht es ans Schneiden:

- Ziehen Sie mit dem *Zeigerwerkzeug* einen Rahmen um alle Objekte im Dokumentfenster (Kreis und Rechtecke).
- Rufen Sie den Menübefehl *Modifizieren / Pfade kombinieren / Zuschneiden* auf.
- Alle Teile der Rechtecke, die nicht unter dem Kreis lagen, werden abgeschnitten (siehe Abbildung 3.19).
- Gruppieren Sie die markierten Objekte sofort mit [Strg] + [G], damit sie nicht mehr gegeneinander verschoben werden können.

Das Schachbrettmuster im Hintergrund stört mittlerweile doch ziemlich. Da Sie eigentlich gar keine Transparenz benötigen, ändern Sie die Hintergrundfarbe über *Modifizieren / Leinwand / Leinwandfarbe* nach *Weiß* (siehe Abbildung 3.20).

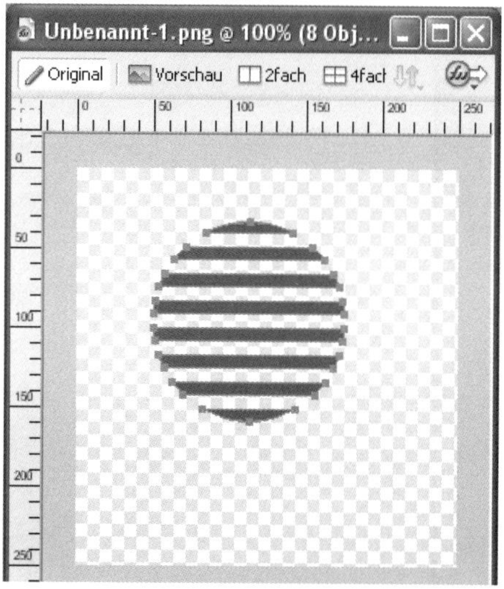

Abb. 3.19: Waagerechte Fenstergitter gibt es doch gar nicht, oder?

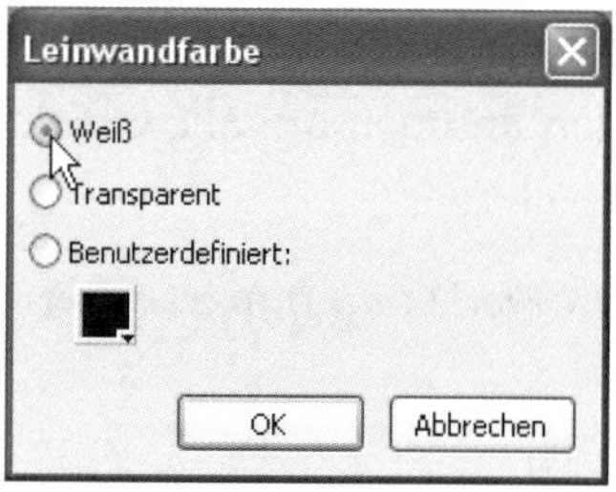

Abb. 3.20: Irgendwie müssen wir Ihnen die Funktionen ja näher bringen ;-)

Radiale Füllung

Ein radialer, also kreisförmiger Farbverlauf würde dem gruppierten Objekt ein wenig Pep geben.

- ▶ Stellen Sie im Bedienfeld *Eigenschaften* beim Füllmodus *Verlauf / Radial* ein.

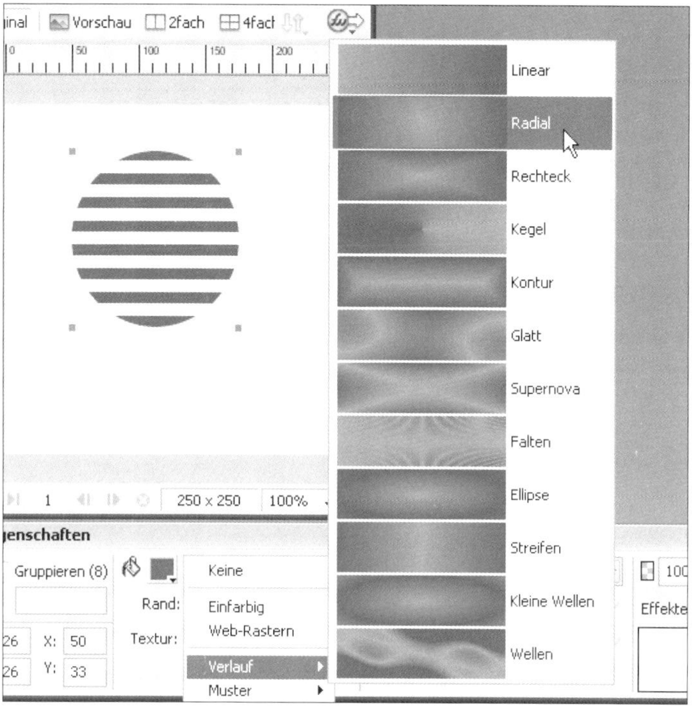

Abb. 3.21: Neben *Radial* enthält die Liste auch noch andere Verlaufsformen

▶ Den Farbverlauf bearbeiten Sie über die Schaltfläche neben der Liste.

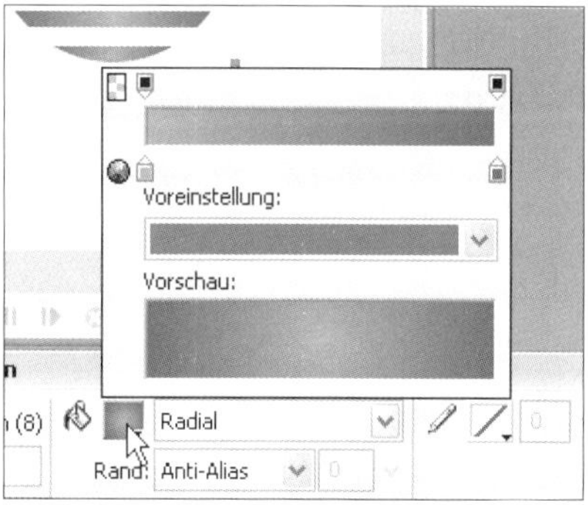

Abb. 3.22: Farbverlauf bearbeiten

- Im oberen Bereich des Popup-Fensters sehen Sie den Farbbalken mit den Farbfeldern am linken und rechten Rand. Im unteren Bereich wird eine *Vorschau* für den Verlauf angezeigt. Klicken Sie die Farbfelder unterhalb des Farbbalkens einfach an, um die Farbwerte zu ändern. Die angebotene Palette bietet reichlich Auswahl.

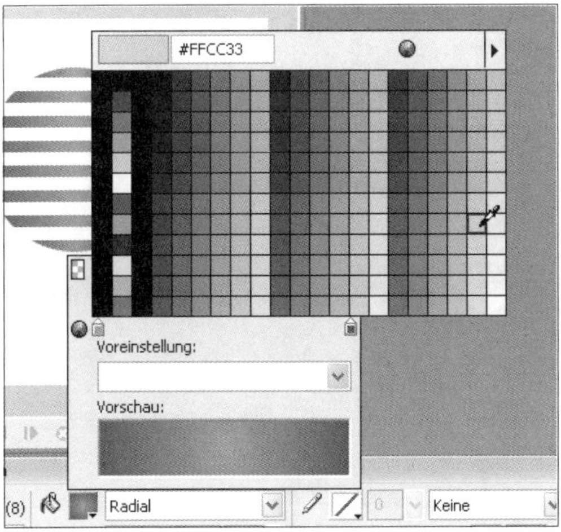

Abb. 3.23: Wählen Sie das Orange mit dem Farbcode *#FFCC33*

- Für das Farbfeld auf der rechten Seite des Balkens wählen Sie die Farbe Schwarz.
- Sie können auf dem Farbbalken auch Farbfelder hinzufügen. Klicken Sie einfach an eine freie Stelle des grauen Bereichs unterhalb des Balkens.

Abb. 3.24: Verlaufsfarbe hinzufügen

- Übernehmen Sie für das hinzugefügte Farbfeld das Orange des linken Feldes. Dazu müssen Sie das neue Farbfeld einfach anklicken und die gewünschte Farbe mit der Pipette aufsaugen.

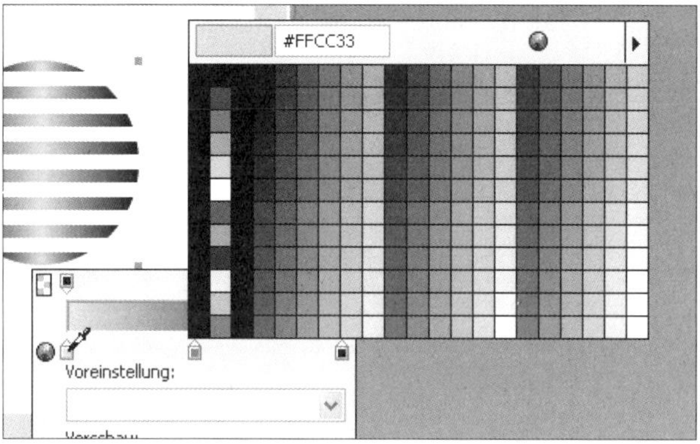

Abb. 3.25: Farbe übernehmen

HINWEIS

Die Farbfelder können Sie mit der Maus nach links und rechts verschieben oder durch Herausziehen aus dem Balken löschen.

Wenn Sie die [↵]-Taste drücken oder irgendwo neben das Bedienfeld *Eigenschaften* klicken, wird die Änderung des Verlaufs übernommen.

Glühender Kranz

Lassen Sie den Kreis zusätzlich etwas erstrahlen. Wenden Sie sich daher wieder den Effekten im Bedienfeld *Eigenschaften* zu. Über *Schatten und Glühen / Glühen* verpassen Sie der Objektgruppe einen glühenden Schein.

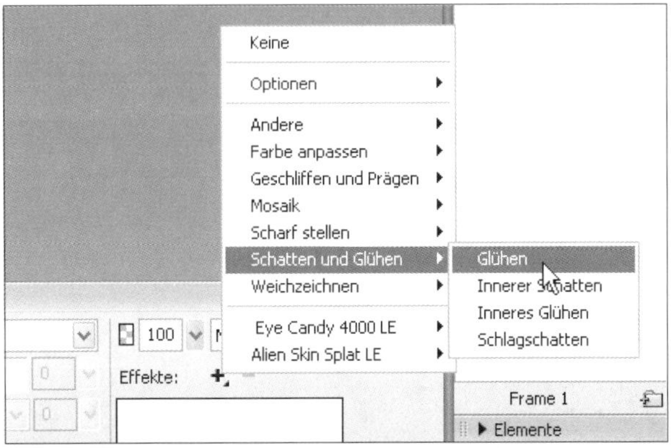

Abb. 3.26: Effekt: *Glühen*

Über das *Info*-Feld zum Effekt *Glühen* nehmen Sie Einfluss auf die Darstellung des Strahlenkranzes.

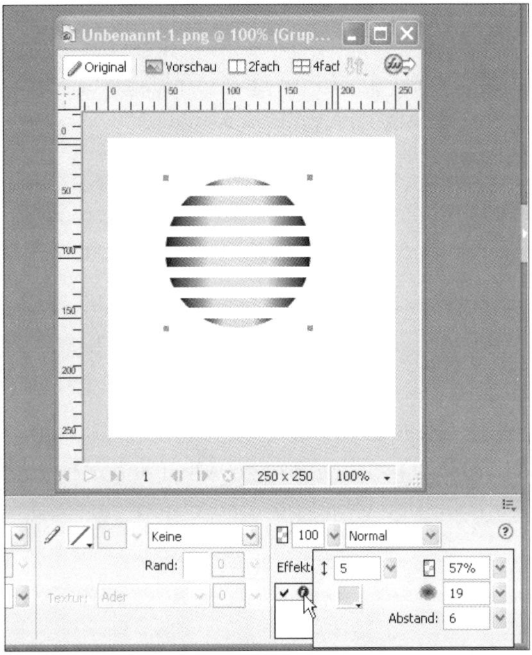

Abb. 3.27: Glüh-Optionen

Bei der Farbe sollten Sie wieder das bereits verwendete Orange zum Zuge kommen lassen. Hinsichtlich der Breite, der Deckkraft, der Weichheit und des Abstands empfehlen wir Ihnen die oben stehenden Einstellungen.

Einzelobjekt einer Gruppe auswählen

Der dritte Balken von oben soll als besonderer Akzent einfarbig gefüllt werden. Obwohl die einzelnen Rechteckteile gruppiert sind, können Sie Teilobjekte der Gruppe auswählen. Wählen Sie dazu das *Teilauswahl-Werkzeug* und anschließend das Objekt aus oder klicken Sie bei aktiviertem *Zeigerwerkzeug* und gedrückter [Alt]-Taste auf den Balken. Schalten Sie dann den Füllmodus auf *Einfarbig* um.

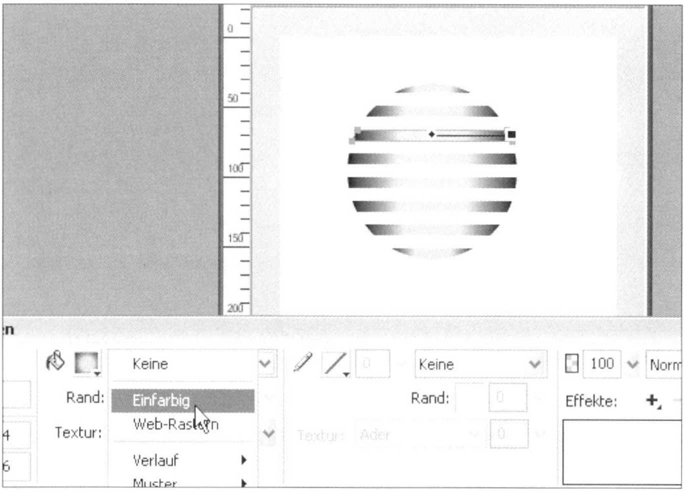

Abb. 3.28: Ein einzelner Balken wird wieder einfarbig gefüllt

Zum Abschluss schneiden Sie noch den überflüssigen weißen Rand des Bildes ab. Das *Zuschneidewerkzeug* kennen Sie bereits. Eine schnelle Alternative bietet aber auch der Menübefehl *Modifizieren / Leinwand /*

Leinwand anpassen. Fireworks passt damit die Bildgröße an die Größe der im Bild enthaltenen Objekte an.

Übrigens: Die Frage, ob Gitterstäbe nun waagerecht oder senkrecht sind, ist immer noch nicht geklärt. Aber schon stellt sich eine viel wesentlichere Frage: Sind Fenster rund oder eckig?

3.4 Nummer 12

Ob als Hausnummer, als Etagenbeschriftung oder als Malschablone, die folgende Grafik kann wirklich universell eingesetzt werden. Sie möchten doch bestimmt auch so eine nette 12 haben ...

Abb. 3.29: Gibt es auch als 5, 7 oder 16

Abgerundetes Rechteck

Dann legen Sie mal los. Die ersten Schritte sind schon fast Routine:

- Erstellen Sie ein neues Dokument mit weißem Hintergrund und den Maßen 250 x 250 Pixel.

- Legen Sie über das Bedienfeld *Farben* als Füllfarbe ein Grün mit dem Farbcode *#339900* fest.
- Wählen Sie auf der Symbolleiste *Werkzeuge* das Werkzeug *Abgerundetes Rechteck* aus.
- Ziehen Sie ein Rechteck beliebiger Größe auf.

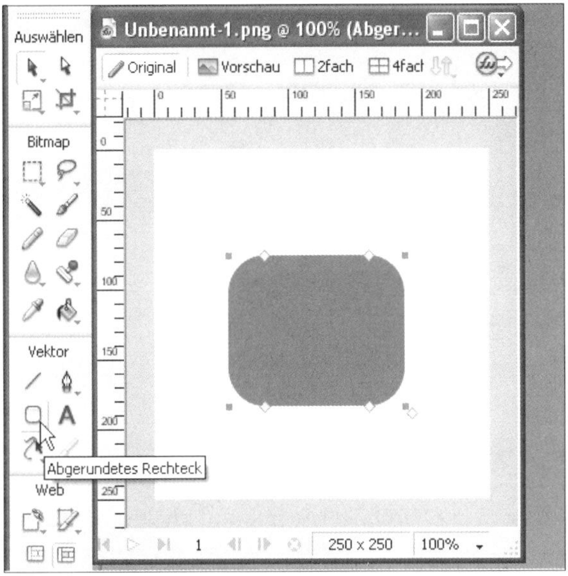

Abb. 3.30: Ein Rechteck mit runden Ecken aufziehen

- Die Größe durfte deswegen beliebig sein, weil Sie die exakten Werte nachträglich einstellen. Tragen Sie im Bedienfeld *Eigenschaften* bei Breite (*B*) und Höhe (*H*) jeweils 150 ein (siehe Abbildung 3.31).
- Mit der [↵]-Taste übernehmen Sie die Größenänderung.

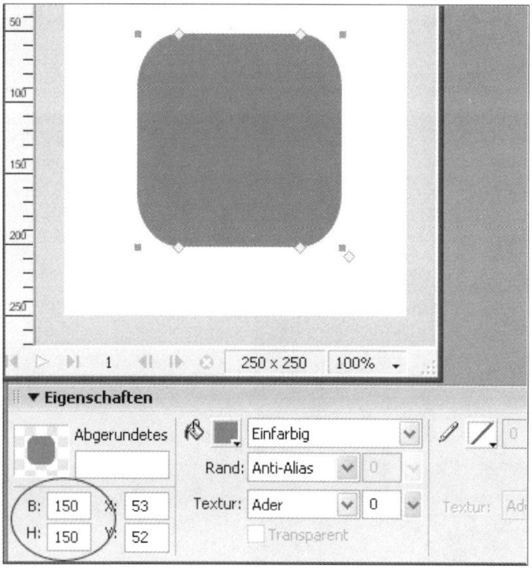

Abb. 3.31: Die genaue Größe eingeben

Text einfügen

Rufen Sie das *Textwerkzeug* in der Symbolleiste auf und klicken Sie in das Bild.

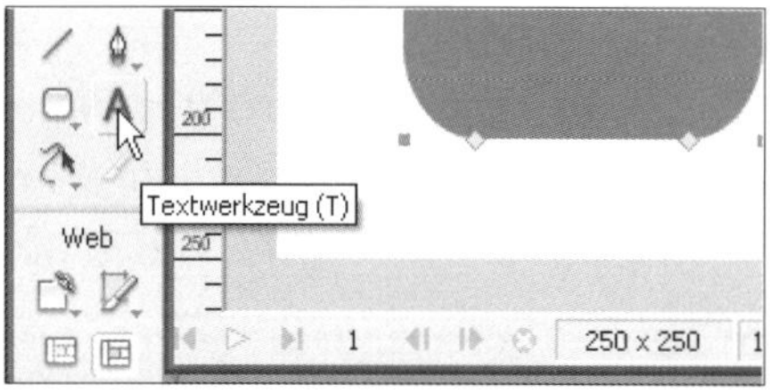

Abb. 3.32: Das *Textwerkzeug*

- Bevor Sie den Text eingeben, sollten Sie dessen Format festlegen. Wählen Sie im Bedienfeld *Eigenschaften* die Schriftart *Arial* mit dem

Attribut *fett* (*F*) aus, geben Sie in das Feld für die Schriftgröße den Wert 100 ein und stellen Sie rechts daneben einen beliebigen Farbwert ein.

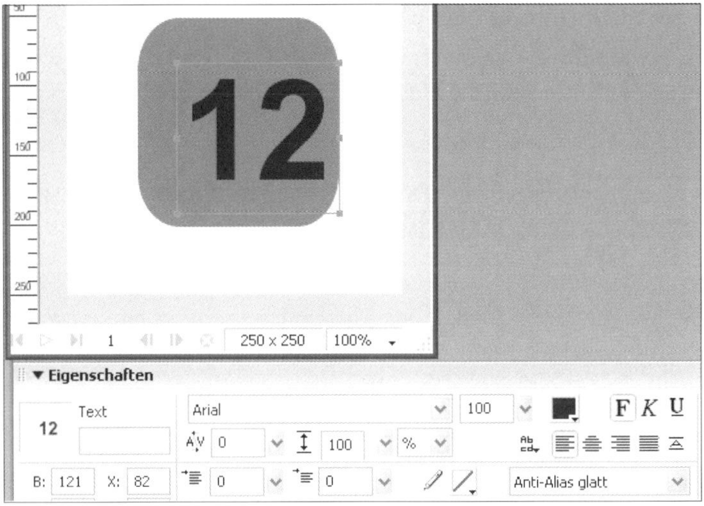

Abb. 3.33: Legen Sie das Format fest und geben Sie den Text ein

- Klicken Sie auf das Rechteck und tragen Sie die Zahl 12 ein.

HINWEIS

Sie können das Textobjekt jederzeit nachträglich anpassen. Klicken Sie dazu mit dem *Zeigerwerkzeug* doppelt auf den Text und bearbeiten Sie das Format oder den Text selbst.

- Markieren Sie nun den Text und das Rechteck und rufen Sie nacheinander die Menübefehle *Modifizieren / Ausrichten / Vertikal zentrieren* und *Modifizieren / Ausrichten / Horizontal zentrieren* auf.
- Vielleicht befinden sich die beiden Objekte danach nicht mehr ganz in der Mitte des Bearbeitungsfensters. Um das zu korrigieren, ziehen Sie sie einfach mit der Maus an die gewünschte Position.

Rechteck und Text verbinden

Verbinden Sie die Zahl und das Rechteck so zu einem Objekt, dass die Zahl das Rechteck öffnet. Das funktioniert jedoch nur, wenn die Zahl vorher von einem Textobjekt in ein *Pfadobjekt* umgewandelt worden ist. Bei dieser Umwandlung verliert der Text seine Texteigenschaft. Er kann nicht mehr als Text bearbeitet werden und wird damit wie jedes andere Vektorobjekt behandelt.

- Heben Sie die Markierung der beiden Objekte auf und wählen Sie nur den Text aus.
- Rufen Sie den Menübefehl *Text / In Pfade konvertieren* auf. Sichtbar hat sich (bis auf das Wegfallen des Markierungsrahmens) nichts verändert, der Text ist jetzt jedoch kein Textobjekt mehr. Vielmehr ist die Zahl jetzt eine Gruppe von Objekten, die die Form der einzelnen Ziffern haben. Im Bedienfeld *Ebenen* kann man das sehr schön sehen.

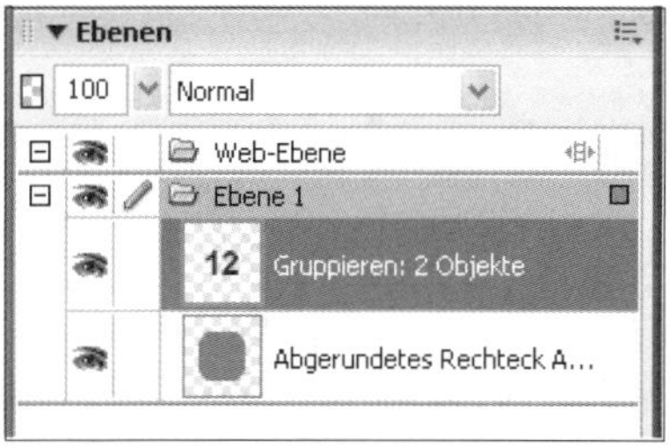

Abb. 3.34: Ein Rechteck und eine Gruppe von zwei Objekten

- Markieren Sie nun das Rechteck und die Gruppe und rufen Sie den Menübefehl *Modifizieren / Pfade kombinieren / Verbinden* auf. Das Rechteck und die Ziffern werden zu einem Objekt verbunden, wobei das Rechteck von den Ziffern geöffnet wird. In der folgenden Abbildung ist das Schachbrettmuster der Transparenz eingeschaltet. So können Sie das Ergebnis der Verbindung sehr gut erkennen.

Abb. 3.35: Wo eben noch der Text war, scheint jetzt der Hintergrund durch

HINWEIS

Die Verbindung von Objekten kann jederzeit mit dem Menübefehl *Modifizieren / Pfade kombinieren / Teilen* rückgängig gemacht werden.

Der letzte Schliff

Jetzt geben Sie dem Objekt ein wenig Tiefe:

- Wählen Sie über das Bedienfeld *Eigenschaften* den Effekt *Geschliffen und Prägen / Innen geschliffen* aus (siehe Abbildung 3.36).

Die Standardvorgaben sind jedoch etwas zu tiefgründig. Passen Sie die Einstellungen des Effekts über das Bedienfeld *Eigenschaften* nachträglich wie in Abbildung 3.37 dargestellt an.

Mit diesem und dem vorhergehenden Kapitel des Buches haben Sie sich einen Überblick über das Arbeiten mit Vektorobjekten verschafft. Was Sie mit diesen Fertigkeiten zukünftig anfangen, hängt wohl auch sehr wesentlich von Ihrer Kreativität ab.

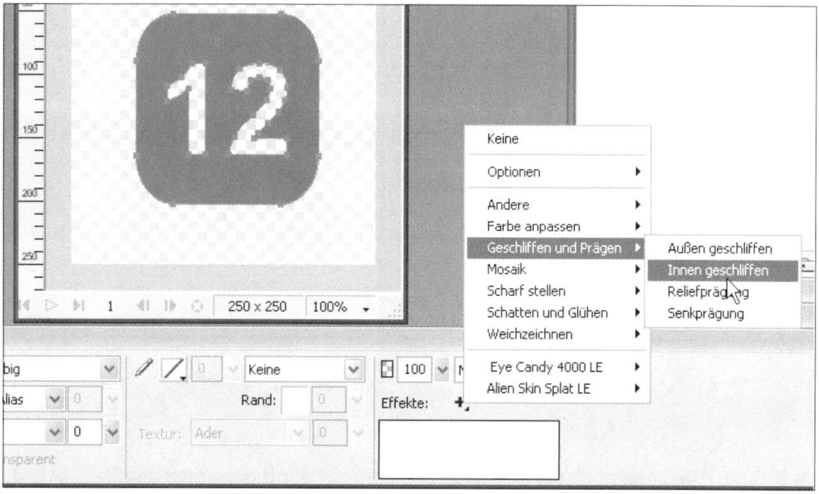

Abb. 3.36: Effekt: *Innen geschliffen*

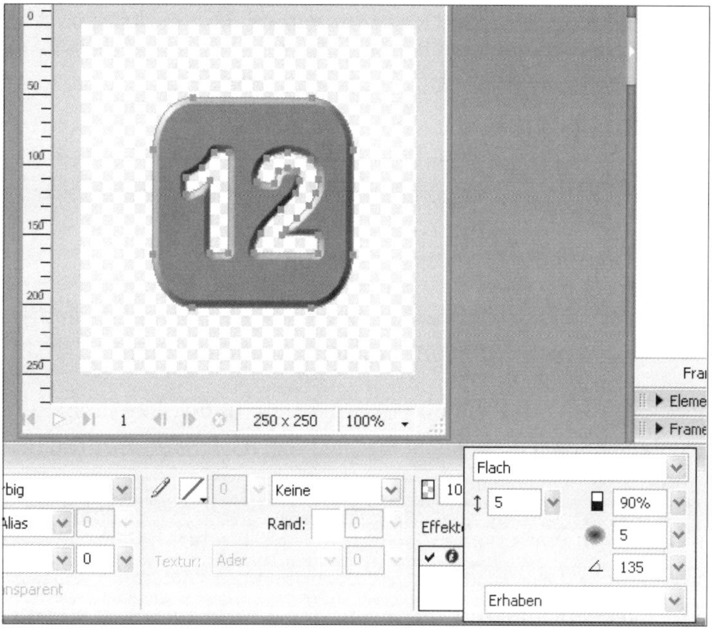

Abb. 3.37: Individuelle Einstellungen für den Effekt *Innen geschliffen*

Wollen Sie unabhängig davon noch ein wenig üben, schlagen wir Ihnen folgende Vorgehensweise vor:

Achten Sie in den nächsten Tagen verstärkt auf Logos in Zeitschriften, auf dem Fernsehbildschirm oder auf der Plane des Brummis, der vor Ihnen im Stau steht. Spielen Sie im Geiste durch, wie Sie die jeweilige Grafik mit Fireworks erstellen würden. Besser noch: Versuchen Sie, möglichst viele dieser Logos mit Fireworks nachzubauen. Auf diese Weise haben Sie sehr schnell Erfolgserlebnisse und sammeln Praxis im Umgang mit dem Programm.

Die Ergebnisse der Übungen dieses Kapitels finden Sie ebenfalls in unserem Webangebot *www.buchteam.de*.

3.5 Zusammenfassung, Fragen und Übungen

Zusammenfassung

- Bei der Randgestaltung von Objekten haben Sie die Wahl zwischen den Einstellungen *Hart*, *Anti-Alias* und *Feder*.
- Vektorobjekte lassen sich mit den folgenden Methoden kombinieren: *Vereinigen*, *Überschneiden*, *Öffnen* und *Zuschneiden*.
- Über das Bedienfeld *Eigenschaften* können Sie neben einer einfarbigen Füllung auch diverse Füllverläufe auswählen und an die individuellen Bedürfnisse anpassen.
- Mit dem Effekt *Glühen* hüllen Sie Objekte in einen strahlenden Lichtschein ein.

Zusammenfassung

- Zum *Verbinden* von Objekten muss ein Textobjekt in ein Pfadobjekt umgewandelt werden.
- Der Effekt *Innen geschliffen* gibt Objekten optische Tiefe.

Fragen und Übungen

1. Wie erstellen Sie ein Objekt, dessen Rand durch Einfügen von Zwischentönen weichgezeichnet ist?
2. Wie erzeugen Sie ein Objekt, das die Schnittmenge mehrerer Ausgangsobjekte darstellt?
3. Wie wählt man ein einzelnes Objekt innerhalb einer Objektgruppe aus?

G
A
L
10
9
8
7
6
5
4
3
2
1

Bildbearbeitung I: Grundfunktionen

»

Macromedia Fireworks MX 2004

4 Bildbearbeitung I: Grundfunktionen

Wie bereits im Kapitel »Einführung« erwähnt, enthält Fireworks nicht nur Bearbeitungswerkzeuge für Vektor-, sondern auch für Bitmap-Grafiken. Das eröffnet wie bei anderen Bildbearbeitungsprogrammen (Corel PHOTO-PAINT, Photoshop u.a.) die Möglichkeit, anstelle von Pfaden (im *Vektormodus*) auch Pixel zu verändern (im *Bitmap-Modus*). In diesem Kapitel werden wir Ihnen die Grundfunktionen im Bitmap-Modus aufzeigen.

4.1 Bitmap-Modus

Viele Wege führen zur Darstellung von Bitmap-Grafiken in Fireworks. Sie können beispielsweise als Dokument in Fireworks über *Datei / Öffnen* angezeigt und anschließend bearbeitet werden. Oder sie werden über *Datei / Importieren* geöffnet oder eingescannt (siehe das Kapitel »Bildbearbeitung II: Fotobearbeitung«) oder über die Windows-Zwischenablage in ein Fireworks-Dokumentfenster eingefügt. Es ist sogar möglich, ausgewählte Vektorobjekte in Bitmap-Bilder umzuwandeln, indem Sie *Modifizieren / Auswahl als Hintergrund* wählen. Der umgekehrte Weg bleibt Ihnen jedoch versagt.

Bildbearbeitungsmodus

Bitmap- und Vektorgrafiken lassen sich mit Fireworks parallel bearbeiten, ohne dass Sie darauf achten müssen, ob Sie sich im richtigen Modus befinden. Sie wählen lediglich das gewünschte Werkzeug aus, und Fireworks MX schaltet nahtlos zwischen Bitmap- und Vektorbearbeitung um.

Abb. 4.1: Auf den Bitmap-Modus weist die Titelzeile hin

Nun können Sie wie in Corel PHOTO-PAINT oder Photoshop verschiedene Werkzeuge verwenden, um Pixel auszuwählen, zu verschieben, zu bemalen und/oder zu modifizieren.

HINWEIS Sollte Sie die blaue Umrandung irritieren, können Sie diese mit der F9-Taste ein- und ausblenden. Sie verschwindet aber automatisch, sobald Sie ein Bitmap-Werkzeug wählen.

Um den Bitmap-Modus zu beenden, klicken Sie in der Statusleiste des Dokumentfensters auf die Schaltfläche *Bitmap-Modus beenden*. Dasselbe Ergebnis erzielen Sie mit einem Doppelklick auf die Bitmap-Grafik.

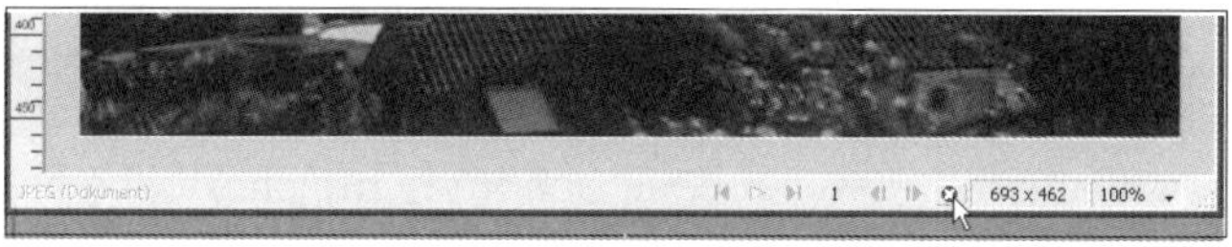

Abb. 4.2: Den Bitmap-Modus verlassen

Auswahlrahmen

Im Bitmap-Modus stehen Ihnen folgende Hauptauswahlwerkzeuge zur Verfügung: *Auswahlrahmen* und *Ovaler Auswahlrahmen*, *Lassowerkzeug* und *Polygon-Lasso* sowie der *Zauberstab*.

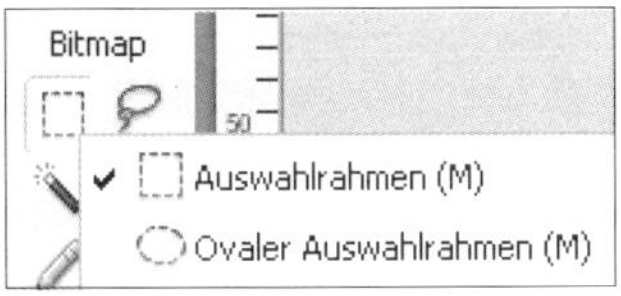

Abb. 4.3: *Auswahlrahmen* und *Ovaler Auswahlrahmen*

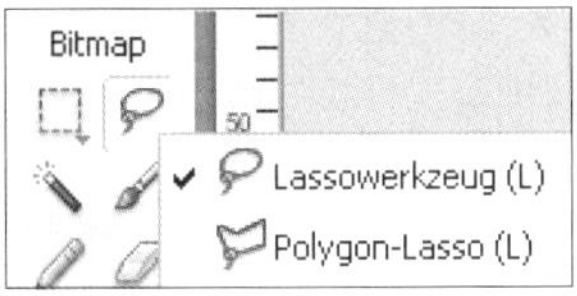

Abb. 4.4: *Lassowerkzeug* und *Polygon-Lasso*

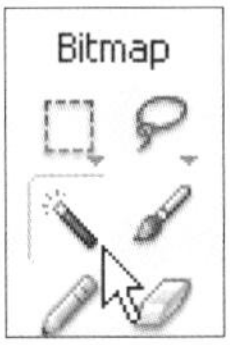

Abb. 4.5: *Zauberstab*

Mit diesen Werkzeugen bestimmen Sie den auszuwählenden Pixelbereich. Die Auswahl wird durch eine gestrichelte blinkende Linie angezeigt und lässt sich ausschneiden, verschieben, kopieren oder löschen.

Rechteckige und runde bzw. ovale Auswahl

Angenommen, Sie wollen den Leuchtturm an eine andere Stelle kopieren, dann wählen Sie das Werkzeug *Auswahlrahmen* und ziehen mit gedrückter Maustaste einen Rahmen um den Leuchtturm auf.

HINWEIS

Wenn Sie beim Aufziehen des Rahmens die [⇧]-Taste gedrückt halten, erzielen Sie mit dem *Auswahlrahmen* ein Quadrat, mit dem *Ovalen Auswahlrahmen* einen Kreis.

Abb. 4.6: Der »ausgewählte« Leuchtturm

Die Auswahl können Sie z.B. mit der [Entf]-Taste löschen oder mit dem *Zeigerwerkzeug* verschieben. Halten Sie zusätzlich die [Alt]-Taste gedrückt, so wird eine Kopie der Auswahl erstellt.

Abb. 4.7: Zwei Leuchttürme bieten der Schifffahrt zusätzliche Sicherheit ...

Über das Bedienfeld *Eigenschaften* lassen sich die Standardeinstellungen für das Werkzeug *Auswahlrahmen* ändern.

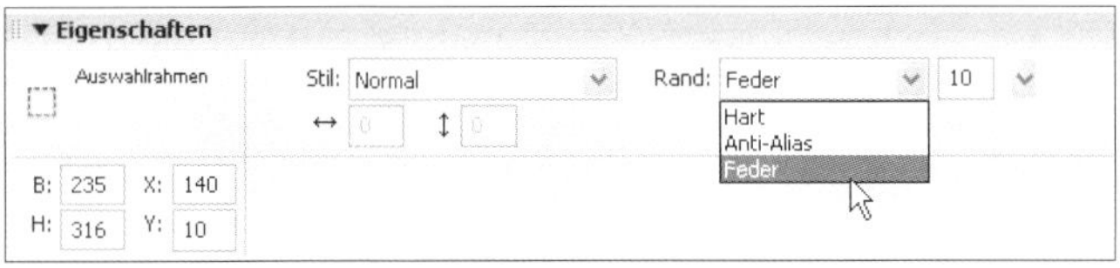

Abb. 4.8: Werkzeugoptionen

So sind im Listenfeld *Stil* folgende Einstellungen möglich:

- Mit der Option *Normal* erstellen Sie einen Auswahlrahmen, bei dem Höhe und Breite voneinander unabhängig sind.
- Die Option *Festes Verhältnis* bewirkt, dass Höhe und Breite des Auswahlrahmens in ein gleich bleibendes Verhältnis zueinander gesetzt werden.
- *Feste Größe* bewirkt, dass Höhe und Breite auf einen festgesetzten Wert fixiert werden.

Über das Listenfeld *Rand* können Sie folgende Einstellungen vornehmen:

- *Hart* erzeugt eine Rahmenauswahl mit einem fest definierten Rand.
- *Anti-Alias* gleicht gezackte Ränder innerhalb der Rahmenauswahl aus.
- *Feder* ermöglicht Ihnen, den Rand der Pixelauswahl weicher zu gestalten.

Abb. 4.9: Gefederter Leuchtturm

Um eine Auswahl aufzuheben, klicken Sie einfach erneut auf das Bild.

Freiform-Auswahl

Mit dem *Lassowerkzeug* können Sie im Bedarfsfall eine Freiform-Auswahl erstellen. Dabei stehen Ihnen zwei Möglichkeiten zur Verfügung:

- Mit dem *Lassowerkzeug* zeichnen Sie bei gedrückter Maustaste einen beliebigen Auswahlbereich.
- Mit dem *Polygon-Lasso* wird der Auswahlbereich durch Punkte definiert, die mit jedem Mausklick angelegt werden. Die Punkte selbst werden dabei durch gerade Linien miteinander verbunden.

Nähern Sie sich mit der Maustaste dem Ausgangspunkt der Auswahl, erscheint ein kleines schwarzes Quadrat am Lassosymbol. Wenn Sie jetzt die Maustaste loslassen, wird der Auswahlbereich geschlossen.

HINWEIS

Halten Sie beim Klicken die [⇧]-Taste gedrückt, werden Ecken in 45-Grad-Schritten erreicht.

Abb. 4.10: Was tut man nicht alles für die Sicherheit!?

Beim *Lassowerkzeug* bieten die Werkzeugoptionen keine Möglichkeit, Stile festzulegen. Die Optionen für den Rand sind identisch mit der rechteckigen und runden bzw. ovalen Auswahl.

Zauberstab-Auswahl

Der *Zauberstab* hilft Ihnen, Bildbereiche mit gleicher oder ähnlicher Farbe zu markieren. Mit ihm klicken Sie den gewünschten Farbbereich an. Alle angrenzenden Pixel mit gleicher oder ähnlicher Farbe fallen unter die Auswahl.

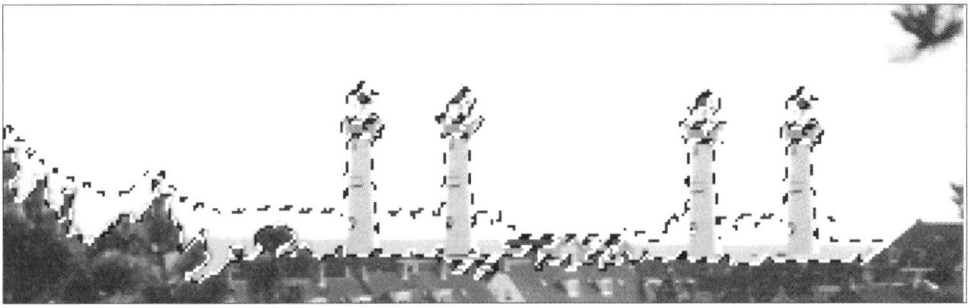

Abb. 4.11: Hagia Sophia als Fata Morgana? Nein, Leuchttürme und *Zauberstab*!

Auch beim *Zauberstab* bieten die Werkzeugoptionen auf dem *Eigenschaften*-Bedienfeld keine Möglichkeit, Stile festzulegen. Die Optionen für den Rand sind identisch mit der rechteckigen und runden bzw. ovalen Auswahl. Darüber hinaus steht noch ein Schieberegler *Toleranz* zur Verfügung. Hierüber legen Sie fest, wie farbähnlich die Pixel dem angeklickten Pixel sein müssen, um mit in die Auswahl übernommen zu werden.

Je höher der eingestellte Wert ist, desto mehr Farbtöne werden als dem angeklickten ähnlich gesehen.

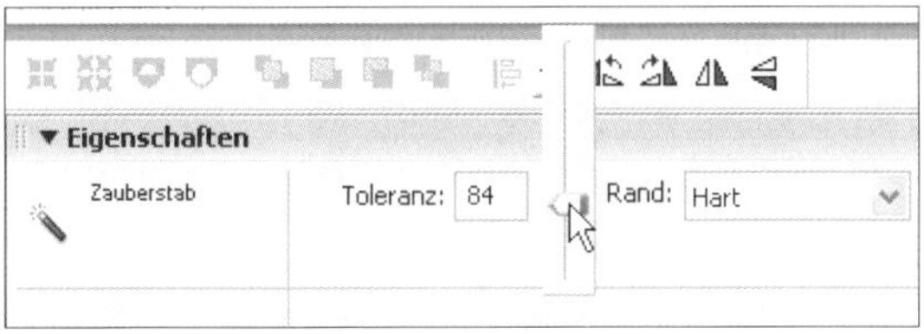

Abb. 4.12: Die Farbtoleranz festlegen

Auswahlrahmen verkleinern und vergrößern

Ein einmal festgelegter Auswahlrahmen ist nichts Endgültiges. Er kann bei Bedarf nachträglich verkleinert oder vergrößert werden.

Auswahlrahmen verkleinern

- Lassen Sie das Auswahlwerkzeug aktiviert und drücken Sie zusätzlich die [Alt]-Taste. Daraufhin erscheint am Fadenkreuz des Mauszeigers ein kleines Minuszeichen.
- Erstellen Sie nun innerhalb des zu großen Auswahlbereichs einen weiteren, um den der große reduziert werden soll.
- Der sich überschneidende Bereich wird im großen Auswahlbereich entfernt.

Auswahlrahmen vergrößern

- Lassen Sie das Auswahlwerkzeug aktiviert und drücken Sie zusätzlich die [⇧]-Taste. Daraufhin erscheint am Fadenkreuz des Mauszeigers ein kleines Pluszeichen.
- Erstellen Sie nun einen weiteren Auswahlbereich.
- Der neue Bereich wird dem bereits vorhandenen Auswahlbereich hinzugefügt.

HINWEIS

Wenn Sie einer Auswahl eine feste Anzahl von Pixeln hinzufügen oder entnehmen wollen, ist das über den Menübefehl *Auswählen / Auswahlrahmen erweitern* bzw. *Auswahlrahmen verkleinern* möglich.

Zeichenwerkzeuge

Mit den einfachen Formwerkzeugen, dem *Bleistift* und dem *Pinsel*, malen Sie im Bitmap-Modus Pixel, keine Vektorobjekte.

Wenn sich im Dokument ein Auswahlrahmen befindet, werden die Pixel ausschließlich innerhalb des Rahmens aufgetragen.

Falls Sie mit Ihren gemalten Linien oder Pinselstrichen den Umfang der Bitmap-Grafik erweitern, wird sie nach dem Beenden des Bitmap-Modus automatisch zugeschnitten. Dabei bleibt ein rechteckiger Bereich im Umfang der verwendeten Pixel erhalten, der transparente Raum um die Grafik herum wird entfernt.

- Klicken Sie beispielsweise als gewünschtes Werkzeug den Pinsel an. Auf dem Bedienfeld *Eigenschaften* können Sie die nötigen Einstellungen vornehmen:

Abb. 4.13: Einstellungen für das *Pinselwerkzeug*

- Im Listenfeld *Pinselstrichkategorien* legen Sie eine Kategorie, wie z.B. *Air Brush einfach*, fest.
- Links daneben stellen Sie die *Pinselstärke* und die *Pinselfarbe* ein.
- Mit Hilfe der *Randzeichnung* definieren Sie die Zeichnung des Randes.
- Rechts davon können Sie die *Pinselstärke* beeinflussen.
- Aus dem Listenfeld *Textur* wählen Sie eine Textur und geben einen Wert für deren Intensität ein.

- Ferner lassen sich *Opazität* und verschiedene *Mischmodi* festlegen. Ein Opazitätswert von 100 ergibt ein vollkommen undurchsichtiges Objekt. Ein Wert von 0 macht das Objekt vollkommen transparent.

HINWEIS

Einige Pinselstrichkategorien verfügen standardmäßig über eine angewandte Textur.

Abb. 4.14: Nähere Erläuterungen mit dem *Pinselwerkzeug* (*Air Brush*)

Bereiche füllen

Wie bereits weiter oben erwähnt, können Sie mit Hilfe des Auswahlrahmens ganze Bereiche mit einer Farbe oder einer Füllung versehen. So ist es zum Beispiel möglich, die Zweige, die Sie auf unserem Foto oben rechts sehen, mit einer Füllung zu verbergen.

- Der Füllbereich wird mit einem Auswahlrahmen eingegrenzt (siehe Abbildung 4.15).
- Wählen Sie auf dem *Werkzeug*-Bedienfeld den *Farbeimer* und im Bedienfeld *Eigenschaften* das Listenfeld *Füllfarbe*. Sie könnten jetzt mit der Pipette eine Farbe aus der Palette auswählen (siehe Abbildung 4.16). Oder Sie nutzen eine fabelhafte Möglichkeit von Fireworks: Es lässt sich mit der Pipette eine beliebige Farbe von irgendeiner Stelle der Fireworks-Oberfläche per Mausklick auswählen!

Abb. 4.15: Den Auswahlbereich für die Füllung festlegen

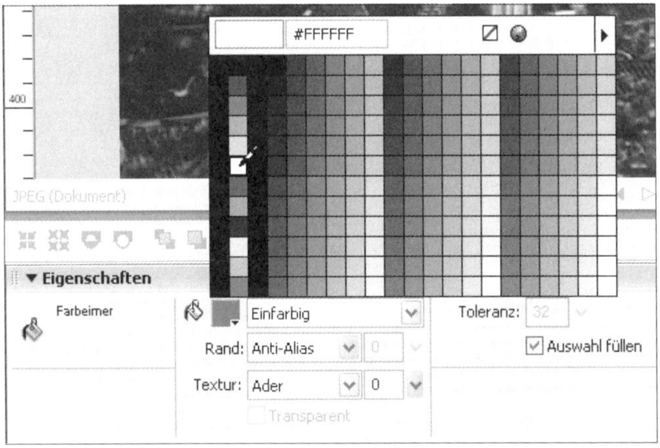

Abb. 4.16: Mit der Pipette die Farbe des Himmels festlegen

- Wenn Sie jetzt noch darauf achten, dass im Bedienfeld *Eigenschaften* die Option *Auswahl füllen* aktiviert ist, steht der erfolgreichen Füllung nichts mehr im Wege.

Abb. 4.17: Das Ergebnis nach erfolgreicher Behandlung

HINWEIS

Im Kapitel »Web-Seite« werden Sie sehen, dass mit dem Werkzeug *Pipette* eine Farbe von irgendeiner beliebigen Stelle des Bildschirms ausgewählt werden kann. Damit sind selbstverständlich noch bessere farbliche Abstimmungen möglich!

Stempel

Mit dem *Stempelwerkzeug* haben Sie eine tolle Möglichkeit, um Bildbereiche zu klonen bzw. zu duplizieren. Damit steht Ihnen ein Hilfsmittel zur Verfügung, mit dem man auf die Schnelle ein eingescanntes Foto bearbeiten kann, um beispielsweise Beschädigungen zu beheben oder um einfach mal ein wenig »aufzuräumen«.

Im Folgenden sehen Sie eine Strandidylle, die anschließend mit Hilfe des *Stempelwerkzeugs* ein wenig aufgemischt wird.

Abb. 4.18: Hier wird gleich aufgeräumt!

- Wählen Sie auf dem *Werkzeug*-Bedienfeld das *Stempelwerkzeug*, so dass Sie Zugriff auf die *Optionen* im *Eigenschaften*-Bedienfeld haben.

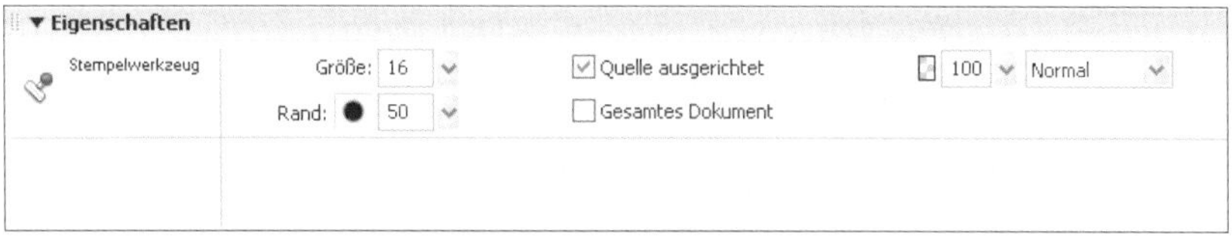

Abb. 4.19: Die *Werkzeugoptionen* für das *Stempelwerkzeug*

- Den Umfang des Stempels stellen Sie im Listenfeld *Größe* ein.
- Mit *Rand* bestimmen Sie die Strichhärte (*100%* für hart; *0%* für weich).
- Mit dem Optionskästchen *Quelle ausgerichtet* müssen Sie sich entscheiden:
  - Ist die Option deaktiviert, legen Sie den *Quellzeiger* auf einen bestimmten Bildbereich fest, so dass dieser mehrmals nacheinander dupliziert werden kann. Der runde *Stempelzeiger* bewegt sich unabhängig von dem kreuzförmigen *Quellzeiger*.

- *Quelle ausgerichtet* hebt die Fixierung des *Quellzeigers* auf, so dass es möglich ist, verschiedene Bildbereiche zu kopieren. *Quell-* und *Stempelzeiger* bewegen sich gemeinsam.

- Die *Opazität* bestimmt, wie viel vom Hintergrund durch den Strich zu sehen ist.
- Durch den *Mischmodus* legen Sie fest, wie sich das geklonte Bild auf den Hintergrund auswirkt.
- Sind alle Einstellungen getroffen, führen Sie den *Quellzeiger* in den Bildbereich, den Sie kopieren wollen, und klicken ihn an. Der geklonte Bildbereich wird mit dem Kreuz, der Mauszeiger als Kreis angezeigt.

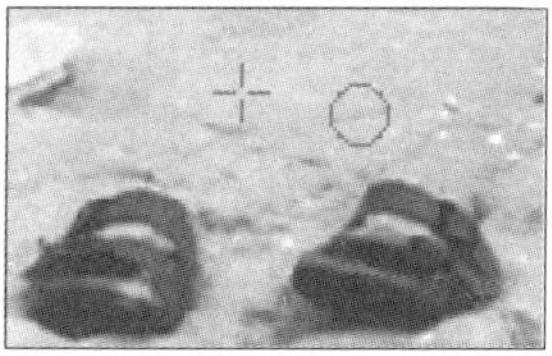

Abb. 4.20: Das Kreuz umfasst den geklonten Bildbereich

- Jetzt können Sie alle störenden Dinge überstempeln, d.h., dort, wo Sie mit dem Stempel hinklicken, wird die geklonte Auswahl positioniert.

HINWEIS

Wollen Sie einen neuen Klon erstellen, halten Sie beim Klicken die [Alt]-Taste gedrückt. Danach können Sie den *Quellzeiger* neu positionieren.

Abb. 4.21: Wer hat die Strandsandalen geklaut?

Übertreiben Sie es aber bitte nicht, auch wenn es Spaß macht!

Abb. 4.22: Man kann auch alles übertreiben!

Radiergummi

Mit dem *Radiergummi* entfernen Sie Pixel oder übermalen sie mit einer anderen Farbe. Sie finden ihn im *Werkzeug*-Bedienfeld.

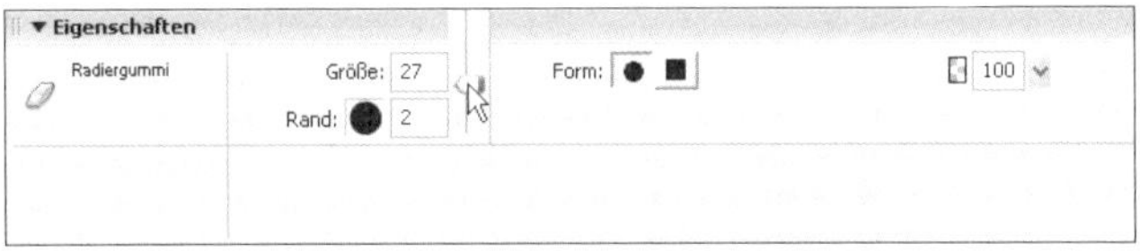

Abb. 4.23: Die *Werkzeugoptionen* für den *Radiergummi*

Das *Eigenschaften*-Bedienfeld bietet Ihnen wie gewohnt mehrere Werkzeugoptionen an:

- Unter *Form* haben Sie zunächst die Wahl zwischen einem runden und einem eckigen *Radiergummi*.
- Die Größe des *Radiergummis* legen Sie mit dem Schieberegler *Größe* fest.

- Die Randschärfe des *Radiergummis* stellen Sie mit dem Schieberegler *Rand* ein.
- Definieren Sie über den Schieberegler den Grad der *Radiergummi-Opazität*.
- Haben Sie alles, was Sie brauchen, festgelegt, bewegen Sie den *Radiergummi* mit der Maus über die Pixel, die Sie löschen möchten.

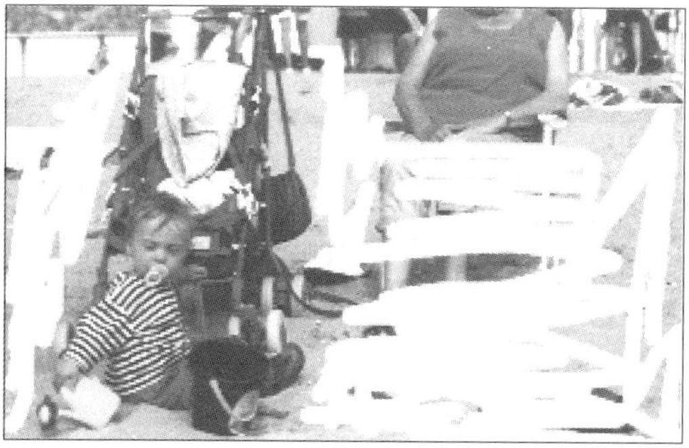

Abb. 4.24: Mit dem *Radiergummi* machen Sie es sich zu leicht ...

Weichzeichner, Scharfstell- und Verwischwerkzeug

Mit dem *Weichzeichner* lassen sich Teile eines Bildes hervorheben oder abschwächen. Mit dem *Scharfstellwerkzeug* beheben Sie Probleme, die sich z.B. nach dem Scannen ergeben, oder reparieren unscharfe Fotos. Mit dem *Verwischwerkzeug* können Sie Farben sanft überblenden, als wenn Sie eine Reflexion eines Bildes erstellen würden.

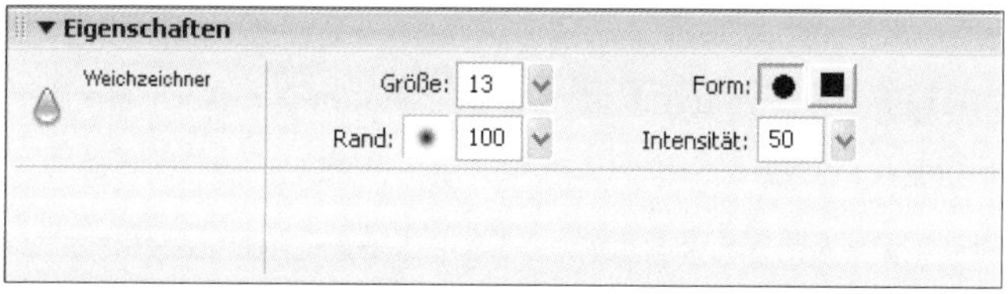

Abb. 4.25: Die Werkzeugoptionen für den *Weichzeichner*

Über das *Eigenschaften*-Bedienfeld legen Sie folgende Optionen fest:

- Mit *Größe* bestimmen Sie die Breite des Pinsels.
- Der *Rand* bestimmt die Weichheit der Pinselspitze.
- Bei der *Form* wählen Sie eine runde oder eckige Pinselspitze.
- Die *Intensität* legt den Wert der Weichzeichnung bzw. Scharfstellung fest.
- Nun ziehen Sie das Werkzeug über den gewünschten Bereich.

Beim *Verwischwerkzeug* stehen Ihnen noch weitere Optionen zur Verfügung:

- Durch den *Druck* bestimmen Sie die Intensität des Striches.
- Die Option *Farbe verschmieren* ermöglicht das Verwischen mit einer bestimmten Farbe zu Beginn eines jeden Striches. Ist diese Option nicht ausgewählt, verwendet das Werkzeug die Farbe unterhalb des Werkzeugzeigers.
- Die Option *Gesamtes Dokument* verwischt mit Farbdaten aus allen Objekten aller Ebenen. Ist diese Option nicht ausgewählt, verwendet das *Verwischwerkzeug* nur Farben des aktiven Objekts.

Ebenen, Knoten und Masken

Ebenen ermöglichen das Aufteilen einer Grafik in einzelne Schichten. Stellen Sie sich eine Glasscheibe vor, auf die Sie einen Baumstamm malen. Auf eine weitere Glasscheibe malen Sie die Baumkrone. Legen Sie beide Scheiben übereinander, erhalten Sie als Gesamteindruck eine zusammengehörende Grafik, den vollständigen Baum. Ebenso kann ein Dokument aus mehreren Ebenen bestehen und jede Ebene viele Objekte enthalten. Das Bedienfeld *Ebenen,* das Sie gegebenenfalls über das

Menü *Fenster* öffnen, enthält eine Übersicht der Ebenen und der in jeder Ebene enthaltenen Objekte.

Die Ebenen werden von unten nach oben gestapelt, d.h., Ebene 1 liegt unten, darüber liegt Ebene 2, dann Ebene 3 usw. Einen Sonderfall stellt die *Web-Ebene* dar. Auf ihr werden alle Elemente abgelegt, die für eine Veröffentlichung im Internet erforderlich sind, also Hotspots und Segmente. Sie kann weder gelöscht noch umbenannt werden.

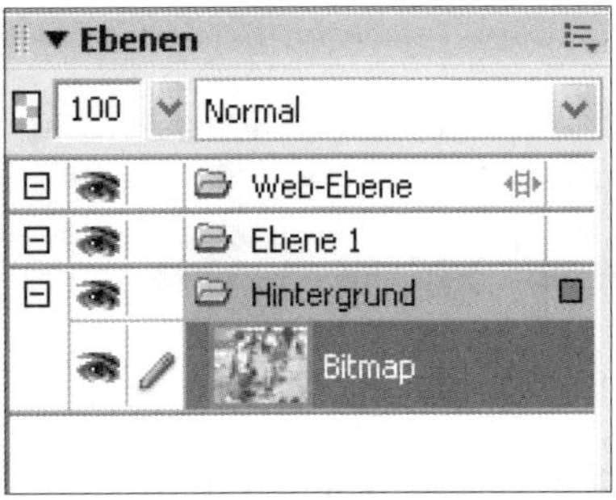

Abb. 4.26: Das Bedienfeld *Ebenen*

Mit *Masken* steht Ihnen eine weitere Möglichkeit zur Verfügung, um nicht alltägliche Effekte zu erzeugen. So können Sie ein Vektor- oder Bitmap-Objekt dazu verwenden, um die Sicht auf einen Teil des zugrunde liegenden Bildes zu verdecken. Im Folgenden werden Sie ein mit dem *Füller* erstelltes Vektorobjekt als Maske so über eine Fotografie legen, dass alle außerhalb des Objekts befindlichen Bereiche abgeschnitten werden, so dass nur der Bildbereich innerhalb des Objekts sichtbar bleibt. An dieser Stelle sei ganz deutlich angemerkt, dass es sich bei dem folgenden Beispiel nur um eine von unzähligen Möglichkeiten handelt!

- Nachdem Sie eine Bitmap-Grafik, z.B. ein Foto, geöffnet haben, wählen Sie den *Füller* auf dem *Werkzeug-Bedienfeld*.
- Klicken Sie einmal auf das Foto. Es erscheint ein kleines blaues Quadrat, ein so genannter *Punkt*.

▶ Klicken Sie ein zweites Mal in einer gewissen Entfernung von diesem blauen Quadrat: Klick- und Startpunkt werden sofort verbunden.

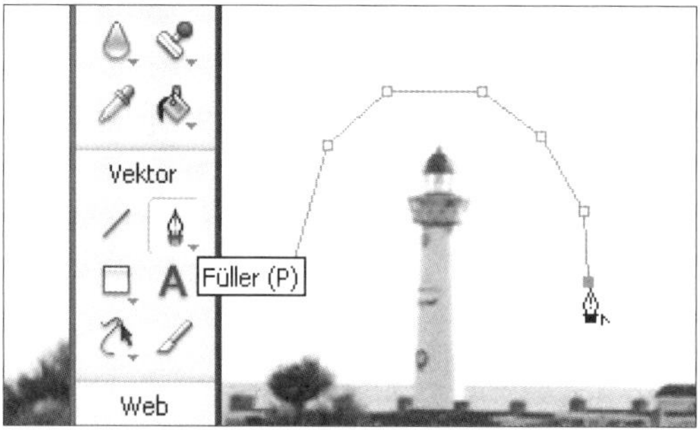

Abb. 4.27: Maske mit *Füller* erstellen

Erstellen Sie so Schritt für Schritt eine ovale Maske. Wenn Sie sich mal verklickt haben, drücken Sie die Strg- und Z-Taste gemeinsam. So können Sie den letzten Schritt wieder rückgängig machen. Mit Strg + Y stellen Sie ihn wieder her.

HINWEIS

Wenn Sie zusätzlich die ⇧-Taste gedrückt halten, können Sie horizontale bzw. vertikale Linien zeichnen.

Sobald Sie dem Startpunkt nah genug sind, erscheint neben dem Füllersymbol ein kleiner schwarzer Kreis, der Sie darauf aufmerksam macht, dass Sie die Fläche mit dem nächsten Klick schließen können.

HINWEIS

Sie können mit dem *Füller* auch gekrümmte Pfade erstellen. Hierzu setzen Sie den ersten Punkt wie oben beschrieben. Klicken Sie dann erneut für den zweiten Punkt, aber halten Sie jetzt die Maustaste gedrückt. Ziehen Sie gleichzeitig den Mauszeiger in eine andere Richtung, wird der Pfad gekrümmt und es erscheinen auf beiden Seiten Punktgriffe. Über diese können Sie sowohl die Richtung als auch den Winkel der Krümmung einstellen.

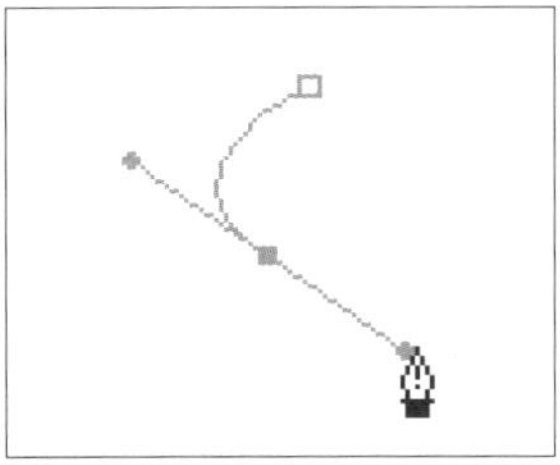

Abb. 4.28: Gekrümmter Pfad

Sind Sie mit dem Ergebnis der Klickerei nicht zufrieden, können Sie die Punkte mit Hilfe des *Teilauswahl-Werkzeugs* verschieben. Klicken Sie in diesem Fall auf den zu verschiebenden Punkt und ziehen Sie ihn mit gedrückter Maustaste an die gewünschte Position.

Abb. 4.29: Punkte verschieben

Wollen Sie mehrere Punkte gleichzeitig verschieben, markieren Sie die gewünschten Punkte, indem Sie diese bei gedrückter ⇧-Taste einzeln mit dem *Teilausauswahl-Werkzeug* anklicken. Jeder markierte Punkt ist an dem blau gefüllten Quadrat erkennbar. Nun lassen sich alle markierten Punkte auf einmal verschieben. Wenn Sie statt auf einen Punkt genau auf die Linie klicken, lässt sich die ganze Maske mit gedrückter Maustaste verschieben.

Abb. 4.30: Rechts sehen Sie vier markierte Punkte

Sollte im Nachhinein ein Punkt überflüssig sein, klicken Sie ihn mit dem *Füller* an. Der Punkt wird entfernt. Eine ähnliche Möglichkeit bietet Ihnen der Menübefehl *Modifizieren / Pfad ändern / Vereinfachen*. Es werden Punkte eines Pfades entfernt, während die Form insgesamt erhalten bleibt.

Halten Sie einen zusätzlichen Punkt an einer Stelle des Pfades für erforderlich, klicken Sie dorthin. Ein weiterer Punkt wird eingefügt.

Ist die Maske fertig gestellt, füllen Sie diese im Bedienfeld *Eigenschaften Einfarbig* mit *Schwarz* und wählen über das Listenfeld *Rand* den Eintrag *Feder*. Stellen Sie den dazugehörenden Schieberegler auf *50* (siehe Abbildung 4.31).

Blenden Sie nun gegebenenfalls das Bedienfeld *Ebenen* ein. Es zeigt den aktuellen Status aller Ebenen im Dokument an. Der Name der aktiven Ebene ist im Bedienfeld hervorgehoben. Sie können eine Ebene erweitern und eine Liste der darin enthaltenen Objekte anzeigen. Diese Objekte werden dann als Miniaturen angezeigt. So wird auch die Maske im Bedienfeld *Ebenen* als Pfad angezeigt.

Abb. 4.31: Die Maske wird geteert und gefedert

Aktivieren Sie die Ebenen *Pfad* und *Bitmap*, indem Sie bei gedrückter ⇧-Taste beide Ebenen mit dem *Zeigerwerkzeug* nacheinander anklicken. Im Dokumentfenster werden die aktivierten Ebenen blau umrandet dargestellt.

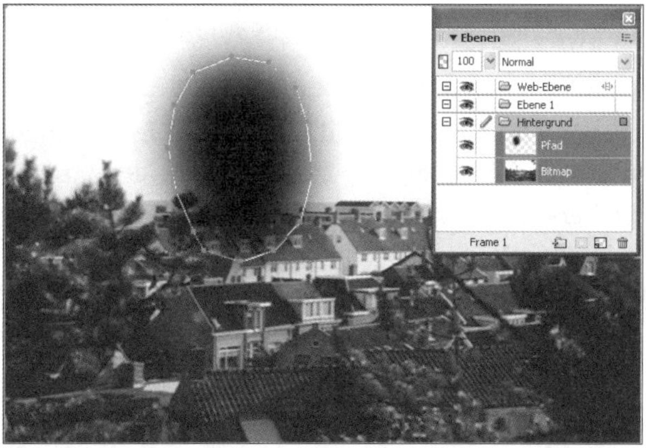

Abb. 4.32: Die aktivierten Ebenen

Beide Ebenen müssen nun als Maske gruppiert werden. Diesen Job erledigen Sie über *Modifizieren / Maske / Als Maske gruppieren*.

Nun sind Sie mit Sicherheit überrascht: Weder das Foto noch die Maske sind sichtbar! Klicken Sie auf dem *Ebenen*-Bedienfeld auf das rechte Symbol für den Pfad. Jetzt ist zumindest die Maske wieder sichtbar.

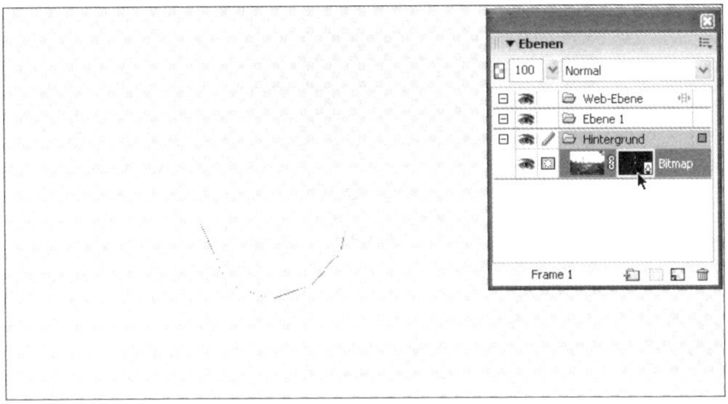

Abb. 4.33: Der Maskenumriss ist erkennbar

Wenn Sie nun noch im *Eigenschaften*-Bedienfeld die Option *Pfadumriss* aktivieren, sehen Sie das Ergebnis wie in der folgenden Abbildung:

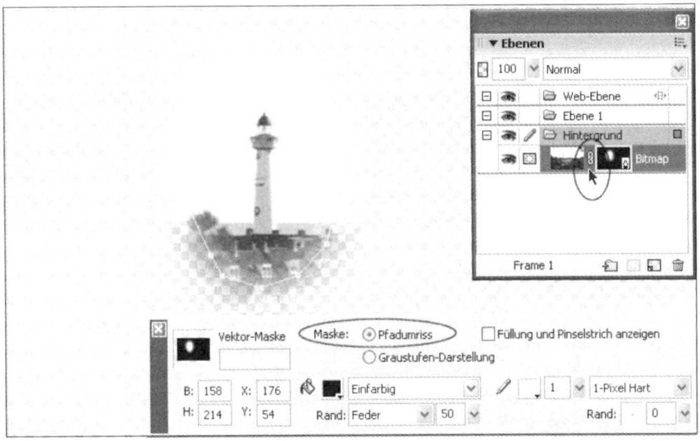

Abb. 4.34: So sieht das Ergebnis nach der Gruppierung als Maske aus

Klicken Sie nun auf das Kettengliedsymbol im *Ebenen*-Bedienfeld (siehe vorstehende Abbildung). Dadurch werden der Pfad und das Foto voneinander gelöst. So lassen sie sich jeweils getrennt voneinander verschieben. Klicken Sie jetzt z.B. im *Ebenen*-Bedienfeld auf das Symbol für den Pfad (siehe nachfolgende Abbildung), so lässt sich der Pfad über dem Foto verschieben und Sie können einen beliebigen Ausschnitt frei wählen.

Abb. 4.35: Pfad verschieben

4.2 Zusammenfassung, Fragen und Übungen

Zusammenfassung

In diesem Kapitel haben Sie unter anderem erfahren,

- dass sich Bitmap- und Vektorgrafiken mit Fireworks parallel bearbeiten lassen, ohne dass Sie darauf achten müssen, ob Sie sich im richtigen Modus befinden.

Zusammenfassung

- dass Ihnen im Bitmap-Modus fünf Hauptauswahlwerkzeuge zur Verfügung stehen: *Auswahlrahmen* und *Ovaler Auswahlrahmen*, *Lassowerkzeug* und *Polygon-Lasso* sowie der *Zauberstab*.
- dass im Bitmap-Modus mit den einfachen Formwerkzeugen, dem *Bleistift* und dem *Pinsel*, Pixelobjekte und keine Vektorobjekte erstellt werden.
- dass Sie mit dem *Stempelwerkzeug* Bildbereiche duplizieren können.
- dass Ebenen das Aufteilen einer Grafik in einzelne Schichten ermöglichen.

Fragen und Übungen

1. Ziehen Sie einen ovalen Auswahlrahmen auf und kopieren Sie den Bereich an eine andere Stelle des Dokumentfensters.
2. Klicken Sie mit dem *Zauberstab* einen Bildbereich an. Variieren Sie im Bedienfeld *Eigenschaften* das Listenfeld *Toleranz* so, dass mal mehr und mal weniger farbähnliche Pixel dem angeklickten Pixel entsprechen und somit in die Auswahl übernommen werden.
3. Erstellen Sie einen Auswahlrahmen und verkleinern bzw. vergrößern Sie ihn nachträglich.
4. Duplizieren Sie mit dem *Stempelwerkzeug* einen Bildbereich.
5. Erstellen Sie mit dem *Füller* einen gekrümmten Pfad.

Bildbearbeitung II: Fotobearbeitung

5 Bildbearbeitung II: Fotobearbeitung

In den meisten Fällen müssen Sie Fotos vor der Weiterverwendung bearbeiten. Das kann verschiedene Gründe haben:

- Das Bild wirkt matt oder die Konturen sind überzeichnet.
- Es hat einen Farbstich.
- Sie benötigen nur einen Ausschnitt.
- Sie möchten eine stark verkleinerte Version des Bilds auf einer Web-Seite einsetzen.

In diesem Kapitel lernen Sie einige Möglichkeiten zur Optimierung und Bearbeitung von Fotos kennen. Sie erfahren außerdem Grundlegendes zum Öffnen von Bildern und zum Scannen von Fotovorlagen.

5.1 Bilder öffnen

Bilder, die sich auf Ihrer Festplatte befinden, laden Sie über die Funktion *Datei / Öffnen* in das Fireworks-Dokumentfenster. Das haben Sie bestimmt schon einige Male gemacht. Schauen Sie sich das Dialogfenster *Öffnen* aber einmal etwas genauer an. Sie werden sehen, dass gerade die Details bei der täglichen Arbeit sehr nützlich sein können.

Bei *Dateityp* können Sie die Ansicht auf ein bestimmtes Dateiformat einschränken. Mit *Alle lesbaren Dateien* werden alle Dateien aufgelistet, deren Format von Fireworks unterstützt wird. Das sind neben den grundlegenden Formaten wie TIFF, BMP und EPS auch die Formate der wichtigsten Grafikprogramme wie *Photoshop*, *FreeHand* und *Adobe Illustrator*. Natürlich kann Fireworks auch die drei im Web gebräuchlichen Formate GIF, JPEG und PNG öffnen.

Details zu den Bildern

Die Ansicht auf die Dateiliste können Sie über das *Menü Ansicht* steuern. Neben großen und kleinen Symbolen gehören die Ansichten *Liste, Kacheln* und *Details* zum Standardrepertoire fast aller Windows-Programme.

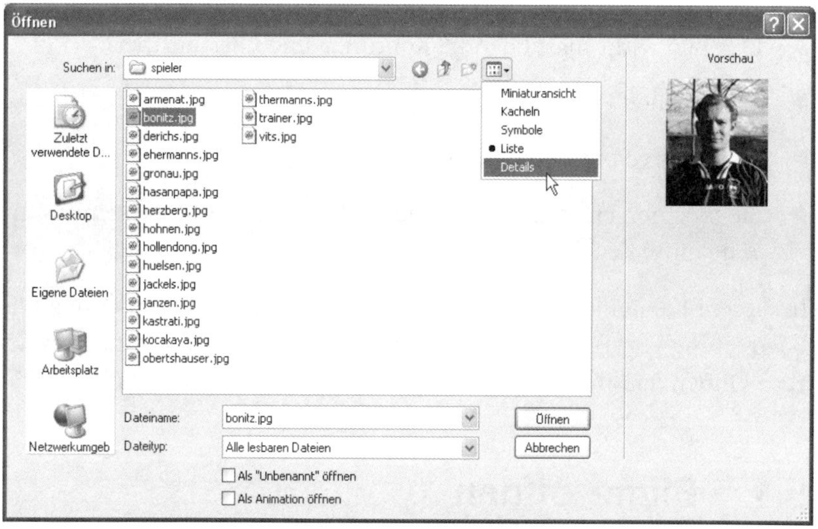

Abb. 5.1: Wechseln Sie die Ansicht über das Menü *Ansicht*

HINWEIS

Fireworks verwendet für die Funktion *Öffnen* das Standard-Dialogfenster von Windows. Je nach Windows-Version sieht das Fenster geringfügig anders aus.

Die Ansicht *Details* bietet einen Überblick über die Dateigrößen und das jeweilige Datum der letzten Änderung. In Kombination mit der richtigen Sortierung erkennen Sie auf einen Blick, welche Dateien zuletzt angefasst worden sind. Klicken Sie auf *Geändert am*, um die Liste nach dem Datum zu sortieren.

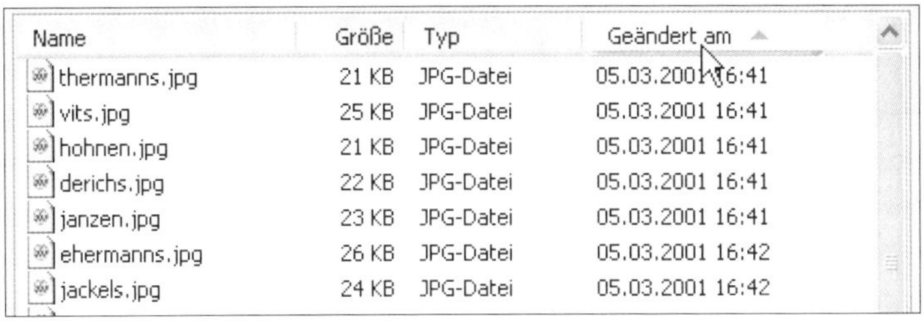

Abb. 5.2: Ein Klick und die Sortierfolge wird geändert

Möchten Sie zu jeder Datei die Bildmaße sehen, dann wählen Sie die Ansicht *Kacheln*.

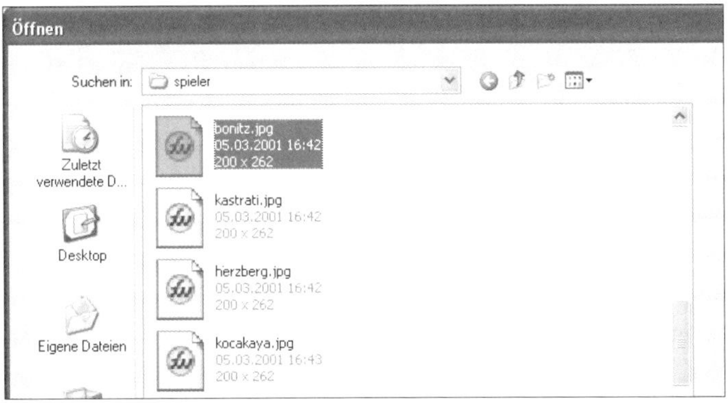

Abb. 5.3: Zu jedem Bild finden Sie die Breite und die Höhe in der Liste

Auf der rechten Seite des Dialogfensters wird ein Vorschaubild und darunter die Dateigröße angezeigt.

Miniaturansicht

Eine besondere Erwähnung hat die *Miniaturansicht* verdient. Über diese Ansicht werden zusätzlich zu den Dateinamen kleine Vorschaubilder angezeigt.

Da fällt die Auswahl des richtigen Bilds wirklich leicht.

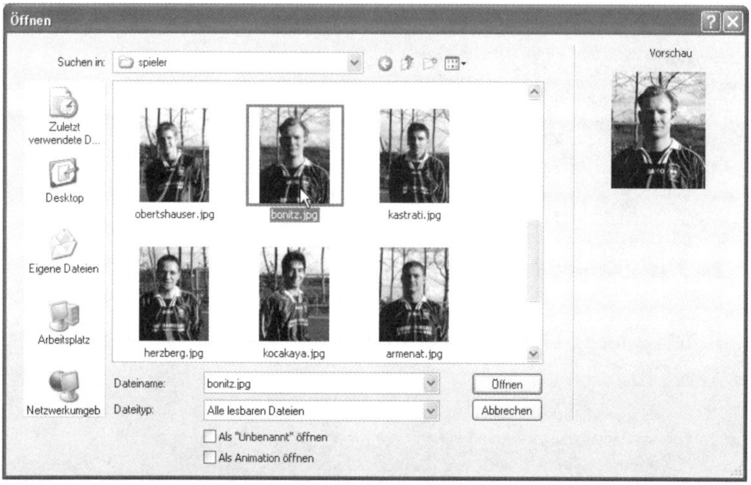

Abb. 5.4: Vorschaubilder in der Miniaturansicht

Mehrere Dateien gleichzeitig öffnen

Sie können über das Fenster *Öffnen* nicht nur ein Bild öffnen, sondern direkt mehrere gleichzeitig. Klicken Sie dazu die erste Datei an, halten Sie die [Strg]-Taste gedrückt und wählen Sie dann die übrigen Bilder aus.

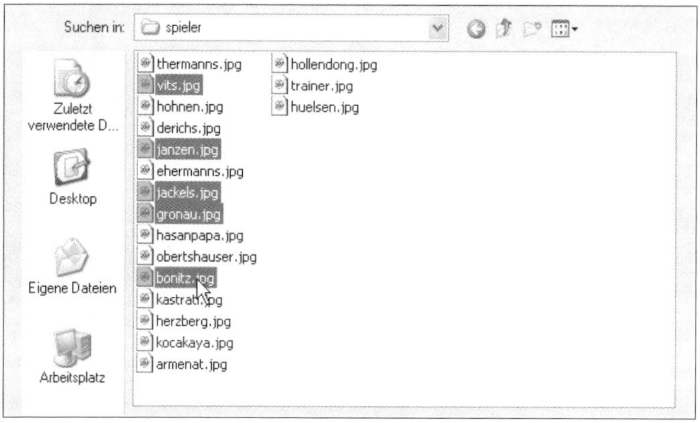

Abb. 5.5: Mehrere Dateien gleichzeitig öffnen

Über *Öffnen* werden die ausgewählten Bilder jeweils in ein eigenes Bearbeitungsfenster geladen.

Dateiverwaltung

Kleinere Dateioperationen können Sie ebenfalls über das Dialogfenster *Öffnen* abwickeln. Klicken Sie dazu mit der rechten Maustaste auf eine beliebige Datei in der Dateiliste.

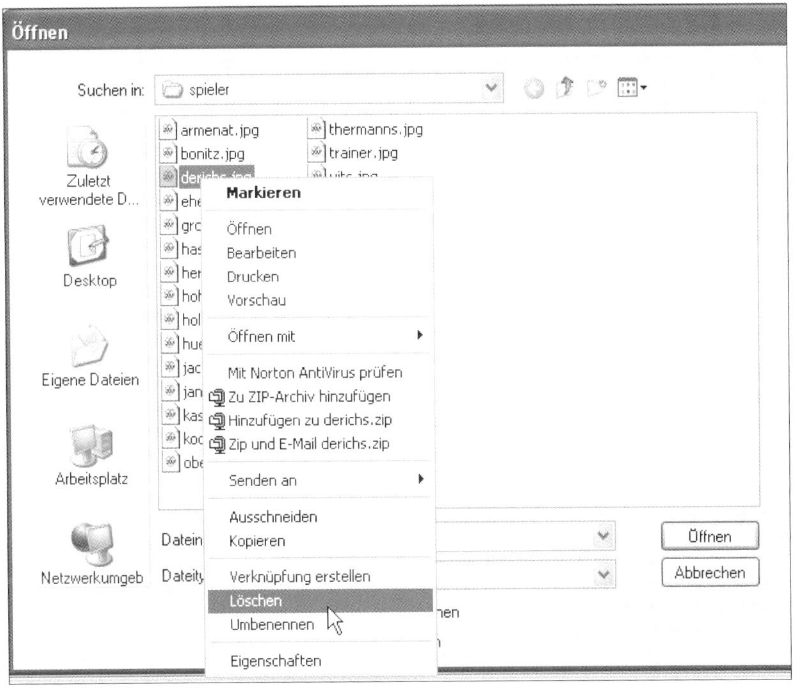

Abb. 5.6: Dateiverwaltung über das Kontextmenü

Funktionen wie *Löschen*, *Umbenennen*, *Ausschneiden*, *Kopieren* oder *Senden an* (zum Beispiel E-Mail-Empfänger) sollten Ihnen von der Bedienung der Windows-Oberfläche her vertraut sein.

5.2 Vorlagen scannen

Nicht jede Bildquelle liegt bereits als Datei vor. Papiervorlagen wie Fotos und Dokumente lassen sich mit einem Scanner digitalisieren und in Fireworks importieren. Versuchen Sie auch einmal, beliebige Gegenstände auf das Scanner-Glas zu legen, um sie auf diese Weise digital zu »fotografieren«. Man erhält dabei oft ganz brauchbare Ergebnisse.

Scanner auswählen

Scanner gibt es in unterschiedlichen Preisklassen. Ein wichtiges Kaufkriterium sollte neben der Technik auch die mitgelieferte Scanner-Software sein. Über diese Software bedienen Sie den Scanner. Bei den einzelnen Scanner-Modellen gibt es gerade bei der Software zum Teil erhebliche Qualitätsunterschiede. Können Sie über manche Scanner-Programme wirklich nur die Grundfunktionen des Scanners bedienen, so bieten andere wiederum sehr umfangreiche und komfortable Einstellmöglichkeiten zu Bildqualität und Auflösung.

Die Scanner-Software muss über ein TWAIN-Modul (Macintosh: Photoshop Acquire-Plug-In) verfügen, um sie von Fireworks aus aufrufen zu können.

HINWEIS

TWAIN ist die Schnittstelle, über die das Bildbearbeitungsprogramm und die Scanner-Software Daten austauschen.

Wenn die Scanner-Software ordnungsgemäß installiert ist, stellen Sie über *Datei / Scannen / Twain auswählen* die Verbindung zwischen Scanner und Fireworks her.

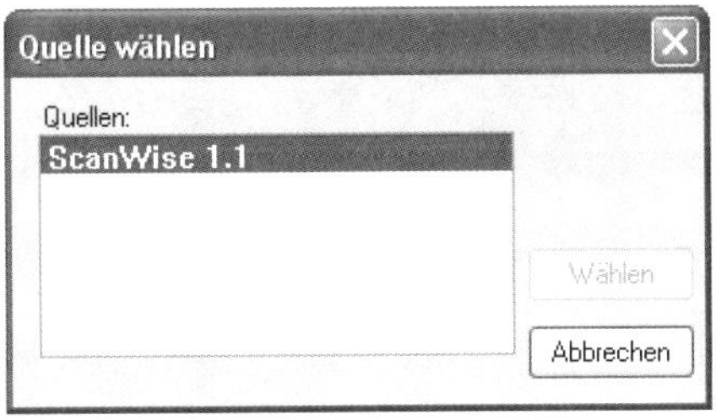

Abb. 5.7: Wählen Sie den Scanner aus

HINWEIS

Über diese Liste können Sie auch auf eine Digitalkamera zugreifen, wenn hierfür eine TWAIN-kompatible Software installiert ist.

Solange Sie nur einen Scanner verwenden, müssen Sie die Auswahl nur ein einziges Mal vornehmen.

Scanvorgang starten

Den eigentlichen Scanvorgang starten Sie über den Menübefehl *Datei / Scannen / TWAIN erwerben*. Die Software Ihres Scanners erscheint in einem eigenen Programmfenster auf dem Bildschirm. Je nach Konfiguration der Software startet automatisch ein Vorschauscan.

Wie gesagt, unterscheiden sich die Oberfläche und der Funktionsumfang der einzelnen Scanner-Programme zum Teil erheblich (siehe Abbildung 5.8).

Bei fast allen Programmen lässt sich ein Bildausschnitt festlegen, um nur einen Teil der Vorlage zu scannen. Mit der Einstellung für die *Bildauflösung* beeinflussen Sie die Feinheit des Scanergebnisses (*dpi* = Punkte pro Inch). Ein Foto, das Sie für das Web verwenden möchten, stellt da weniger Ansprüche als ein Bild, das für den Druck einer Hochglanzbroschüre vorgesehen ist (siehe Abbildung 5.9).

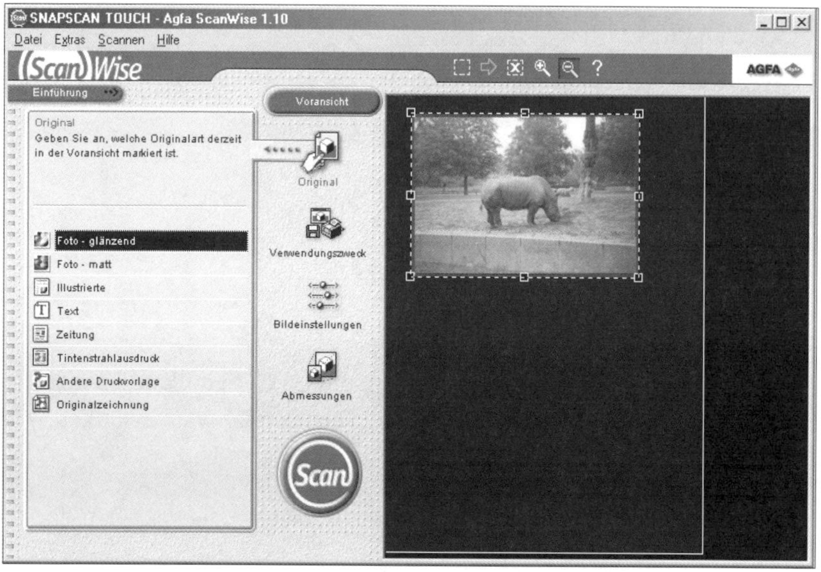

Abb. 5.8: Scansoftware des Agfa SNAPSCAN TOUCH

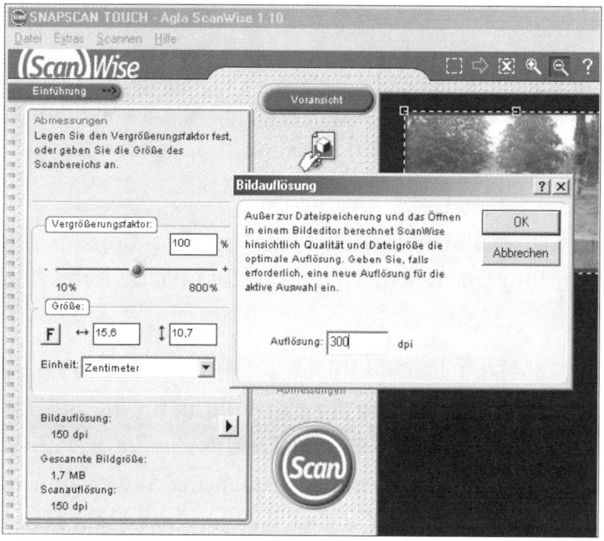

Abb. 5.9: Stellen Sie die Bildauflösung ein

Mit Auflösungen zwischen 150 und 300 dpi sind Sie zum Beispiel bei Bildern gut bedient, die für das Web aufbereitet werden sollen. Sie müssen das jeweilige Bild bei der Weiterverarbeitung ohnehin noch auf die richtige Bildgröße verkleinern. Das kann Fireworks dann im Zweifel besser als Ihre Scanner-Software.

5.3 Bildkorrekturen

Nach Abschluss des Scanvorgangs wird das Bild nach Fireworks übertragen und in einem eigenen Dokumentfenster angezeigt.

Abb. 5.10: »Wo sind bloß meine Kontaktlinsen?«

Sie können es jetzt bearbeiten und eventuelle Fehler korrigieren.

Bild drehen

Wenn Sie das Bild falsch herum auf das Scanner-Glas aufgelegt haben, kann es sein, dass es auf dem Kopf steht oder um 90 Grad gedreht ist (Letzteres ist bei Fotos aus der Digitalkamera übrigens nichts Ungewöhnliches).

Abb. 5.11: Ein Nashorn auf dem Weg nach oben

Sie müssen das Foto jetzt nicht in der richtigen Lage erneut scannen. Über den Menübefehl *Modifizieren / Leinwand / 90°-Rechtsdrehung* bringen Sie den Dickhäuter wieder mit allen Füßen auf den Boden.

Scanränder abschneiden

Eine Scanvorlage muss nur ein wenig schräg auf dem Glas liegen oder der Ausschnitt nicht richtig ausgewählt worden sein, schon weist das Scanergebnis dunkle Ränder auf.

Abb. 5.12: Scanränder müssen nicht sein

Mit dem bereits bekannten *Zuschneidewerkzeug* schneiden Sie diese Ränder einfach ab. Und nicht nur das: Sie können den Ausschnitt auch kleiner ziehen, wenn das Motiv außen herum nicht prickelnd genug ist.

- ▶ Klicken Sie im Bedienfeld *Werkzeuge* auf das Symbol *Zuschneidewerkzeug*.
- ▶ Ziehen Sie einen Rahmen im Bild auf (siehe Abbildung 5.13).
- ▶ Klicken Sie doppelt in den Zuschneiderahmen.

HINWEIS

Haben Sie das Nashorn so lieb gewonnen, dass Sie die weiteren Schritte nicht ohne das Tier ausprobieren möchten? Kein Problem, Sie finden das Foto auf unserer Website *www.buchteam.de*. Klicken Sie auf der Homepage das Cover dieses Buchs an und folgen Sie dem Link *Dateien für die Übungsbeispiele*. Der Dateiname lautet *nashorn.png*.

Abb. 5.13: **Wählen Sie einen Ausschnitt des Bilds**

Bild ändern oder Live-Effekt

Farbanpassungen und Kontraständerungen können Sie auf zwei unterschiedlichen Wegen vornehmen:

- Über die Funktionen des *Filter*-Menüs ändern Sie das Bild dauerhaft in seinen Pixeln.

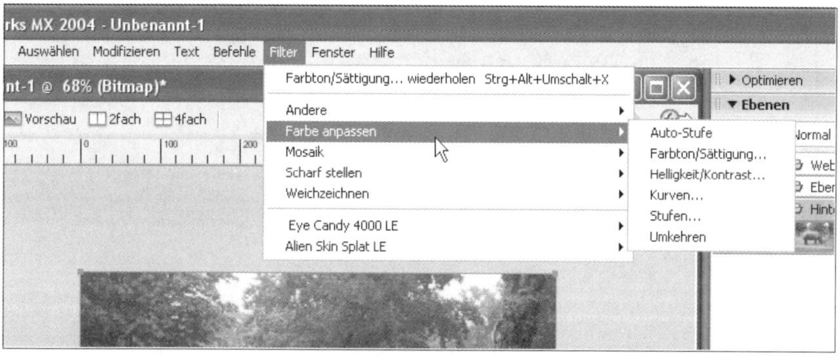

Abb. 5.14: Anpassen über das *Filter*-Menü

▶ Die gleichen Funktionen finden Sie als so genannte *Live-Effekte* im Fenster *Eigenschaften*. Klicken Sie das Plussymbol neben *Effekte* an. Bildänderungen, die Sie über Live-Effekte vornehmen, sind sehr flexibel. Sie lassen sich jederzeit anpassen oder ganz zurücknehmen.

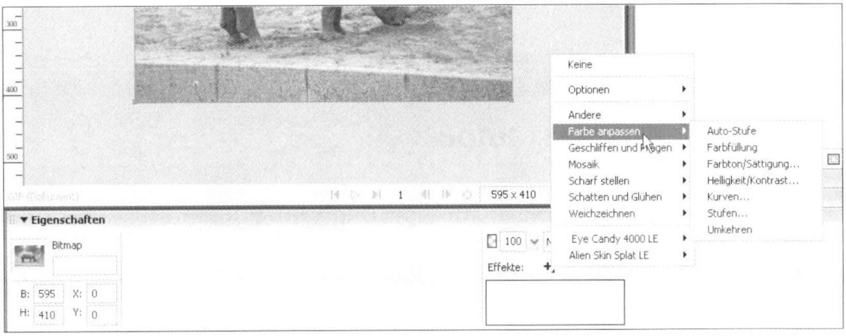

Abb. 5.15: Live-Effekte einfügen

Verwenden Sie die Funktionen des *Filter*-Menüs nur dann, wenn Sie sicher sind, dass Sie den jeweiligen Effekt nicht mehr rückgängig machen möchten.

Mit den gleichen Funktionen als Live-Effekte arbeiten Sie flexibler. Sie können Sie jederzeit ein- und ausschalten. Klicken Sie dazu das Kontrollfeld vor dem entsprechenden Eintrag in der *Effekte*-Liste an.

Abb. 5.16: Live-Effekt ein- bzw. ausschalten

Außerdem lassen sich die Einstellungen eines Live-Effekts nachträglich ändern, indem Sie den Namen in der Liste doppelt anklicken. Einen solchen Komfort erkaufen Sie sich mit einer geringen Verzögerung bei der Anzeige und einem erhöhten Speicherbedarf.

HINWEIS

Es kann sein, dass Sie im Bedienfeld *Eigenschaften* kein Pluszeichen zur Auswahl der Live-Effekte finden. In diesem Fall ist gerade irgendeines der Bearbeitungswerkzeuge für das Bitmap eingeschaltet. Rufen Sie einfach das *Zeigerwerkzeug* über die Taste [V] auf.

Farbe und Kontrast anpassen

Wenn eine gescannte Vorlage auf dem Bildschirm flau, farbstichig oder insgesamt zu dunkel aussieht, liegt das meistens nicht am Scanner, sondern an dem schlechten Ausgangsbild. Versuchen Sie mit speziellen Effekten zur Farb- und Kontraständerung, das jeweilige Bild etwas nachzubessern. Ob das Ergebnis dieser Bildoptimierung letztendlich Ihren Qualitätsansprüchen genügt, bleibt jedoch Ihrer subjektiven Einschätzung vorbehalten.

Auto-Stufe

Bevor Sie in die Tiefe der Bildoptimierung abtauchen, bietet Ihnen Fireworks noch einen Rettungsanker. Mit dem Effekt *Farbe anpassen / Auto-Stufe* wird das Bild automatisch korrigiert. In vielen Fällen führt das zu einer deutlichen Qualitätsverbesserung. Manchmal erreichen Sie damit jedoch genau das Gegenteil. Die Qualität des Bilds ist dann noch schlechter als vorher.

HINWEIS

Leider lassen sich die Ergebnisse der folgenden Farb- und Kontraständerungen nur sehr eingeschränkt an den Abbildungen im Buch nachvollziehen. Die Bilder sehen alle irgendwie gleich grau aus. Aber versuchen Sie es doch einfach einmal selbst mit Fireworks. Nehmen Sie irgendein Bild aus Ihrer privaten Fotosammlung oder das Foto vom Nashorn. Sie finden es wie gesagt auf unserer Homepage.

Farbton und Sättigung

Mit dem Effekt *Farbe anpassen / Farbton/Sättigung* geben Sie farblosen Bildern mehr Kraft (*Sättigung*). Außerdem regulieren Sie die *Helligkeit* und färben das Bild ganz oder in ausgewählten Bereichen anders ein (*Farbton*).

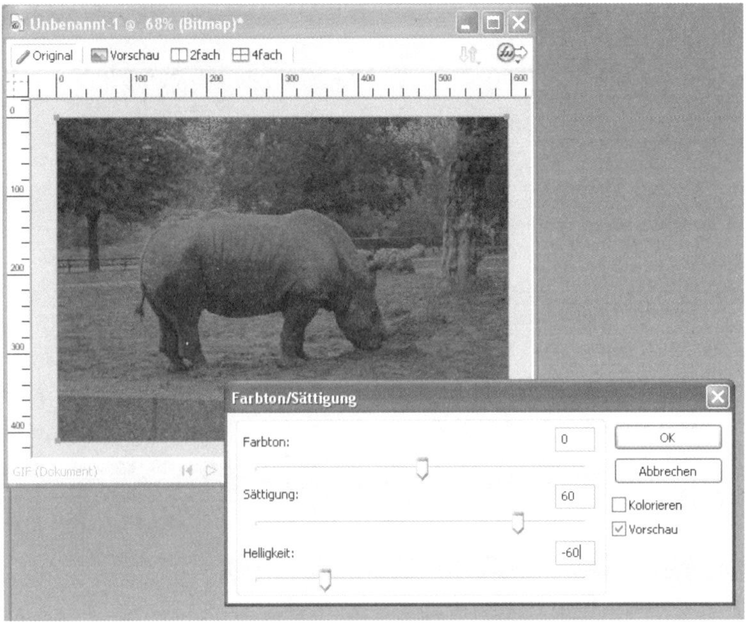

Abb. 5.17: »Gute Nacht ... weiß jemand, wo das Nashorn ist?«

Aktivieren Sie die Option *Vorschau*, um die Auswirkung des Effekts im Dokumentfenster betrachten zu können.

> **HINWEIS**
> Da Sie sehr feine Unterschiede zum Ausgangsbild auf den Schwarzweiß-Abbildungen nicht nachvollziehen können, haben wir die Effekte bewusst überzeichnet. Sie sollten natürlich immer die Optimierung im Blick haben.

Wenden Sie die Farbtonanpassung zum Beispiel an, um den Rote-Augen-Effekt bei Fotos zu beseitigen. Markieren Sie dazu die Iris des Auges mit dem Werkzeug *Zauberstab*. Probieren Sie dabei verschiedene *Toleranz*-Einstellungen (Bedienfeld *Eigenschaften*). Erweitern Sie die Auswahl jeweils bei gedrückter ⇧-Taste. Da Sie im Bitmap-Bearbeitungsmodus arbeiten, können Sie keinen Live-Effekt verwenden. Rufen Sie daher die Funktion *Farbe anpassen / Farbton/Sättigung* im *Filter*-Menü auf.

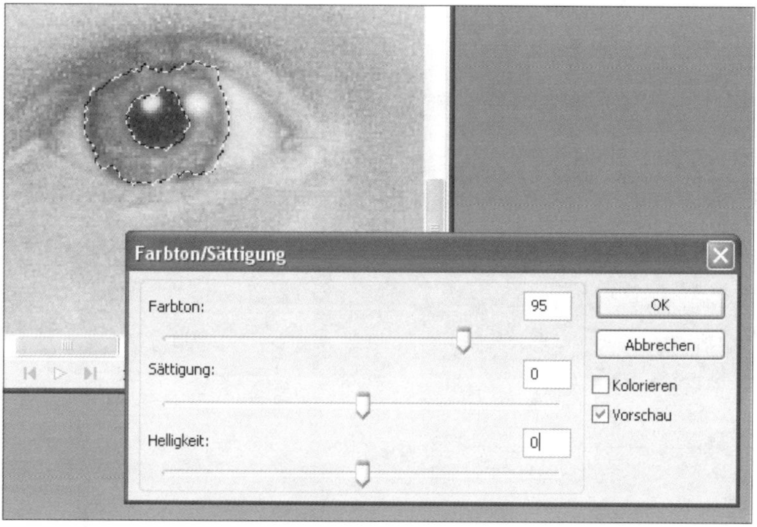

Abb. 5.18: Keine roten Augen mehr

Ziehen Sie den Schieberegler bei *Farbton* nach links und rechts, bis Sie die gewünschte Farbe gefunden haben. Für dunklere Augen fahren Sie die *Helligkeit* etwas zurück.

Eine andere Möglichkeit bietet das mit der Version MX 2004 neu eingeführte Werkzeug *Rote Augen entfernen*. Sie finden es im Popup-Menü des *Stempelwerkzeugs*. Über das Fenster *Eigenschaften* lassen sich die Breite des Pinsels sowie die Toleranz einstellen, mit der die Rotwerte erkannt werden. Malen Sie mit dem Mauszeiger über das Auge, um die Farbwerte auszutauschen.

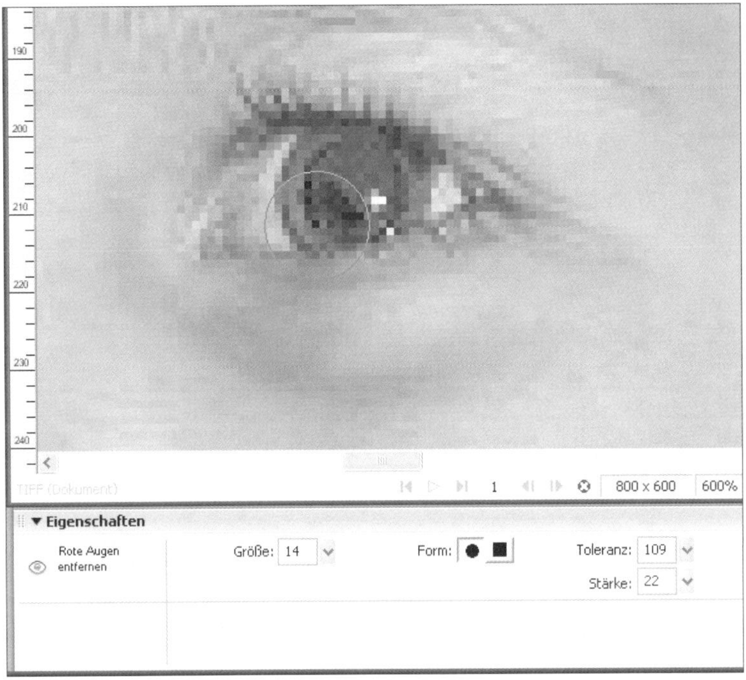

Abb. 5.19: Übermalen Sie das Auge mit dem Werkzeug *Rote Augen entfernen*

Ein Manko der neuen Korrekturfunktion: Die roten Farbtöne lassen sich lediglich durch Grauwerte ersetzen. Die Arbeit mit *Zauberstab* und Farbton-Filter ist zwar etwas aufwändiger, Sie erzielen damit jedoch auch realistischere Ergebnisse.

Helligkeit und Kontrast

Über *Farbe anpassen / Helligkeit/Kontrast* verändern Sie für alle Bereiche des Bilds einheitlich die Helligkeit und den Kontrast (siehe Abbildung 5.20).

Dieser Effekt ist für Bilder geeignet, die keiner differenzierteren Farbkorrektur bedürfen. Von dunkel-matt bis gleißend-hell reicht die Spannweite.

Abb. 5.20: ... im gleißenden Sonnenlicht trocknen die Linsen langsam aus

Stufen

Mit dem Effekt *Stufen* im Menü *Farbe anpassen* verändern Sie die Verteilung der Pixel des Bilds auf den Lichtbereich, die Mitteltöne und den Schattenbereich. In einem so genannten *Histogramm* ist die Pixelverteilung grafisch dargestellt. Über die Dreiecke unterhalb des Histogramms verstärken Sie den Licht- und den Schattenbereich (siehe Abbildung 5.21).

Ziehen Sie dazu die beiden äußeren Dreiecke ein Stück weit nach innen. In den äußeren Feldern bei *Eingabestufen* werden die Zahlenwerte entsprechend aktualisiert. Wenn Licht und Schatten eingestellt sind, verschieben Sie gegebenenfalls noch das mittlere Dreieck für die Mitteltöne, um die Helligkeitswerte in diesem Bereich zu optimieren. Bei *Ausgabestufen* stellen Sie den Kontrast im Schattenbereich (linkes Dreieck) und im Lichtbereich (rechtes Dreieck) ein.

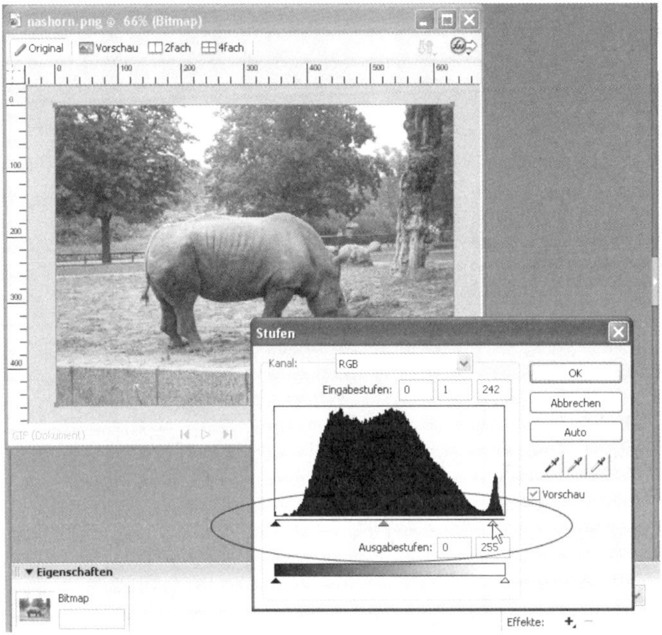

Abb. 5.21: Dreiecke für Schattenbereich, Mitteltöne und Lichtbereich

Probieren Sie bei Ihrem Bild einfach einmal verschiedene Einstellungen aus, damit Sie die Wirkungsweise des Effekts verstehen lernen.

Kurven

Ähnlich wie beim Effekt *Stufen*, nur viel differenzierter, passen Sie beim Effekt *Kurven* die Helligkeitsverteilung des Bilds an. Jeder Helligkeitswert des Bilds kann über die Kurve angepasst werden. Die horizontale Achse zeigt die ursprünglichen Helligkeitswerte an, die vertikale Achse gibt die neuen Helligkeitswerte wieder.

Klicken Sie einfach auf die Kurve. An der angeklickten Stelle wird ein Punkt eingefügt, der sich in sämtliche Richtungen ziehen lässt.

Abb. 5.22: Ziehen Sie an beliebigen Punkten an der Kurve

Je weiter Sie einen Punkt nach oben ziehen, umso heller wird der ursprüngliche Bereich. Umgekehrt wird der Bereich beim Ziehen nach unten dunkler. Setzen Sie auf der Kurve beliebig viele Punkte, um eine sehr differenzierte Änderung der Helligkeitsverteilung vorzunehmen.

Über das Listenfeld *Kanal* legen Sie fest, ob die Helligkeitsverteilung für alle Farben oder getrennt für die drei Farbkanäle *Rot*, *Grün* und *Blau* geändert werden soll (siehe Abbildung 5.23).

Über die Trennung der Farbkanäle gleichen Sie einen Farbstich im Foto aus. Bei einem Rotstich wählen Sie dann zum Beispiel einfach den Kanal *Rot* und ziehen die Kurve etwas nach unten.

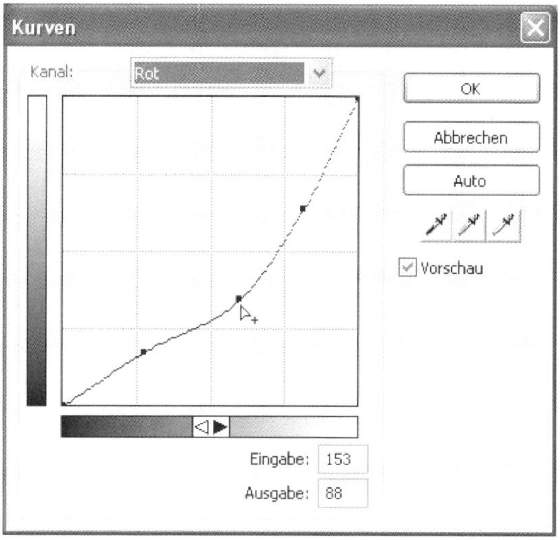

Abb. 5.23: Helligkeitsänderung nur für die Rot-Werte

Zugegeben, der theoretische Hintergrund zum Effekt *Kurven* ist schon ziemlich komplex. Sie müssen die Theorie aber gar nicht bis ins Kleinste verstehen. Es genügt, wenn Sie durch Ausprobieren gute Erfolge erzielen.

Kolorieren

Beim Effekt *Farbton/Sättigung* haben wir eine Besonderheit bewusst bis zum Schluss aufgespart. Bunte Vorlagen lassen sich durch Ankreuzen des Kontrollkästchens *Kolorieren* in ein Bild mit zwei Farbtönen umwandeln. Das sieht dann aus wie ein eingefärbtes Graustufenbild. Mit einem passenden gelblichen Farbton wirkt das Bild mit dieser Einstellung ziemlich alt und vergilbt (siehe Abbildung 5.24).

In Verbindung mit der Masken-Gruppierung und einem abgefederten Rand erzielen Sie einen wirklich nostalgischen Effekt (siehe Abbildung 5.25).

Abb. 5.24: Ändern Sie den Farbton über den Schieberegler

Abb. 5.25: Auch Opa Nashorn hat damals schon seine Linsen gesucht

Im Einzelnen müssen Sie dazu folgende Schritte ausführen:

- Färben Sie das Foto wie gezeigt ein.
- Ziehen Sie ein *Abgerundetes Rechteck* als Vektorobjekt auf.
- Füllen Sie es mit Schwarz.
- Stellen Sie den *Rand* in Bedienfeld *Eigenschaften* auf *Feder* ein. Geben Sie den Wert für *Feder* ruhig großzügig ein (z.B. *40*).
- Markieren Sie mit dem *Zeigerwerkzeug* das Rechteck und das Foto, indem Sie beide Objekte nacheinander bei gedrückter [⇧]-Taste anklicken.
- Gruppieren Sie sie über *Modifizieren / Maske / Als Maske gruppieren* als Maske.
- Klicken Sie im Fenster *Ebenen* die Maske an.

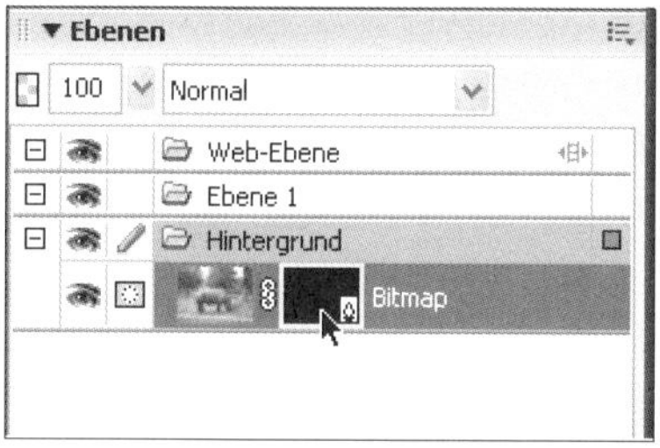

Abb. 5.26: Wählen Sie die gruppierte Maske aus

- Aktivieren Sie zum Abschluss im Bedienfeld *Eigenschaften* bei *Maske* die Option *Pfadumriss*.

5.4 Größe ändern

Beim Einfügen von Grafiken auf Web-Seiten zählen nur die absoluten Maße, also die Höhe und die Breite in Pixel. Mit einem Blick auf den unteren Rand des Dokumentfensters stellen Sie diese schnell fest.

Abb. 5.27: Breite und Höhe des Bilds in Pixel

Geht man von durchschnittlichen Bildschirmauflösungen von 800 x 600 oder 1024 x 768 Pixeln aus, so können Sie sich gut vorstellen, dass das Bild mit dem Nashorn (630 x 456 Pixel) für eine Web-Seite erheblich zu groß ist. Es muss also verkleinert werden.

Bildgröße ändern

Die Größe eines Bilds ändern Sie mit dem Menübefehl *Modifizieren / Leinwand / Bildgröße*. Tragen Sie in das Feld für die Breite (waagerechter Doppelpfeil bei *Pixelabmessungen*) einen für eine Web-Seite angemessenen Wert von z.B. 250 Pixeln ein.

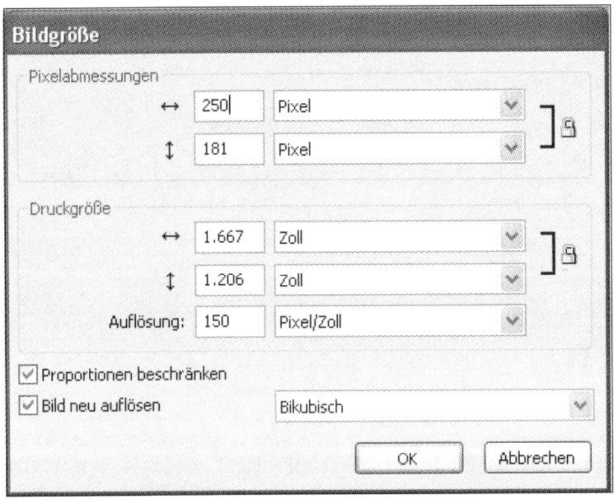

Abb. 5.28: Bildgröße ändern

Die Höhe im Feld darunter wird automatisch angepasst, wenn die Option *Proportionen beschränken* aktiviert ist.

Ausgleich des Qualitätsverlusts

Die Größenänderung einer Pixelgrafik ist immer mit einem Verlust an Bildqualität verbunden. Beim Verkleinern werden Pixel aus dem Bild gelöscht, beim Vergrößern werden Pixel vom Programm hinzugefügt. In beiden Fällen entstehen vor allem an gekrümmten Konturen des Bilds mehr oder weniger starke Treppeneffekte. Das Bild wirkt an diesen Stellen gezackt.

Im Listenfeld über der Schaltfläche *OK* bietet Fireworks Optionen an, mit denen der Qualitätsverlust in Grenzen gehalten oder teilweise sogar ausgeglichen werden kann.

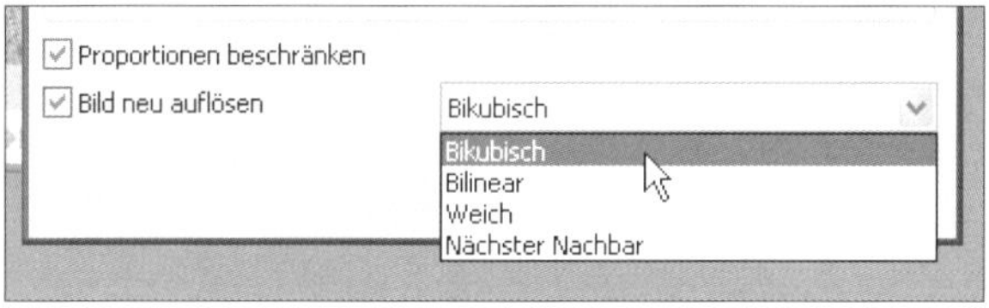

Abb. 5.29: Optionen zum Ausgleich des Qualitätsverlusts

Im Einzelnen haben die Optionen folgende Wirkung:

Option	Wirkung
Weich	Diese Methode fügt zum Vorbeugen von Treppenstufen an den Konturen Zwischentöne ein. Dies führt jedoch zu einem leichten Verwischen des Bilds.
Bikubisch	Es werden zwar wie bei der Methode *Weich* Ausgleichsfarbtöne in das Bild eingefügt, anschließend wird das Bild aber geschärft. In der Regel erzeugt diese Methode das beste Ergebnis.

Option	Wirkung
Bilinear	Diese Methode liegt in punkto Schärfe zwischen den Methoden *Weich* und *Bikubisch*.
Nächster Nachbar	Bei dieser Option werden die Pixel ohne Ausgleich aus dem Bild gelöscht. Daher treten je nach Bildvorlage Treppenstufen und Zacken an den Konturen auf.

Tab. 5.1: Optionen bei der Größenänderung

Im Zweifel müssen Sie beim jeweiligen Bild mehrere der Optionen ausprobieren, um zu sehen, welche das angemessenste Ergebnis liefert. Beim Ausgleich des Qualitätsverlusts mit den ersten drei Methoden werden in jedem Fall zusätzliche Farben in das Bild eingefügt. Mehr Farben bedeuten aber auch in der Regel größere Dateien. Sie müssen im Einzelfall entscheiden, wo Sie den Kompromiss zwischen Dateigröße und Bildqualität treffen.

Scharfzeichnen

Sollte das Bild nach dem Verkleinern zu sehr verwischen, haben Sie die Möglichkeit, es nachträglich noch scharf zu zeichnen. Sowohl im *Filter*-Menü als auch im Bedienfeld *Eigenschaften* finden Sie die entsprechenden Funktionen im Menü *Scharf stellen*.

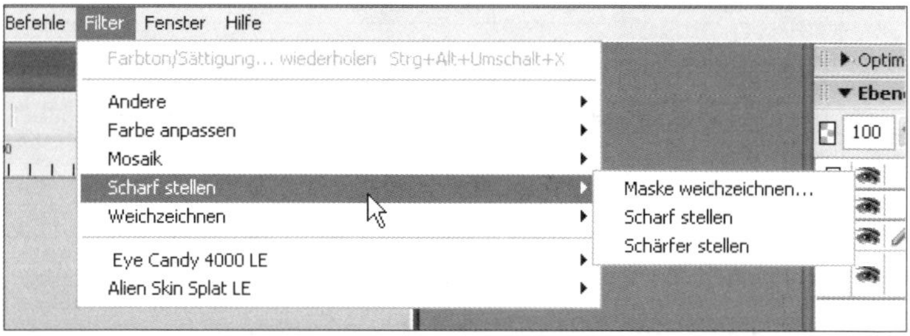

Abb. 5.30: Funktionen für mehr Schärfe

Mit *Scharf stellen* wird das Bild einheitlich geschärft. Die Kontraste im Bild werden verstärkt. *Schärfer stellen* legt noch einen drauf und erhöht die Kontrastwerte ungefähr dreimal so stark wie die Funktion *Scharf stellen*. Differenzierter und damit auch genauer geht die Funktion *Maske weichzeichnen* vor. Über drei Parameter nehmen Sie Einfluss auf das Schärfen.

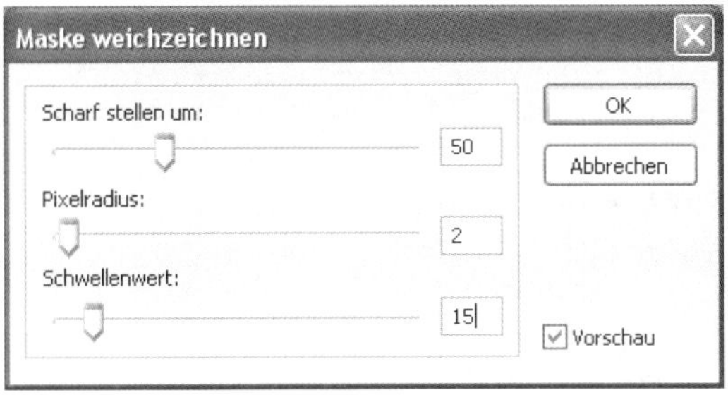

Abb. 5.31: Parameter für *Maske weichzeichnen*

Die Parameter haben folgende Bedeutung:

- *Scharf stellen um* gibt an, wie stark der Kontrast der nebeneinander liegenden Pixel erhöht werden soll (Wert zwischen *1* und *500* Prozent).
- Bei *Pixelradius* legen Sie fest, welcher Bereich um eine Kontur herum in die Schärfung mit einbezogen werden soll (*0.1* bis *250*).
- Bei *Schwellenwert* geben Sie vor, welchen Kontrastunterschied zwei nebeneinander liegende Pixel aufweisen müssen, damit sie von der Schärfung betroffen sind. Je größer der Wert ist, umso weniger Bereiche des Bildes werden geschärft (*0* bis *255*).

Testen Sie bei dieser Funktion ebenfalls unterschiedliche Einstellungen beim jeweiligen Bild.

5.5 Zusammenfassung, Fragen und Übungen

Zusammenfassung

- Im Dialogfenster *Öffnen* lässt sich die Liste mit den Grafikdateien in verschiedenen Ansichten anzeigen. Über die *Miniaturansicht* blenden Sie beispielsweise für alle aufgelisteten Dateien kleine Vorschaubilder ein.
- Um eine Vorlage über einen Scanner nach Fireworks zu importieren, muss die Scanner-Software über eine TWAIN-Schnittstelle verfügen.
- Wenden Sie Effekte unmittelbar oder als Live-Effekt auf Bildobjekte an. Live-Effekte lassen sich nachträglich ändern sowie jederzeit ein- und ausblenden.
- Im Menü *Farbe anpassen* finden Sie verschiedene Effekte zum Anpassen der Farben und der Kontraste eines Bilds.
- Für Web-Seiten müssen gescannte Vorlagen in der Regel verkleinert werden. Zum Ausgleich des damit einhergehenden Qualitätsverlusts bietet Fireworks verschiedene Methoden an.

Fragen und Übungen

1. Wie öffnen Sie mit Fireworks mehrere Bilder gleichzeitig?
2. Was ist der wesentliche Unterschied zwischen Effekten, die Sie über das *Filter*-Menü einfügen, und Live-Effekten?
3. Mit welcher Funktion versucht Fireworks Farben und Kontraste in Bildern automatisch zu optimieren?
4. Bei welcher Option findet kein Ausgleich des Qualitätsverlusts beim Verkleinern eines Bildes statt?

6 Animationen erstellen

6 Animationen erstellen

Zappelnde Briefumschläge und bewegte Werbebanner kennen Sie bestimmt von Ihren langen Surftouren durch das World Wide Web. Oft handelt es sich bei diesen Animationen um Grafiken, die im GIF-Format gespeichert sind (es gibt aber auch andere Techniken, wie z.B. *Flash*, *DHTML* oder *Java*). In einer *GIF-Datei* kann nicht nur ein einzelnes Bild gespeichert werden, sondern auch ein Stapel von beliebig vielen Bildern. Über zusätzliche Einstellungen legen Sie fest, wie oft der Bilderstapel wiederholt und wie lange jedes einzelne Bild (auch *Frame* genannt) angezeigt werden soll.

Fireworks unterstützt Sie bei der Erstellung von Animationen und dem Export in das GIF-Format nach Leibeskräften. Anhand des folgenden Beispiels wird gezeigt, wie Sie mit dem Programm ein animiertes Banner erstellen. Ihr kleiner Werbefilm endet mit folgender Einstellung:

Abb. 6.1: Action pur

Das Drehbuch der Werbeanimation sieht Folgendes vor: Die Webadresse soll während der gesamten Sequenz eingeblendet werden. Zuerst rauscht das Gokart von links nach rechts vorbei und dann erscheint erst schemenhaft, dann immer kräftiger werdend der Werbeslogan.

HINWEIS

Setzen Sie GIF-Animationen auf Ihren Webseiten sehr gezielt ein. Sie haben nämlich nicht nur Vorteile. Zum einen sind die Dateien meist verhältnismäßig groß. Zum anderen stört zu viel Bewegung auf einer Webseite die Konzentration des Betrachters auf den Lesetext. Der Einsatz von Animationen ist halt wie alles im Leben eine Frage der Dosierung.

6.1 Rahmen für das Banner

In einem ersten Schritt erstellen Sie eine neue Grafik und fügen alle Elemente ein, die permanent zu sehen sein sollen. Das sind der Rahmen sowie die Webadresse unten links.

Bannergröße festlegen

Eigentlich gibt es keine verbindliche Regel, welche Größe ein Banner haben muss. Trotzdem haben sich bestimmte Maße (z.B. 156 x 60, 234 x 60, 468 x 60) durchgesetzt. Das hat folgende Gründe:

- Im Browserfenster steht nur begrenzt Platz zur Verfügung. Die genannten Maße orientieren sich an den gängigen Bildschirmauflösungen und bieten die Möglichkeit, auch mehrere Banner nebeneinander zu platzieren.
- Anbieter von Banner-Werbeflächen müssen einen Standard für ihre Kunden setzen, sonst passt es beim ständigen Austausch der Werbelogos hinten und vorne nicht.

Erstellen Sie über den Menübefehl *Datei / Neu* also ein Banner mit einer Breite von 234 und einer Höhe von 60 Pixeln. Wählen Sie als Farbe für den Hintergrund den Blauton mit dem Farbcode *#000099* aus.

Rahmen erstellen

Das Banner soll einen orangefarbenen Rand erhalten, damit es sich von den anderen Angeboten der jeweiligen Webseite abhebt.

- Klicken Sie das Werkzeug *Auswahlrahmen* an.

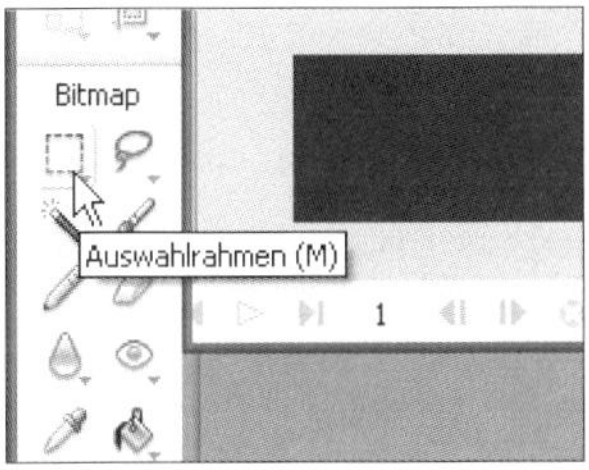

Abb. 6.2: Merken Sie sich die Tastenbedienung M

- Achten Sie im Bedienfeld *Eigenschaften* darauf, dass bei *Rand* die Option *Hart* ausgewählt ist, und ziehen Sie ein Rechteck über dem gesamten Bild auf. Beginnen Sie dabei ruhig im grauen Bereich außerhalb der Leinwand.

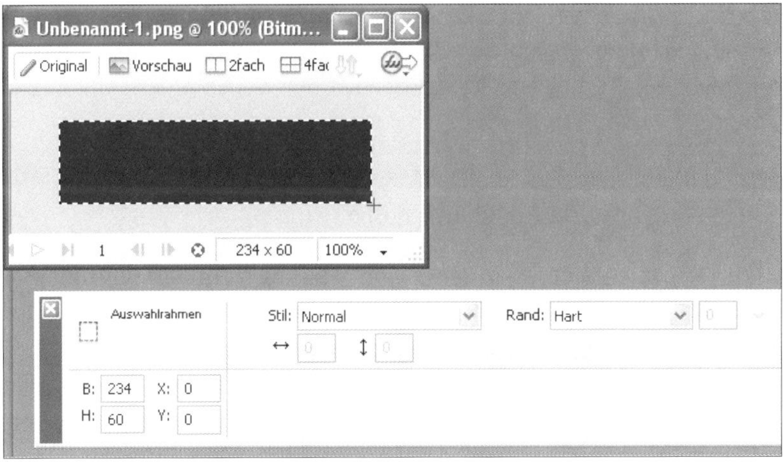

Abb. 6.3: Das Bild komplett markieren

▶ Rufen Sie *Auswählen / Auswahlrahmen verkleinern* auf und geben Sie in das Eingabefeld den Wert 3 ein.

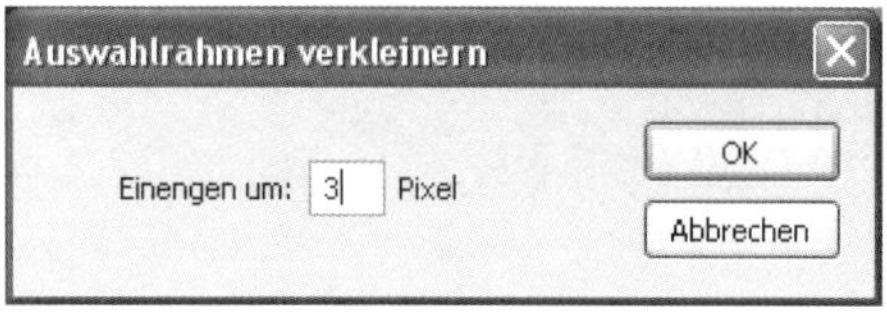

Abb. 6.4: Breiter als 3 Pixel sollte der Rand nicht sein

▶ Beim Auswahlrahmen werden an allen Seiten 3 Pixel abgeknapst.

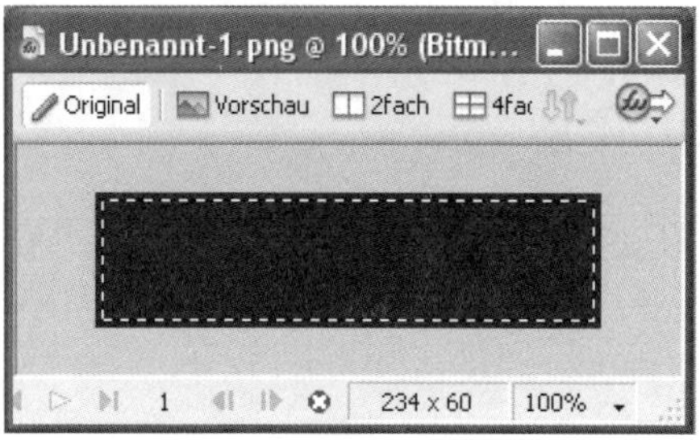

Abb. 6.5: Der Auswahlbereich wird kleiner

▶ Rufen Sie den Menübefehl *Auswählen / Auswahl umkehren* auf. Schon ist nicht mehr der innere Bereich markiert, sondern ein 3 Pixel breiter Rand außen herum.

▶ Im Bedienfeld *Werkzeuge* wählen Sie bei *Farben* die Füllfarbe *#FF9900* aus (siehe Abbildung 6.6).

▶ Klicken Sie auf den *Farbeimer* in der Symbolleiste und dann in den markierten Rahmen. Wenn Sie sich nicht sicher sind, können Sie vorher noch kontrollieren, ob im Bedienfeld *Eigenschaften* als Füllmodus auch wirklich *Einfarbig* eingestellt ist. »Try and error« würde aber auch weiterhelfen. Eine fehlerhafte Füllung nehmen Sie jederzeit über *Bearbeiten / Rückgängig* zurück (siehe Abbildung 6.7).

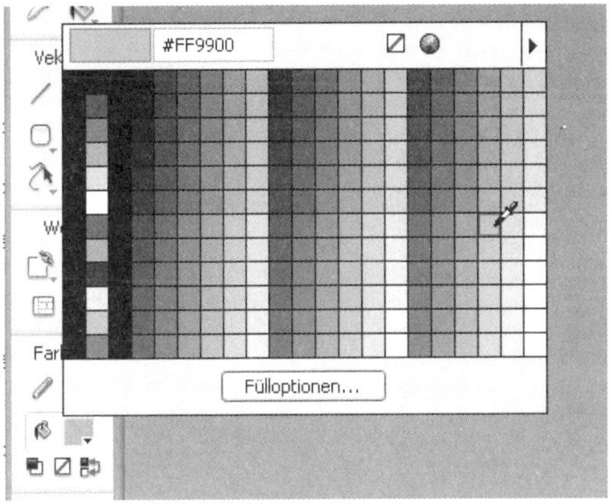

Abb. 6.6: ... oder eine andere Farbe Ihrer Wahl

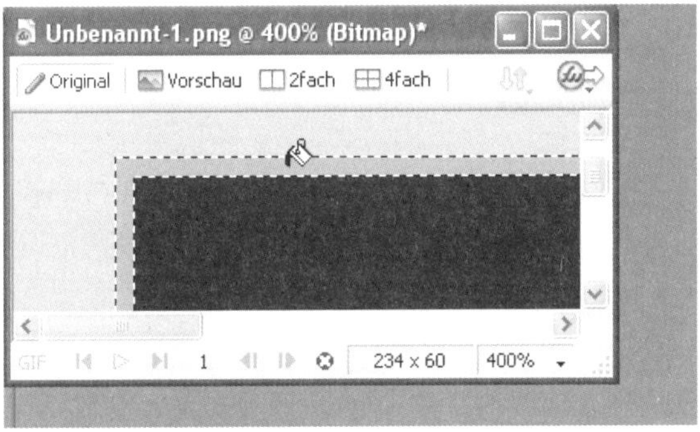

Abb. 6.7: Zoomen Sie das Bild heran, um den Rahmen besser zu treffen

Rechteck einfügen

Hinter der Webadresse unten links im Logo liegt ein orangefarbenes Rechteck. Um flexibler arbeiten zu können, werden Sie das Rechteck als Vektorobjekt einfügen.

- Klicken Sie im Bedienfeld *Werkzeuge* das *Rechteckwerkzeug* an und ziehen Sie ein Rechteck auf, wie in der folgenden Abbildung dargestellt.

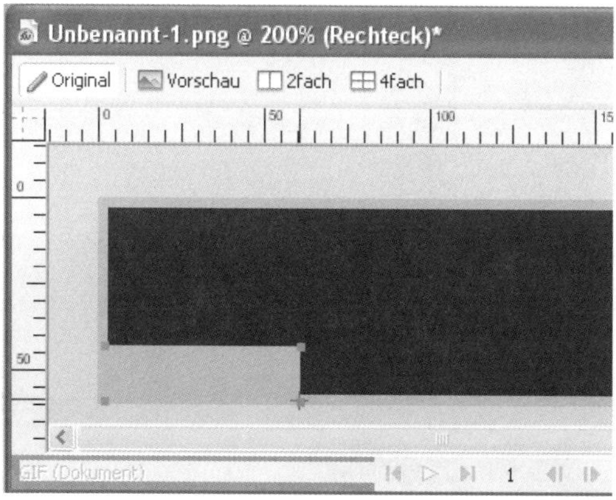

Abb. 6.8: Ziehen Sie das Rechteck nach Augenmaß auf

Da das Rechteck als Vektorobjekt erstellt ist, können Sie die Größe nachträglich ohne Probleme anpassen.

Textobjekt einfügen

Über das *Textwerkzeug* im Bedienfeld *Werkzeuge* fügen Sie den Schriftzug für die Webadresse ein. Stellen Sie das Format im Bedienfeld *Eigenschaften* ein, klicken Sie in das Bild und geben Sie den Text `www.actionkart.de` ein (siehe Abbildung 6.9).

Wählen Sie für das Format des Textes die Schriftart *Arial Narrow* (soweit auf Ihrem Rechner verfügbar) in einer Größe von *12* Punkt und mit dem Attribut *Fett*. Die Schriftfarbe soll Weiß sein und der Rand mit *Anti-Alias scharf* etwas geglättet.

Über das *Zeigerwerkzeug* ziehen Sie den Text im Dokumentfenster an die gewünschte Stelle.

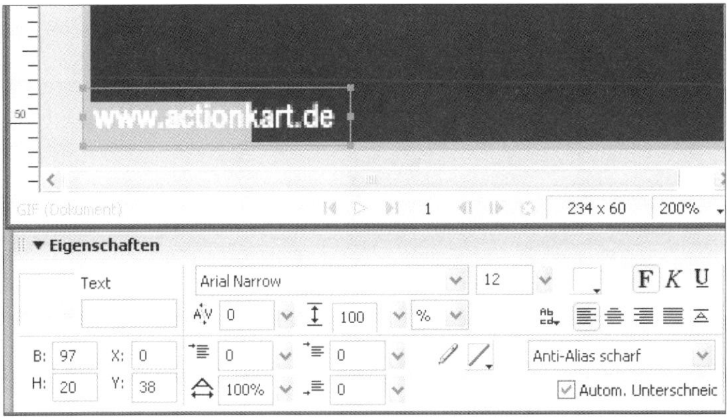

Abb. 6.9: Format einstellen und Text eingeben

Ragt bei Ihnen der Text auf der rechten Seite auch etwas über das Rechteck hinaus? Kein Problem, Sie müssen das Rechteck nur etwas breiter ziehen. Aber halt, doch ein Problem: Der Text überlagert das Rechteck komplett! Wie Sie auch immer versuchen zu klicken, das hinten liegende Rechteck bekommen Sie nicht zu fassen. Zumindest nicht mit dem *Zeigerwerkzeug*. Und damit sind Sie auch schon auf dem Weg zur richtigen Lösung: das Werkzeug *Hintere auswählen* ist genau für diesen Zweck gedacht. Sie finden es in der Werkzeuggruppe des *Zeigerwerkzeugs*. Halten Sie die Maustaste beim Anklicken des Zeigersymbols einfach einen Tick länger gedrückt. Schon bietet sich die Möglichkeit, das Werkzeug auszuwählen.

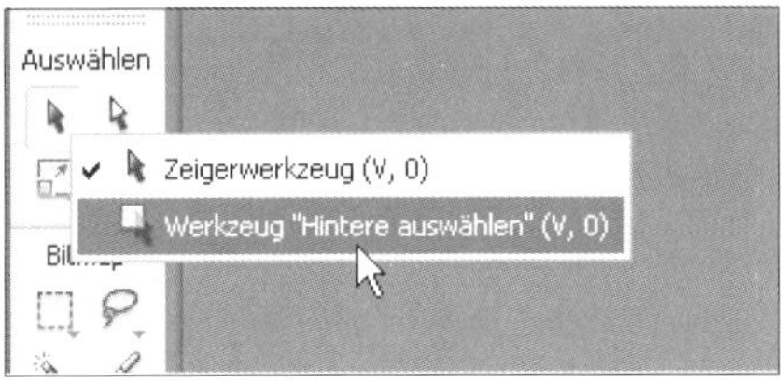

Abb. 6.10: Die Programmierer haben wirklich an alles gedacht ;-)

- Jetzt geht es ganz leicht. Mit dem ersten Klick erwischen Sie das im Hintergrund liegende Rechteck.

Abb. 6.11: Einfach durch den Text hindurchklicken

> **HINWEIS**
> Alternativ hätten Sie das Objekt auch im Objektstapel des Fensters *Ebenen* anklicken und damit markieren können.

- Ziehen Sie das Rechteck am blauen Anfasskästchen rechts oben so breit, bis der Text vollständig hinterlegt ist.

Abb. 6.12: Eine der leichteren Übungen

Der Hintergrund der Animation steht.

Arbeiten mit Ebenen

Bisher unterscheidet sich das Beispiel noch nicht viel von den Übungen, die Sie in den bisherigen Kapiteln kennen gelernt haben. So wissen Sie auch schon, dass Vektor- und Pixelelemente in einem Fireworks-Dokument gestapelt werden können.

Dabei haben Sie den Begriff *Ebenen* wiederholt gelesen. Was es damit auf sich hat, möchten wir Ihnen an dieser Stelle kurz erklären:

In modernen Bildbearbeitungsprogrammen wie Fireworks ist ein Bild in Ebenen unterteilt. Die einzelnen Objekte (Texte, Linien, Kreise, Rechtecke, Fotos etc.) können beliebig auf Ebenen verteilt werden. Die Ebenen liegen ebenfalls wie in einem Stapel übereinander. Inhalte einer oberen Ebene überdecken die entsprechenden Bereiche der darunter liegenden Ebene. Nur an transparenten Stellen einer oberen Ebene scheinen die Inhalte der unten liegenden Ebenen durch.

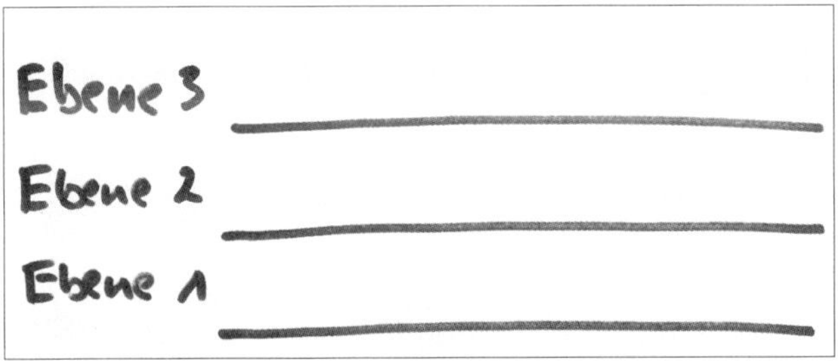

Abb. 6.13: Eine Fireworks-Grafik ist in Ebenen organisiert

Über das Bedienfeld *Ebenen* lassen sich die Ebenen bearbeiten.

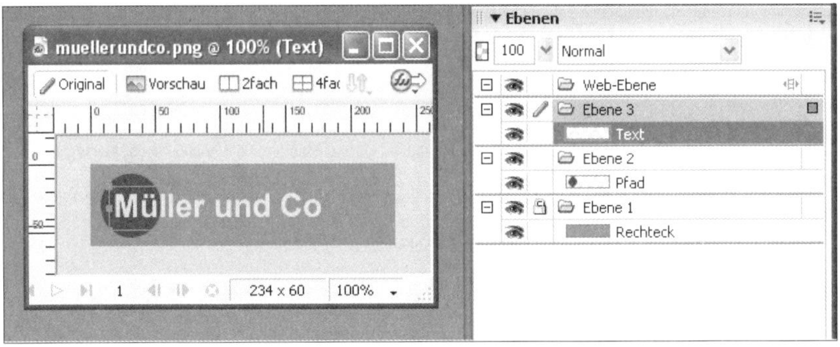

Abb. 6.14: Drei Objekte auf drei Ebenen verteilt

Die aktive Ebene erkennen Sie an der blauen Markierung und dem Stiftsymbol vor dem Ebenennamen. Die aktuellen Bildänderungen werden auf dieser Ebene durchgeführt. Durch Anklicken in der Liste wechseln Sie die Ebene.

Ein Schloss vor dem Namen zeigt an, dass eine Ebene gegen Veränderung geschützt ist. Der Schutz kann durch Klicken an diese Stelle aktiviert und wieder gelöst werden. Durch Ziehen und Fallenlassen (mit der Maus) verschieben Sie Ebenen genauso wie Vektorobjekte innerhalb des Stapels. Über das Augensymbol blenden Sie einzelne Ebenen und Vektorelemente ein bzw. aus.

Genau wie beim Arbeiten mit Vektorobjekten bieten Ebenen den Vorteil, dass man auf sehr einfache Weise nachträglich Änderungen am Bild vornehmen kann (z.B. Austausch des Hintergrundes, Löschen einzelner Bildbereiche).

HINWEIS

Ob Ebenen einer Grafik erhalten bleiben, hängt wie bei den Vektorobjekten davon ab, in welchem Format das Bild gespeichert wird. Nur bestimmte Grafikformate sind in der Lage, Bilder in Ebenen abzuspeichern (z.B. das Fireworks-PNG-Format). Wenn das gewählte Format keine Ebenen unterstützt, werden die Ebenen des Bildes beim Speichern zu einer Ebene zusammengeführt.

Ebenen und Frames

Wie bereits gesagt, bestehen Animationen aus mehreren Einzelbildern. Diese werden auch *Frames* genannt. Über *Fenster / Frame* erhalten Sie einen Überblick über die Frames der Grafik (siehe Abbildung 6.15).

Jede Fireworks-Grafik hat mindestens einen Frame. Erst ab zwei Frames spricht man von einer *Animation*.

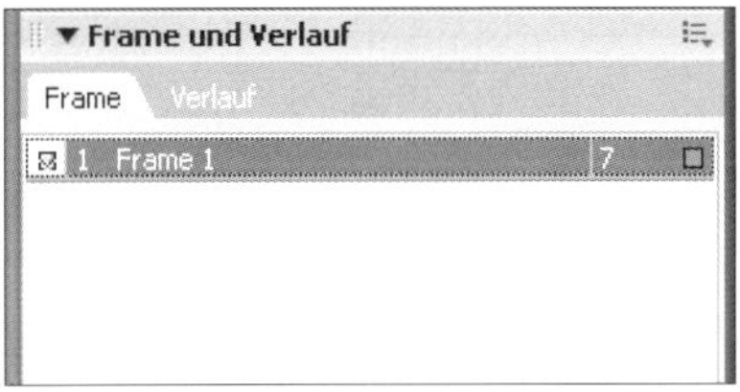

Abb. 6.15: Ein Frame ist noch keine Animation

Stellen Sie sich den Aufbau einer Animation so vor: Ebenen liegen wie in einem Stapel übereinander, Frames sind als Einzelbilder nebeneinander aufgereiht.

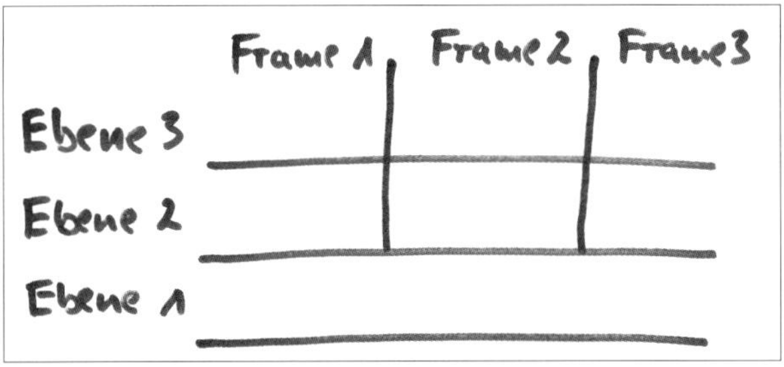

Abb. 6.16: Frames und Ebenen überlagern sich

Manche Ebenen wechseln die Inhalte von Frame zu Frame, andere wiederum haben in allen Frames den gleichen Inhalt. Beim Werbebanner des Übungsbeispiels sieht das konkret so aus:

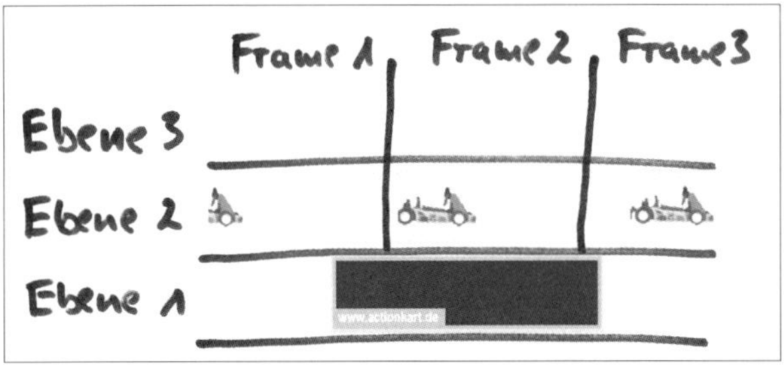

Abb. 6.17: Struktur des Banners

Auf der *Ebene 1* wird in allen Frames der Rahmen und die Webadresse angezeigt. Bei der *Ebene 2* wechselt der Inhalt. Das Gokart hat jeweils eine andere Position.

Ebene über Frames freigeben

Zurzeit enthält die Grafik nur eine Ebene. Diese soll in allen Frames angezeigt werden.

- Rufen Sie *Fenster / Ebenen* auf.

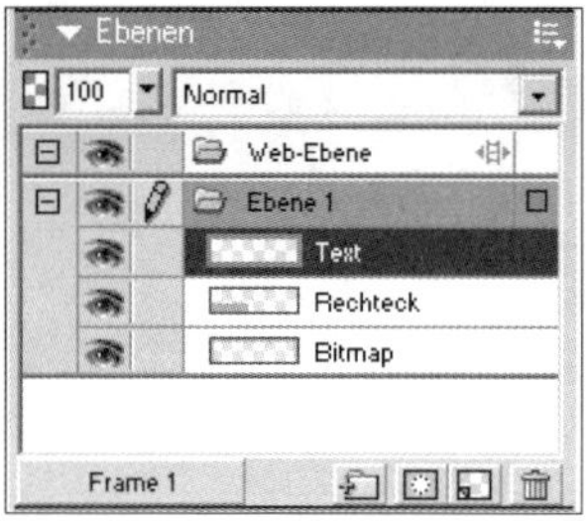

Abb. 6.18: Die Ebene enthält die drei bisher eingefügten Objekte

- Klicken Sie den Ebenennamen *Ebene 1* doppelt an.
- Es öffnet sich ein Unterfenster, in dem Sie zwei Eingaben vornehmen:

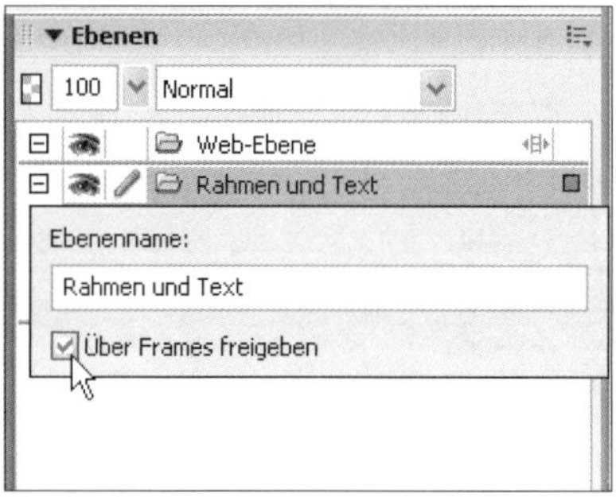

Abb. 6.19: Eigenschaften der Ebene

- Damit Sie sich später besser orientieren können, sollten Sie der Ebene einen aussagekräftigen Namen geben.
- Durch Aktivierung der Option *Über Frames freigeben* erscheinen die Objekte der Ebene in allen Frames der Animation.
- Mit der [↵]-Taste werden die Änderungen übernommen.

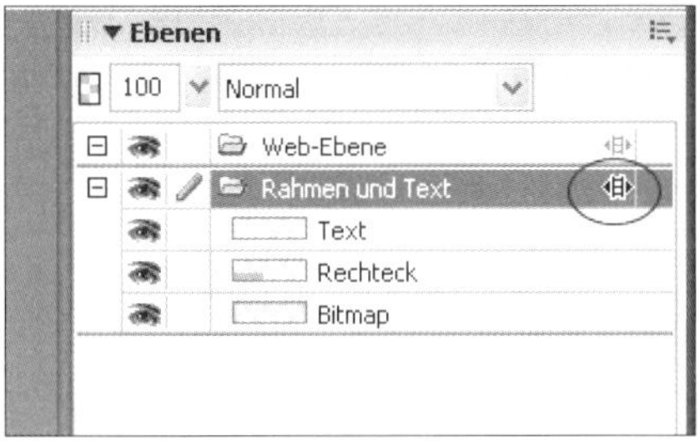

Abb. 6.20: Die Freigabe erkennen Sie auch an dem Symbol neben dem Namen

6.2 Gokart animieren

Sie werden jetzt versuchen, das Gokart dazu zu bringen, sich zu bewegen. Vorher müssen Sie das Bild mit dem Flitzer jedoch noch für den Auftritt vorbereiten.

HINWEIS

Das Gokart haben wir eingescannt. Sie finden es auf unserer Homepage *www.buchteam.de* in der Kategorie *Bücher*. Folgen Sie dem Link zu diesem Buch. Dort finden Sie einen Verweis auf die Übungsdateien. Zur Not können Sie jedoch auch ein ähnliches Bild Ihrer Wahl verwenden.

Bild verkleinern

Laden Sie das Bild *kart.tif* von unserer Website herunter und speichern Sie es in einem Ordner Ihrer Wahl.

- Öffnen Sie es mit der Funktion *Datei / Öffnen*.
- Das Bild ist viel zu groß. Rufen Sie daher den Menübefehl *Modifizieren / Leinwand / Bildgröße* auf. Das Banner hat eine Höhe von 60 Pixeln. Damit es gut hineinpasst, sollte das Gokart etwas kleiner sein. Mit 50 Pixeln dürften Sie gut zurechtkommen.

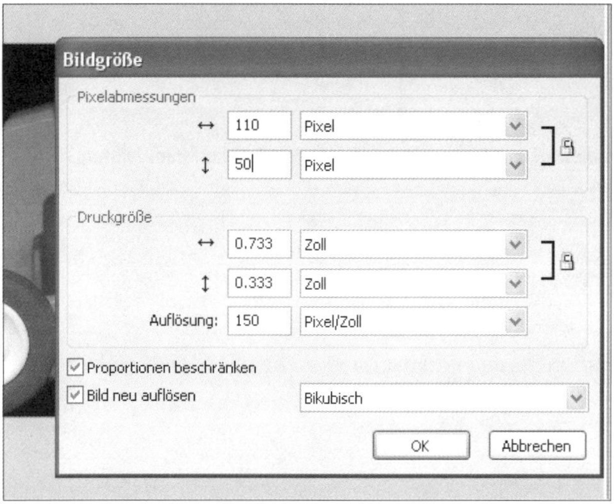

Abb. 6.21: Ändern Sie die Bildgröße

- Wenn Sie diesen Wert in das Feld für die Höhenangabe eintragen, wird bei aktivierter Option *Proportionen beschränken* die Breite automatisch angepasst. Klicken Sie auf *OK*.
- Das Bild ist jetzt viel kleiner. Für die nächsten Schritte sollten Sie es etwas näher heranzoomen.

Gokart freistellen

Das Gokart hat zwar jetzt die richtige Größe, es fährt aber in die falsche Richtung. Das werden Sie sofort korrigieren. Klicken Sie das Bild mit dem *Zeigerwerkzeug* an.

- Über *Modifizieren / Transformieren / Horizontal kippen* wenden Sie es in die entgegengesetzte Richtung.

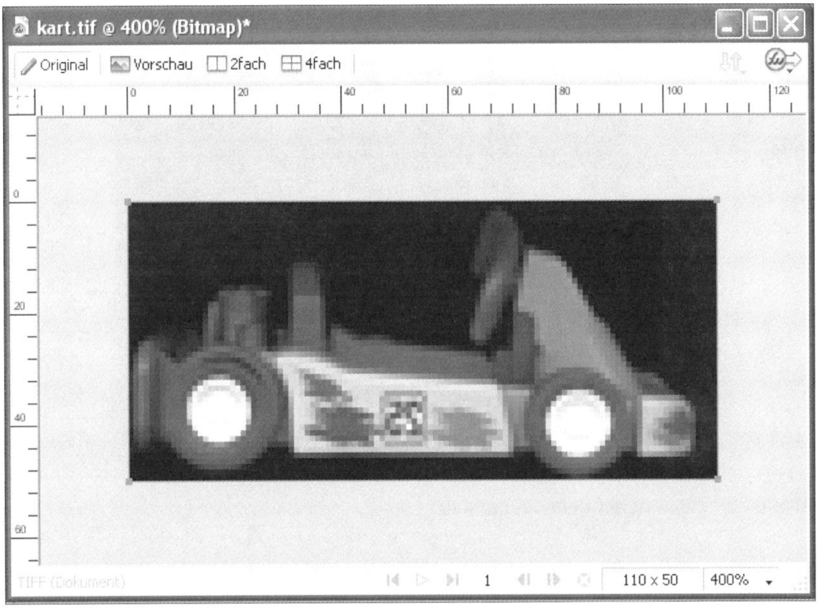

Abb. 6.22: Wenn Wenden doch immer so einfach wäre

Im Banner benötigen Sie nur das Gefährt, aber nicht den dunklen Hintergrund. Sie müssen das Gokart freistellen.

- Klicken Sie dazu den *Zauberstab* in der Werkzeugleiste an.
- Stellen Sie im Bedienfeld *Eigenschaften* die *Toleranz* mit *30* ruhig etwas höher ein. Der Hintergrund ist nämlich gar nicht so einheit-

lich schwarz, wie er auf den ersten Blick wirkt. Der Rand der Auswahl sollte mit der Einstellung *Anti-Alias* etwas weicher gezogen werden.

- Klicken jetzt mit dem *Zauberstab* in den dunklen Bereich um das Gokart herum. Der Hintergrund wird markiert. Wenn das Ergebnis nicht zufrieden stellt, sollten Sie mit anderen Einstellungen für den *Toleranz*-Wert experimentieren.

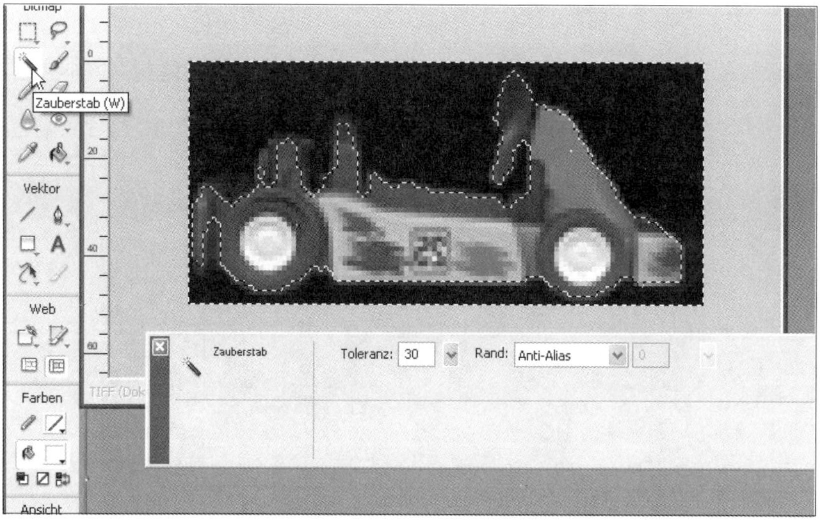

Abb. 6.23: Zaubern mit dem Zauberstab

Sie wollten aber das Gokart und nicht den Hintergrund markieren. Kein Problem! Rufen Sie den Menübefehl *Auswählen / Auswahl umkehren* auf. Das war es. Jetzt kann der Flitzer über die Zwischenablage in das Banner eingefügt werden. Rufen Sie *Bearbeiten / Kopieren* auf.

In das Banner einfügen

Schließen Sie das Bild mit dem Gokart oder wechseln Sie über das Menü *Fenster* in das Bild *Unbenannt-1.png*.

Sie befinden sich in der Ebene *Rahmen und Text*, die für alle Frames der Animation freigegeben ist. Das Gokart soll aber gerade nicht auf allen Einzelbildern an der gleichen Stelle platziert sein. Fügen Sie daher über *Bearbeiten / Einfügen / Ebene* eine neue Ebene in das Dokument ein.

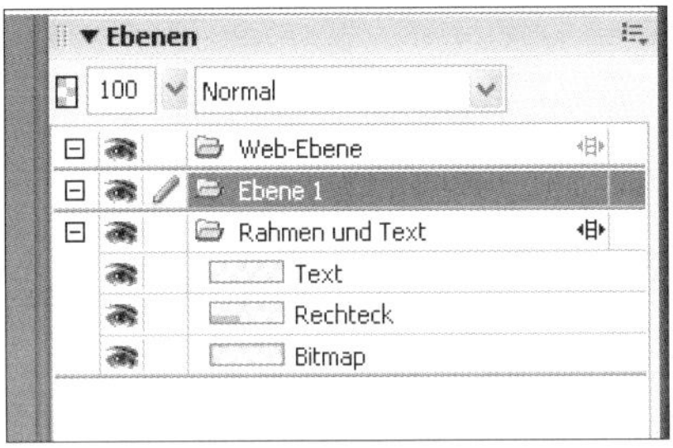

Abb. 6.24: Eine neue Ebene für das Gokart

Die neue Ebene ist nach dem Einfügen sofort aktiv. Fügen Sie das Bild mit *Bearbeiten / Einfügen* aus der Zwischenablage dort ein. Beantworten Sie dabei das folgende Fenster mit der Schaltfläche *Kein Resampling*. Sie übernehmen das Kart in diesem Fall mit den Pixelwerten, mit denen Sie es erstellt haben. Im *Ebenen*-Fenster sehen Sie, dass das Bild auf der Ebene hinzugefügt wurde.

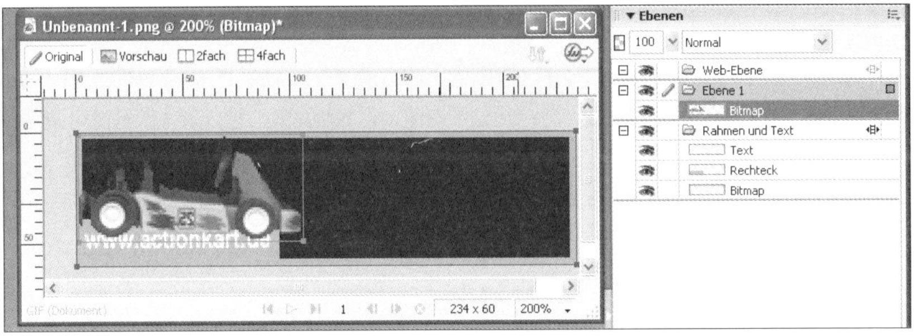

Abb. 6.25: ... und in der Originalansicht natürlich auch

Noch liegt das Gokart als zuletzt eingefügtes Objekt im Vordergrund. Das sieht aber nicht so gut aus. Ziehen Sie daher die komplette *Ebene 1* im *Ebenen*-Fenster unter die Ebene *Rahmen und Text*.

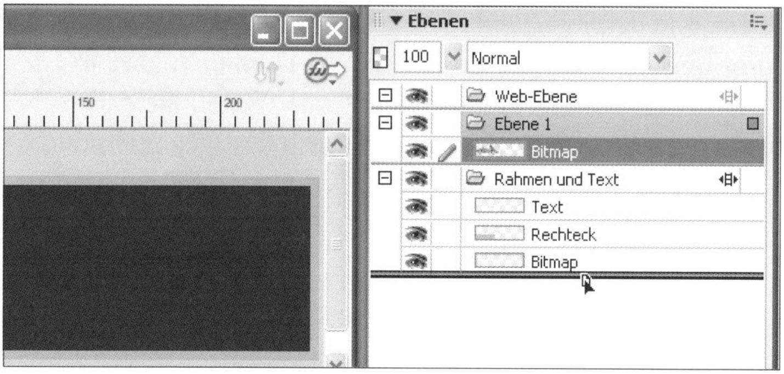

Abb. 6.26: Einfach mit der Maus ziehen

Das Gokart wird vom Rechteck teilweise verdeckt.

Start und Ziel festlegen

Das Gokart soll von links in das Bild hineinfahren und in der rechten Hälfte stehen bleiben. Sie könnten das Objekt jetzt sehr umständlich von Hand auf mehrere Ebenen kopieren und dort verschieben. Das kostet aber sehr viel Zeit und Geduld. Lassen Sie sich von Fireworks helfen: Das Programm stellt Ihnen sehr komfortable Funktionen zur Verfügung, um Animationen weitgehend automatisch zu erstellen.

Um diese automatischen Funktionen nutzen zu können, müssen Objekte in *Symbole* umgewandelt werden. Symbole werden in einer Fireworks-Grafik an zentraler Stelle (der *Bibliothek*) abgelegt und mit der Datei gespeichert. Im Dokument verwenden Sie Kopien der Symbole (so genannte *Instanzen*). Änderungen eines Symbols in der Bibliothek haben unmittelbare Auswirkung auf alle abhängigen Instanzen.

▶ Aktivieren Sie das *Zeigerwerkzeug* und klicken Sie mit der rechten Maustaste auf das Gokart-Bild. Wählen Sie aus dem Kontextmenü den Eintrag *In Symbol konvertieren* aus. Die gleiche Funktion finden Sie auch im Untermenü *Modifizieren / Symbol*.

- Geben Sie im nachfolgenden Dialogfenster den Namen für das Symbol an.

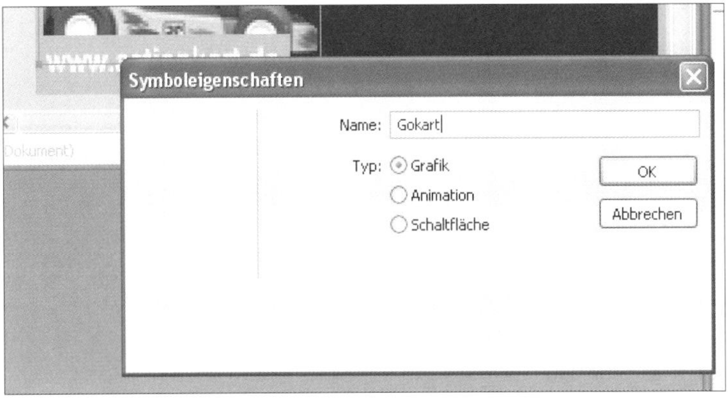

Abb. 6.27: Das Gokart wird zum Symbol

- Bei *Typ* wählen Sie *Grafik* aus. Grundsätzlich wäre auch der Typ *Animation* geeignet. Da das Gokart aber auf den letzten Einzelbildern still stehen bleiben soll, ist *Grafik* die bessere Wahl.
- Geben Sie Ihr *OK*. Das Bild ist ausgewählt. An dem kleinen Pfeil unten links erkennen Sie, dass es mit einem Symbol in der Bibliothek verknüpft ist.

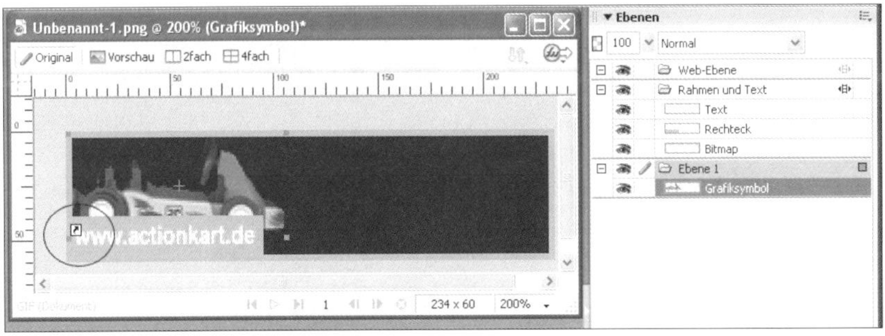

Abb. 6.28: Gleich fährt das Gokart!

- Ziehen Sie das Rennfahrzeug mit dem *Zeigerwerkzeug* an die Startposition. Wie Sie in der nachfolgenden Abbildung sehen, beginnt die rasante Fahrt links außerhalb des Dokuments.

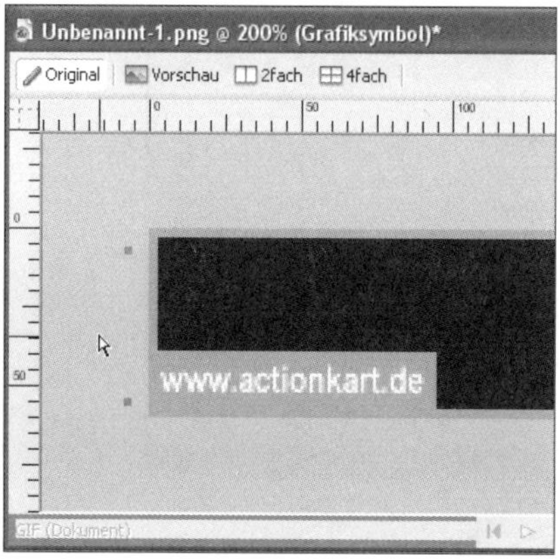

Abb. 6.29: Auf die Plätze ...

- Ziehen Sie das Bild bei gedrückter Alt-Taste (zum Kopieren) mit der Maus nach rechts auf die Endposition. Wenn Sie dabei die ⇧-Taste gedrückt halten, bleiben die beiden Objekte in einer horizontalen Linie.

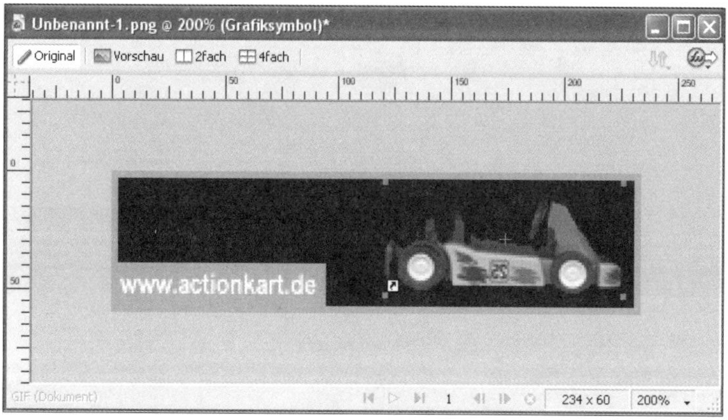

Abb. 6.30: ... fertig ...

▶ Wählen Sie beide Symbole mit gedrückter [⇧]-Taste oder über das *Ebenen*-Fenster aus.

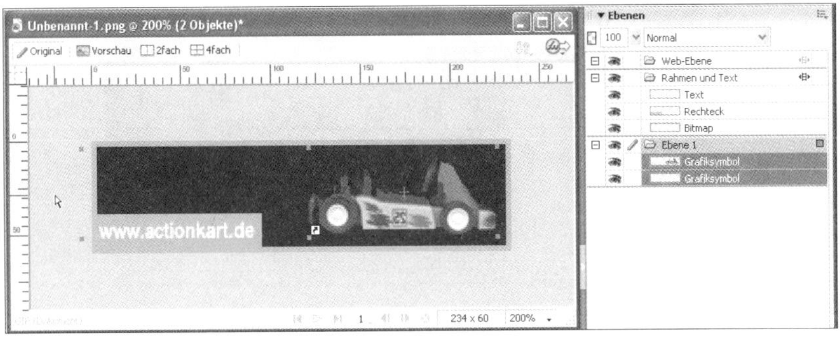

Abb. 6.31: ... los

▶ Jetzt geht es wirklich los. Rufen Sie *Modifizieren / Symbol / Tween-Instanzen* auf.

▶ Geben Sie bei *Schritte* die Zahl 5 ein. Es sollen fünf Zwischenbilder erzeugt werden, mit Start- und Zielfoto also insgesamt sieben Frames.

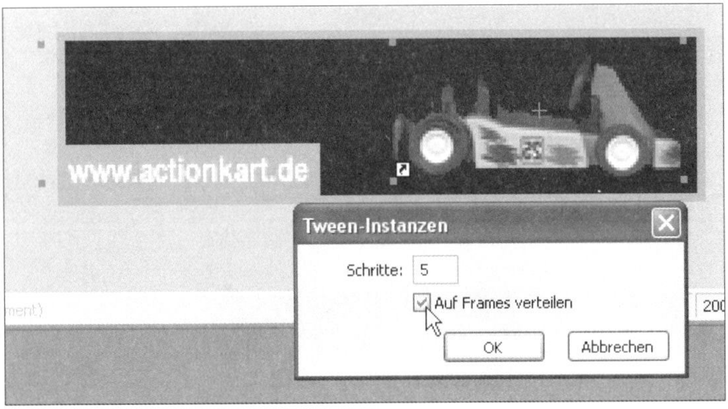

Abb. 6.32: Noch zwei kurze Einstellungen

▶ Wenn Sie die Option *Auf Frames verteilen* nicht aktivieren, fügt Fireworks die Zwischenbilder in den aktuellen Frame ein.

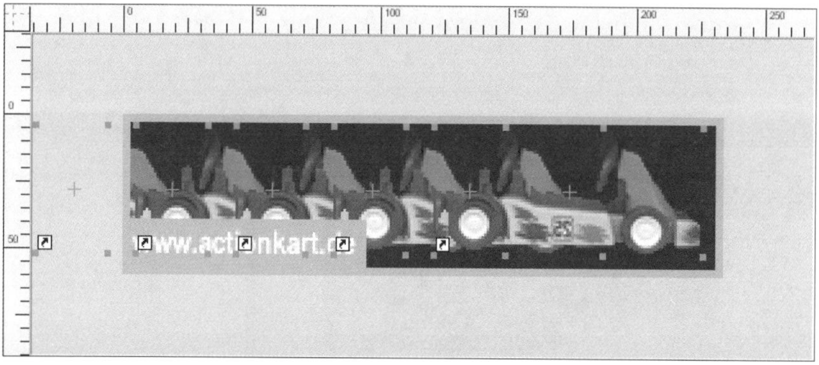

Abb. 6.33: Nicht alle in ein Bild

- Das macht in diesem Fall aber keinen Sinn. Kreuzen Sie die Option daher an. Nachdem Sie auf *OK* geklickt haben, lässt sich das Ergebnis über *Fenster / Frame* begutachten.

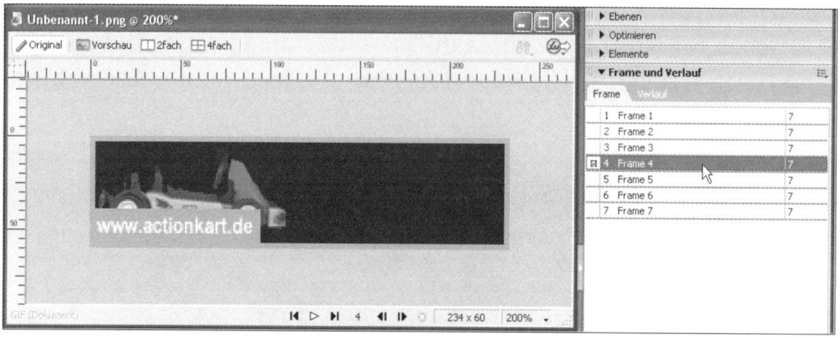

Abb. 6.34: Die Animation besteht jetzt aus sieben Einzelbildern

Die Zahl hinter den Framenamen legt fest, wie lange jedes Einzelbild angezeigt werden soll. Die Maßeinheit sind Hundertstelsekunden. Das Gokart wird also ganz schön flott unterwegs sein.

Animationsvorschau

Jetzt sind Sie bestimmt gespannt darauf, das Gokart auch tatsächlich flitzen zu sehen. Am unteren linken Rand des Dokumentfensters finden Sie die Schaltflächen, mit denen Sie die Animationsvorschau steuern. Die Symbole haben folgende Bedeutung:

Symbol	Funktion
I◀	Zum ersten Frame
▷ / ■	Wiedergabe / Stop
▶I	Zum letzten Frame
3	Nummer des aktuellen Frames
◀I	Einen Frame zurück
I▶	Einen Frame nach vorne

Tab. 6.1: Steuerung der Animation

HINWEIS

Die Animation lässt sich auch mit der Esc-Taste oder durch Klicken an eine beliebige Stelle des Programmfensters stoppen.

Probieren Sie die verschiedenen Möglichkeiten der Animationssteuerung einfach einmal aus.

Zwiebelschichteneffekt

Na, wie oft haben Sie den kleinen Renner flitzen lassen? Es macht ja auch wirklich Spaß. Und Schumi hat schließlich auch mit dem Gokart angefangen.

Sie sind mit dem Banner aber noch nicht fertig. Neben der Feinarbeit müssen Sie noch den Slogan animieren. Bevor Sie damit jedoch weitermachen, sollten Sie sich einen besonderen Bearbeitungsmodus ansehen – den *Zwiebelschichteneffekt*.

Grundsätzlich haben Sie in Fireworks immer nur den Blick auf den aktuellen Frame. Das reicht in den meisten Fällen auch aus. Manchmal möchte man jedoch gerne sehen, wie sich ein einzelner Frame in die ganze Bewegungsfolge einfügt.

- Wählen Sie einen beliebigen Frame der Animation aus.
- Klicken Sie dann auf das Symbol ganz links unten im Fenster *Frame und Verlauf*.

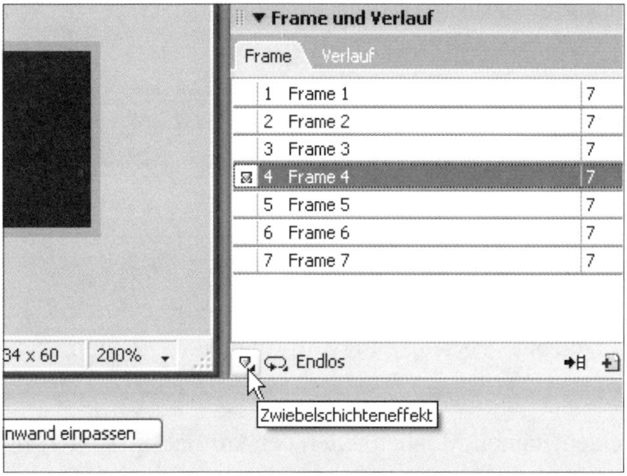

Abb. 6.35: Aufruf des *Zwiebelschichteneffekts*

Über das Menü lassen sich neben dem aktuellen Frame auch noch andere Frameinhalte im Dokumentfenster einblenden.

- Wählen Sie zum Beispiel den Eintrag *Vorher und Nachher*.

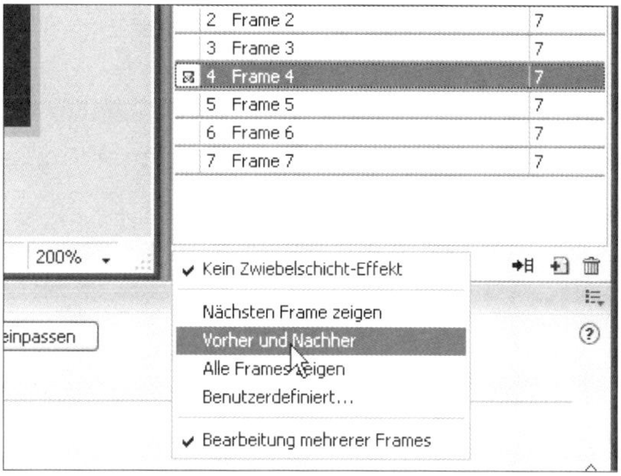

Abb. 6.36: Zwiebeln helfen beim Animieren

- Neben den Inhalten des aktuellen Frames werden auch die Objekte des vorhergehenden und des nächsten Einzelbildes schemenhaft angezeigt.

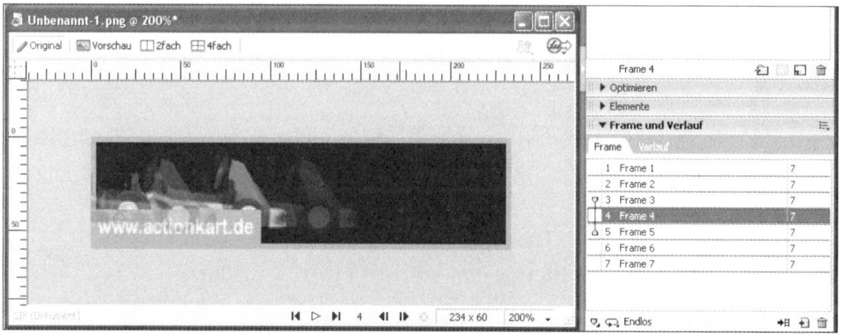

Abb. 6.37: Bei noch mehr Frames wird es schnell eine Zwiebelsuppe

Ein besonderer Clou: Wenn im Menü *Zwiebelschichteneffekt* die Option *Bearbeitung mehrerer Frames* aktiviert ist, lassen sich selbst die undeutlichen Objekte der zusätzlich eingeblendeten Frames bearbeiten.

Geschwindigkeit und Anzahl der Durchgänge

Das zweite Symbol unten links im Fenster *Frame und Verlauf* werden Sie wohl häufiger verwenden. Damit legen Sie die Anzahl der Animationsdurchgänge für die spätere GIF-Datei fest.

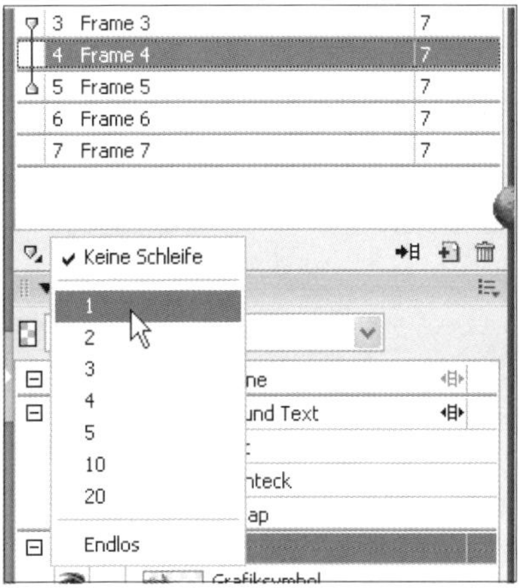

Abb. 6.38: Wiederholung angeben

Einmal oder *Endlos* werden hier wohl die meistverwendeten Einstellungen sein. Belassen Sie es im Beispiel bei *Endlos*.

Das Gokart soll an seiner Zielposition etwas länger stehen bleiben. Dazu müssen Sie die Anzeigedauer des letzten Frames ändern.

- Klicken Sie doppelt auf das Feld mit dem Zeitwert von *Frame 7*.
- Geben Sie als neuen Verzögerungswert `200` ein.
- Auch hier wird die Eingabe mit der [↵]-Taste abgeschlossen.

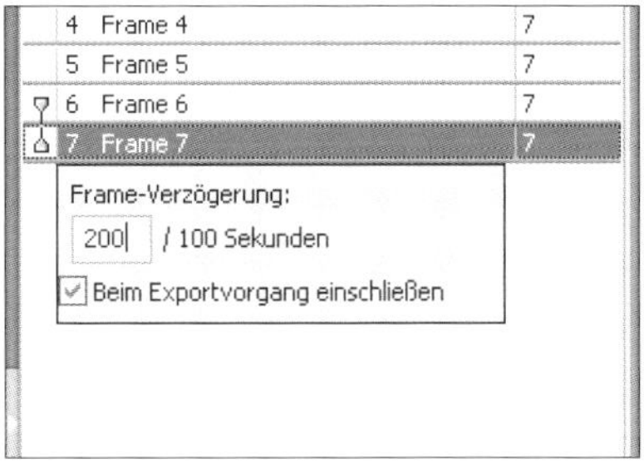

Abb. 6.39: Das macht eine Anzeigedauer von zwei Sekunden

6.3 Slogan einfügen

Nach dem Hereinbrausen des Gokarts soll der Werbeslogan langsam eingeblendet werden.

Frame duplizieren

Der Text soll in fünf Abstufungen immer deutlicher erscheinen. Sie benötigen also fünf weitere Einzelbilder. Auf jedem dieser Einzelbilder soll das Gokart zu sehen sein. Daher kopieren Sie den letzten Frame zunächst fünf Mal.

- Markieren Sie den *Frame 7*.
- Klicken Sie auf das Menüsymbol rechts oben im Fenster *Frame und Verlauf*.
- Wählen Sie den Eintrag *Frame duplizieren* aus.

HINWEIS

Über das Menü können Sie außerdem zum Beispiel Frames löschen oder leere Frames in die Animation einfügen.

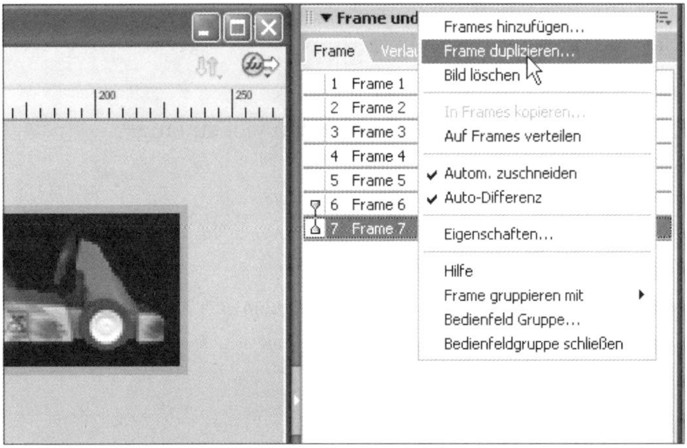

Abb. 6.40: Menü mit diversen Funktionen

- Geben Sie als *Anzahl* 5 ein und belassen Sie es bei der Auswahl *Nach aktuellem Frame*.

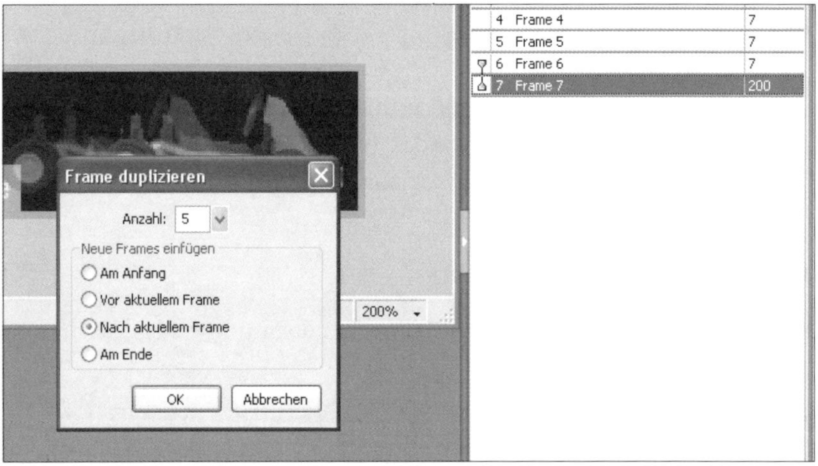

Abb. 6.41: Über *OK* werden die Frames eingefügt

Verzögerung festlegen

Die eingefügten Frames haben die Verzögerungszeit vom siebten Frame übernommen. Das ist für ein zügiges Einblenden viel zu lang. Markieren Sie die Frames 8 bis 11 auf folgende Weise:

- Klicken Sie den Eintrag für den *Frame 8* an. Wählen Sie dann bei gedrückter ⇧-Taste die Zeile für den *Frame 11* aus.
- Wieder genügt ein Doppelklick auf die Wiedergabezeit, um die Einträge zu bearbeiten.

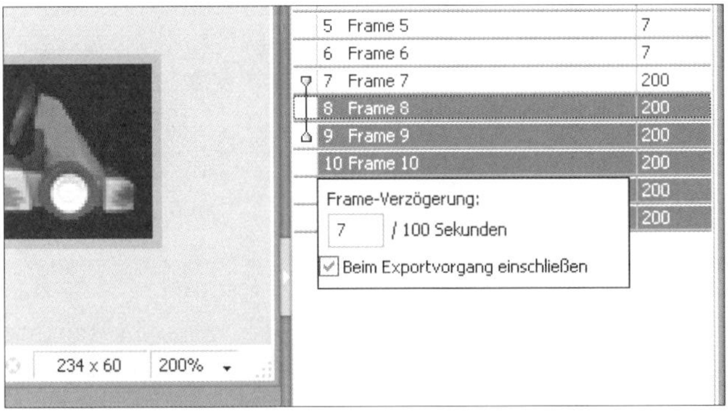

Abb. 6.42: Die Zeiten ändern sich

- Geben Sie als neue Verzögerungszeit *7/100* Sekunden an.

Platz da, hier kommt Text

Fügen Sie über das *Textwerkzeug* den Text *Spaß und Action* ein. Übernehmen Sie, soweit möglich, die Schriftart und die Schriftgröße, die Sie in der folgenden Abbildung ablesen können. Als Farbton empfehlen wir ein kräftiges Gelb.

Abb. 6.43: Ein viel versprechender Slogan

Nachdem Sie den Text eingefügt haben, werden Sie feststellen, dass das Gokart etwas zu groß ist und dem Text zu wenig Platz zur Entfaltung lässt. Was machen Sie nun, das Bild haben Sie doch auf alle zwölf Frames verteilt? Kein Problem! Das ist ja gerade der Vorteil eines Symbols. Sie müssen die Größe nicht in allen Frames anpassen, sondern nur in der Bibliothek ändern.

- Klicken Sie mit dem *Zeigerwerkzeug* doppelt auf das Gokart.
- Das Symbol wird in ein eigenes Bearbeitungsfenster geladen (siehe Abbildung 6.44).
- Rufen Sie den Menübefehl *Modifizieren / Leinwand / Bildgröße* auf.
- Wählen Sie als Maßeinheit für die Breite und die Höhe *Prozent* aus und geben Sie in das Eingabefeld für die Breite den Wert 70 ein (siehe Abbildung 6.45).

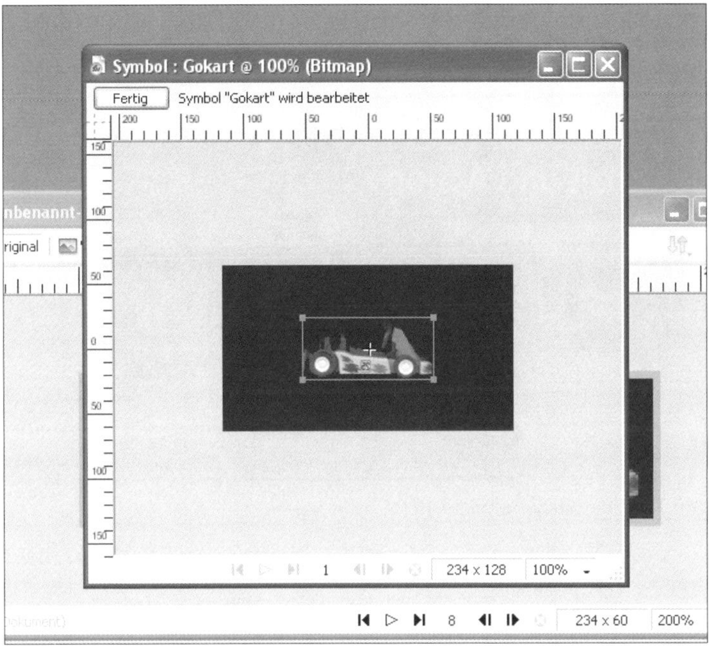

Abb. 6.44: Das ist ja praktisch!

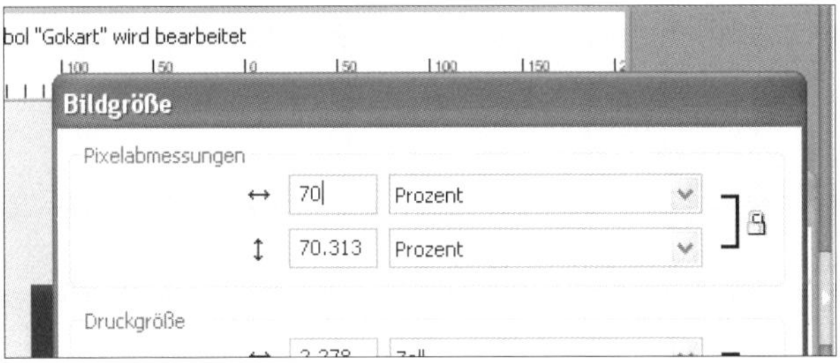

Abb. 6.45: Die Höhe wird automatisch angepasst

HINWEIS Sie werden bemerken, dass es sinnvoll ist, erst die Maßeinheit auszuwählen. Bei einer anderen Reihenfolge wird der bereits eingegebene Betrag in die neue Einheit umgerechnet. Sie müssten den Wert dann erneut eingeben.

- Schließen Sie das Bearbeitungsfenster mit dem Kreuz oben rechts.
- Das Gokart ist jetzt deutlich kleiner.

Abb. 6.46: Der Text hat wieder etwas Luft

Ziehen Sie den Text mit der Maus ruhig etwas mittiger.

Textobjekt animieren

Den Animationseffekt für den Text fügen Sie in Sekundenschnelle ein.

- Wählen Sie das Textobjekt mit dem *Zeigerwerkzeug* aus.
- Rufen Sie den Menübefehl *Modifizieren / Animation / Auswahl animieren* auf.
- Geben Sie bei *Bilder* eine 5 ein.
- Das Dialogfenster bietet ein Reihe interessanter Animationsmöglichkeiten. Sie konzentrieren sich aber auf die *Opazität*, also die Deckkraft des Textes. Starten Sie dort mit dem Wert *0* (nicht sichtbar) und belassen Sie es daneben beim Wert *100* (voll sichtbar). Die übrigen Einstellungen entnehmen Sie der folgenden Abbildung.

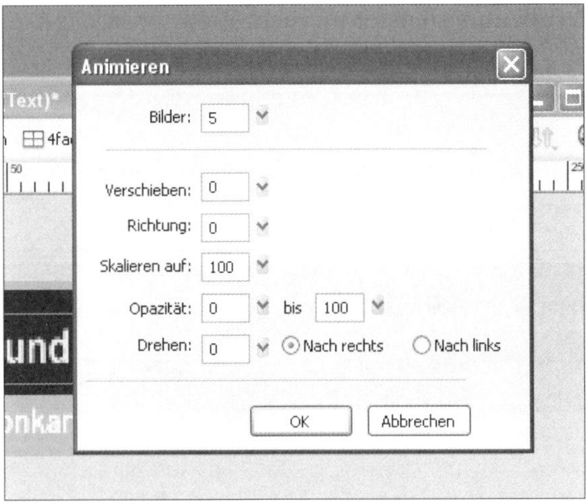

Abb. 6.47: *Opazität* in 5 Schritten ändern

Ein Klick auf *OK* und Sie sind fertig: Fireworks wandelt den Text automatisch in ein Symbol um und verteilt die Instanzen auf die folgenden Frames. Wenn Sie im Fenster *Frame und Verlauf* eines der Einzelbilder anklicken, können Sie das sehr gut erkennen.

Abb. 6.48: Beim Frame 10 ist der Text stark abgeschwächt

Der Werbefilm ist abgedreht. Schauen Sie sich die ganze Sequenz noch einmal in der Animationsvorschau an. Bekommen Sie so langsam Lust aufs Gokartfahren?

6.4 Animation exportieren

Es bleiben noch zwei Dinge zu tun:

- Zum einen sollten Sie die Animation so sichern, dass Sie sie nachträglich problemlos ändern können.
- Zum anderen müssen Sie sie noch in das GIF-Format exportieren, da sie ja auf einer Webseite zum Einsatz kommen soll.

Zum Sichern rufen Sie den Menübefehl *Datei / Speichern unter* auf. Wechseln Sie in den Zielordner und geben Sie der Datei einen aussagekräftigen Namen.

Für das Speichern im GIF-Format ziehen Sie den *Export-Assistenten* zu Rate. Sie starten ihn über *Datei / Export-Assistent*. In drei Schritten werden Sie zum Ziel geführt.

- Bestätigen Sie den ersten Schritt mit *Weiter*, um sofort auf das Exportformat loszugehen.

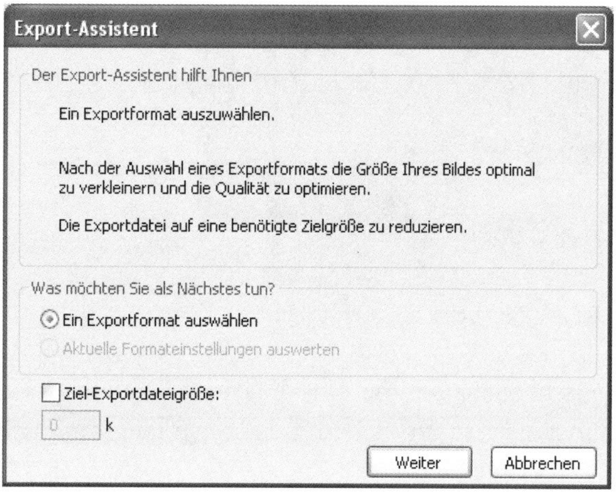

Abb. 6.49: Eins

▶ Auch beim zweiten Schritt ist die Entscheidung einfach – Sie möchten ein *Animiertes GIF* erstellen.

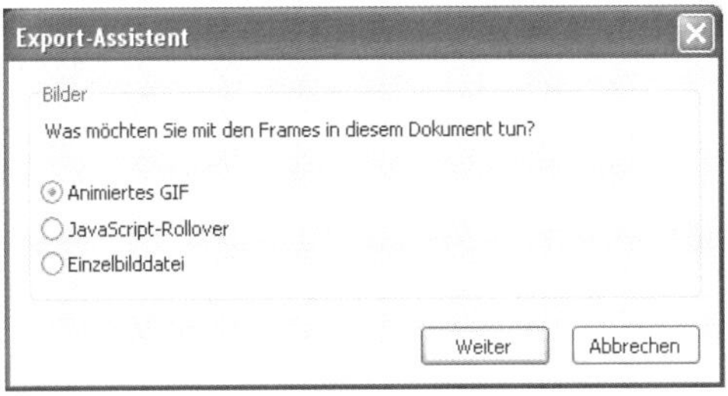

Abb. 6.50: Zwei

▶ Das dritte Dialogfenster ist dagegen erheblich komplexer. Im Kapitel »Bilder exportieren« werden Sie sich dieses Fenster genauer ansehen.

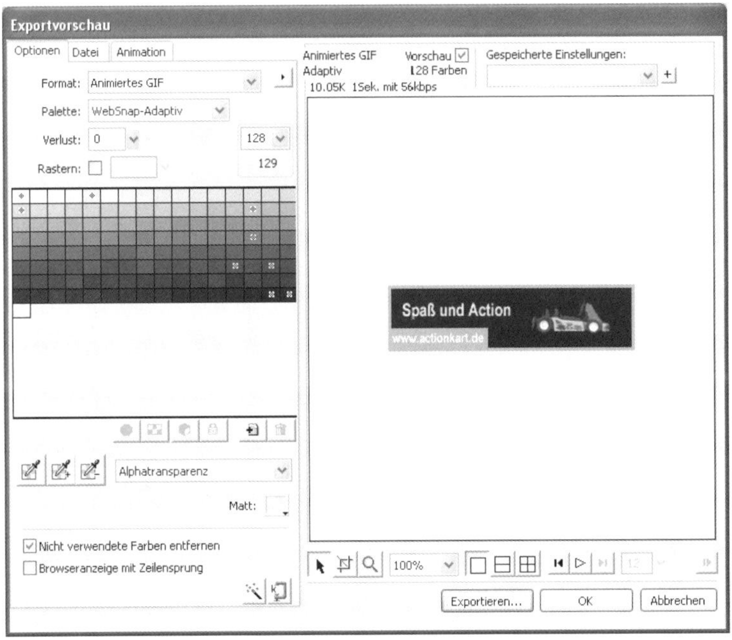

Abb. 6.51: Drei

Im Register *Optionen* optimieren Sie die GIF-Datei für das Web. Außerdem finden Sie rechts unter der Bildvorschau die Schaltflächen, mit denen sich die Animation vor dem Speichern noch einmal abspielen lässt. Das macht Sinn, weil beim Optimieren je nach Einstellung auch die Qualität der Bilder leidet.

Im Register *Animation* erhalten Sie noch einmal einen Überblick über alle Frames der GIF-Datei. Hier können Sie die Zeiten der Einzelbilder anpassen und die Anzahl der Durchgänge für die gesamte Animation ändern.

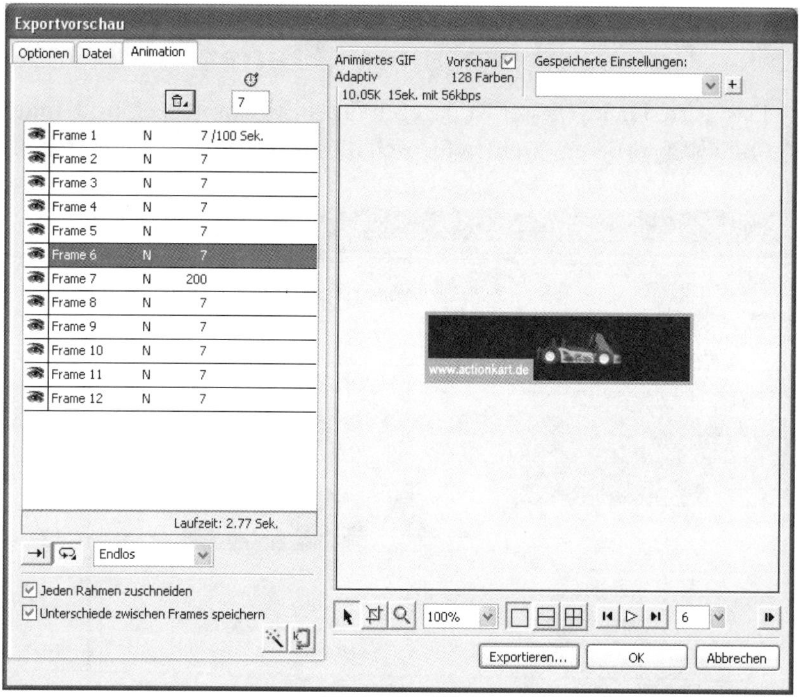

Abb. 6.52: Der letzte Feinschliff

Über die Schaltfläche *Exportieren* speichern Sie die Animation schließlich im GIF-Format. Wählen Sie einen Ordner im Dateisystem aus und geben Sie bei *Dateiname* einen aussagekräftigen Namen ein.

Mit *Speichern* haben Sie es geschafft: Das Werbebanner kann seinen Dienst antreten und Sie fahren vielleicht wirklich (wieder) einmal ein paar Runden Gokart. Wenn Sie aber nur Spaß und Action suchen, können Sie auch einfach weiterlesen ;-).

HINWEIS

Die fertige Animation finden Sie ebenfalls auf unserer Website *www.buchteam.de*. Sie wissen schon, auf der Seite zum Fireworks-Buch.

6.5 Zusammenfassung, Fragen und Übungen

Zusammenfassung

- Fireworks-Grafiken sind in Ebenen aufgebaut. Über die Ebenen werden die Grafikobjekte organisiert. Ebenen erlauben ein flexibles Ein- und Ausblenden einzelner Bildteile.
- Die Einzelbilder einer Fireworks-Grafik werden Frames genannt. Mehrere Frames in einer Grafik ergeben eine Animation.
- Für jeden Frame legen Sie die Dauer der Anzeige fest. Außerdem können Sie Frames duplizieren, löschen und neue leere Frames hinzufügen.
- Ebenen können über Frames freigegeben werden. Ihr Inhalt ist dann auf jedem Einzelbild zu sehen.
- Fireworks stellt dem Benutzer leistungsfähige Funktionen zur Verfügung, um Bildobjekte zu animieren. Dazu müssen die Bildobjekte in Symbole umgewandelt werden. In der Grafik werden Kopien der Symbole (so genannte Instanzen) verwendet.

Zusammenfassung

- Mit der Tweening-Funktion erstellen Sie Zwischenschritte zwischen zwei Instanzen eines Symbols.
- Mit dem *Zauberstab* und der Auswahlumkehr stellen Sie Bildteile vom Hintergrund frei.
- Mit der Funktion *Auswahl animieren* lassen sich Objekte bezüglich Position und Deckkraft animieren und auf einzelne Frames verteilen.
- Über den *Export-Assistenten* speichern Sie eine Fireworks-Animation im GIF-Format ab.

Fragen und Übungen

1. Mit welchem Werkzeug wählen Sie ein Objekt aus, das von einem anderen Objekt vollständig verdeckt wird?
2. Wie geben Sie eine Bildebene über sämtliche Frames einer Grafik frei?
3. Wie ändern Sie die Einblendzeit eines Frames?
4. Wie machen Sie bei der Bearbeitung eines Frames die Anordnung der Objekte der angrenzenden Frames sichtbar?

G
A
L
10
9
8
7

Navigationsleiste

6
5
4
3
2
1

»

7 Navigationsleiste

Navigationsleisten ermöglichen dem Surfer einen schnellen Zugriff auf die wichtigsten Webseiten eines Angebots. Im Grunde handelt es sich bei einer Navigationsleiste nur um eine Aneinanderreihung von Links, die im einfachsten Fall mit einer simplen Textzeile erstellt werden kann. Ansprechender ist jedoch eine grafisch gestaltete Navigationsleiste, insbesondere dann, wenn Ihre Website layoutmäßig aufwändig gestaltet ist.

Abb. 7.1: Die fertige Navigationsleiste

7.1 Navigationsleiste erstellen

Sie werden gleich sehen: Mit Fireworks wird das Erstellen einer Navigationsleiste zum Kinderspiel! Sie können sogar ohne die geringsten JavaScript-Kenntnisse JavaScript-Schaltflächen erstellen. Dabei führt Sie der Fireworks-Schaltflächen-Editor durch die Erstellung von Schaltflächen und erledigt viele Aufgaben automatisch für Sie.

Leinwand anlegen

Beginnen Sie zunächst mit einem neuen Dokument, das Sie wie gewohnt über *Datei / Neu* erstellen. Legen Sie dabei die Leinwandgröße auf *500* Pixel breit und *150* Pixel hoch fest. Geben Sie Ihr *OK*.

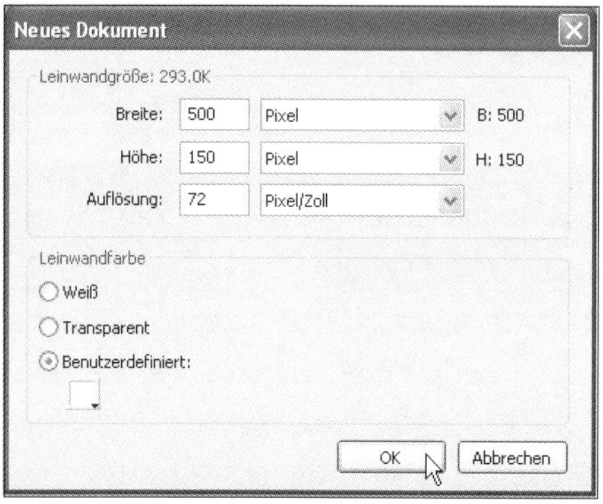

Abb. 7.2: Neues Dokument für die Navigationsleiste definieren

Rechtecke und Füllungen

Anschließend ziehen Sie mit dem *Rechteckwerkzeug* ein Rechteck auf. Über den Eigenschafteninspektor legen Sie die Maße exakt auf *481* Pixel Breite und *83* Pixel Höhe fest. Die weiteren Einstellungen entnehmen Sie der nachfolgenden Abbildung.

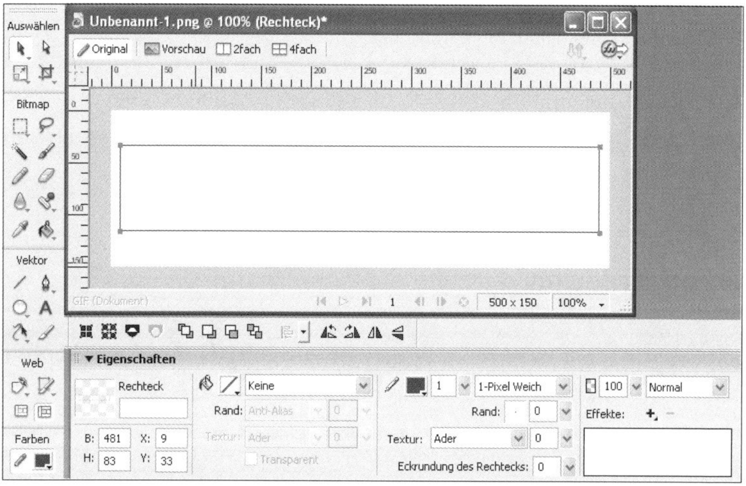

Abb. 7.3: Das Rechteck für die Navigationsleiste aufziehen

Das Rechteck wird nun mit einem Muster gefüllt. Dazu klicken Sie im Bedienfeld *Eigenschaften* auf das Listenfeld *Füllkategorien* und wählen die Kategorie *Muster*.

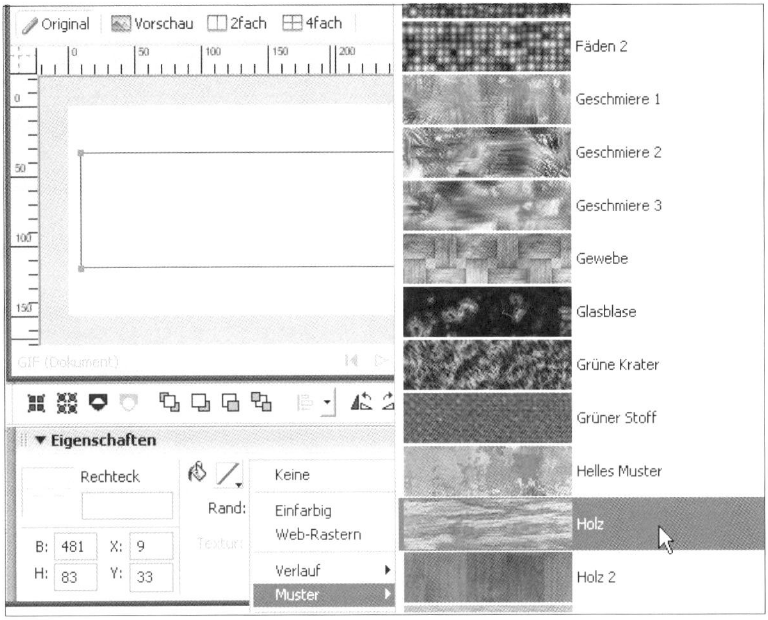

Abb. 7.4: Die unterschiedlichen Füllkategorien

Wählen Sie aus dem Popup-Menü den Musternamen *Holz* und schon verwandelt sich das Rechteck in edles Dekor (siehe Abbildung 7.5).

HINWEIS

Noch mehr Muster sehen Sie, wenn Sie auf den schwarzen Pfeil am unteren Ende des Popup-Menüs klicken.

Sofern das Rechteck mit einem Umriss versehen ist, sollten Sie diesen über das *Werkzeug*-Bedienfeld entfernen (siehe Abbildung 7.6). Achten Sie darauf, dass das Symbol für Umrisse markiert ist, damit nicht irrtümlich die Füllung gelöscht wird!

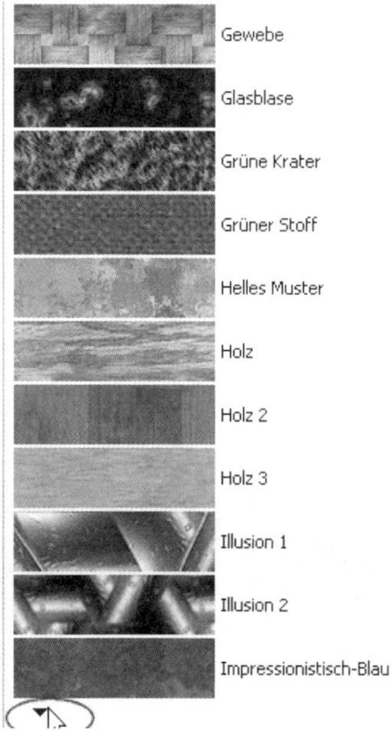

Abb. 7.5: Mit dem Pfeil scrollen Sie durch die verschiedenen Muster

Abb. 7.6: So wird die Füllung bzw. der Umriss entfernt

Schlagschatten

Um das Holzbrett plastischer zu gestalten, versehen Sie es mit einem Schlagschatten. Dazu klicken Sie im Bedienfeld *Eigenschaften* auf das Pluszeichen neben *Effekte* und wählen den Menübefehl *Schatten und Glühen / Schlagschatten*.

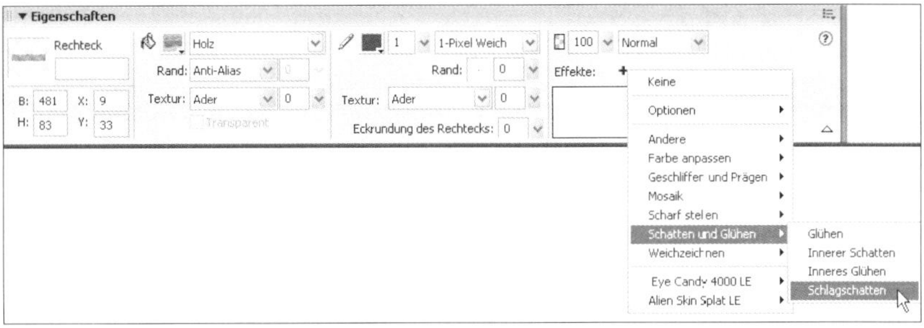

Abb. 7.7: Schlagschatten hinzufügen

Um den Abstand des Schattens zum Objekt anzupassen, legen Sie den *Abstand* in dem sich öffnenden Dialogfenster *Schlagschatten* auf *12* fest. Die Veränderung wird sofort am Objekt sichtbar.

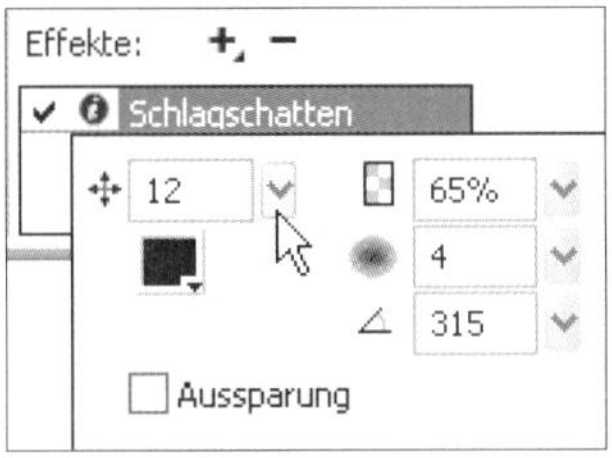

Abb. 7.8: Hier erfolgt das Feintuning für den Schlagschatten

Wollen Sie einen Effekt entfernen, markieren Sie ihn und löschen ihn anschließend über die Schaltfläche mit dem Minuszeichen.

Wenn Sie auf einen Effekt doppelklicken, gelangen Sie wieder zu dessen Einstellungen.

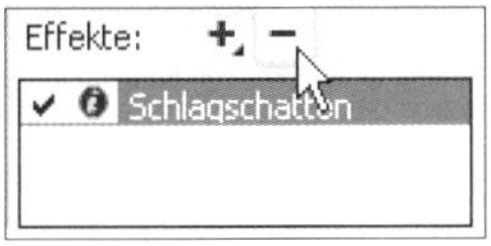

Abb. 7.9: Effekt entfernen

Ellipsenwerkzeug

Damit wäre das Holzbrett als Grundlage für die Navigationselemente fertig. Sie werden sich nun der »Zubereitung« der Spiegeleier widmen. Hierzu benötigen Sie das *Ellipsenwerkzeug* aus dem *Werkzeug*-Bedienfeld. Klicken Sie es an und ziehen Sie mit gedrückter Maustaste eine Ellipse auf. Zum pixelgenauen Arbeiten tragen Sie im Eigenschafteninspektor die Werte wie aus der nachstehenden Abbildung ersichtlich für die Breite (*B*) und Höhe (*H*) ein. Die Werte in den Eingabefeldern *X* und *Y* lassen Sie unverändert. Diese sagen etwas über die Position der Auswahl aus und spielen für das Beispiel keine Rolle.

Abb. 7.10: Dem Spiegelei die richtige Größe zuweisen

Damit das Spiegelei seine weiße Farbe erhält, muss im *Eigenschaften*-Bedienfeld die richtige Auswahl getroffen werden, indem Sie dort als Füllkategorie *Einfarbig* festlegen und *Weiß* als Füllfarbe wählen (siehe Abbildung 7.11).

Um die Erhabenheit des Eiweißes zu betonen, wird es abschließend analog zum Schlagschatten mit dem Effekt *Innerer Schatten* versehen. Soweit erforderlich, übernehmen Sie die nachfolgenden Werte (siehe Abbildung 7.12).

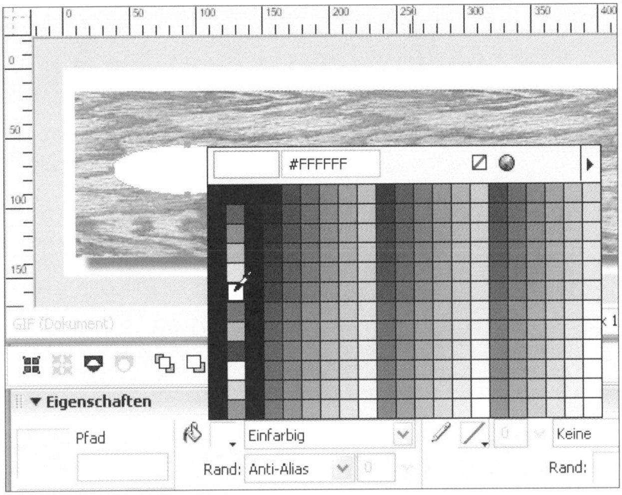

Abb. 7.11: Die weiße Farbe für das Spiegelei

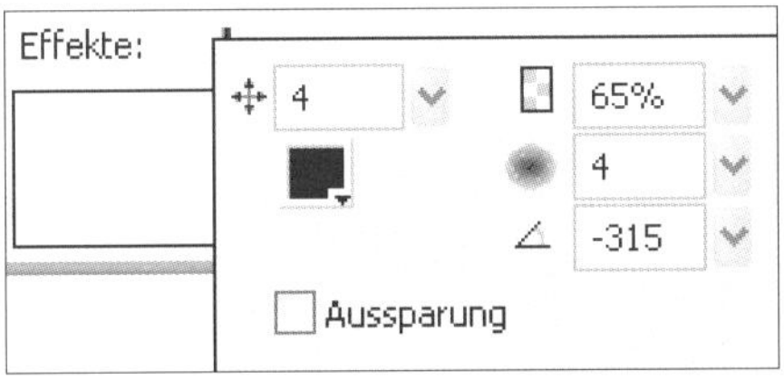

Abb. 7.12: Dem Eiweiß Plastizität geben

Schließen Sie nun zur Entspannung für fünf Minuten die Augen und stellen Sie sich ein Spiegelei auf Ihrem Frühstücksteller vor. Merken Sie, was fehlt? Der Eidotter!

Mit dem *Ellipsenwerkzeug* ziehen Sie eine Ellipse mit den Gardemaßen *32* breit und *23* hoch auf. Anschließend füllen Sie sie, indem Sie im *Eigenschaften*-Bedienfeld die Füllkategorie *Einfarbig* wählen und den Hexadezimalwert *#FFCC33* eintragen.

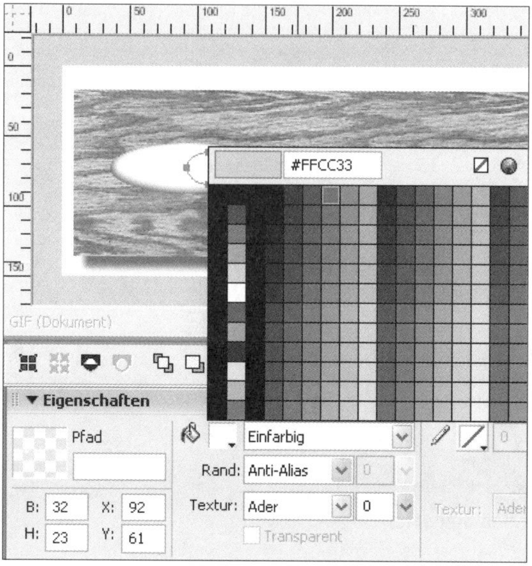

Abb. 7.13: Damit der Dotter dottergelb wird

HINWEIS

Standardmäßig sind bei Fireworks Hexadezimal-RGB-Farben voreingestellt. Sie sind für Webgrafiken sehr gut geeignet. Das *RGB-Farbschema* basiert auf der Mischung der drei Farbanteile *Rot, Grün* und *Blau*. Für jeden dieser Farbtöne gibt es 256 Nuancen (Werte von *0* bis *255*). Durch die Kombination der Farbabstufungen lassen sich 16,7 Millionen Farbwerte darstellen. Schwarz erhält man, wenn alle Farbanteile auf *0* stehen. Die Volltöne (maximaler Wert bei allen Anteilen = *255*) ergeben zusammen Weiß. Farbtöne in Webgrafiken und auf Webseiten werden nach diesem Schema angegeben. Auf den Webseiten ist man jedoch an eine bestimmte Schreibweise gebunden: Die Farbanteile werden dort nicht dezimal, sondern hexadezimal eingegeben. Die höchste Ziffer ist nicht 9, sondern F (Ziffernfolge: 1, 2, 3 ... 9, A, B ... F). Der Wert *0* wird beim Farbanteil mit *00* angegeben, der Wert *255* mit *FF*. Den Werten für die Farbanteile wird in der HTML-

HINWEIS

Schreibweise das Zeichen # vorangestellt. Beispiele: *#0355AB*, *#33CCFF*. Neben RGB stellt Ihnen das Bedienfeld *Farbmischer* über seine Optionen noch die Farbmodelle *Hexadezimal*, *CMYK*, *HSB* und *Grauskala* zur Verfügung.

Farbverläufe und innerer Schatten

Da der Eidotter nur bei verdorbenen Eiern ganz flach ist, werden Sie ihm nun ebenfalls eine Dreidimensionalität zuweisen. Öffnen Sie erneut das Listenfeld *Füllkategorien* und statt *Einfarbig* wählen Sie *Verlauf / Radial*. Bewahren Sie die Ruhe, wenn der Eidotter nun äußerst verdorben aussieht. Über den *Verlaufsfarbbalken* kriegen Sie das wieder hin. Er wird mit einem Klick auf die Schaltfläche *Füllung* eingeblendet. Sie sehen, dass die Farbe von Schwarz zum Eidottergelb verläuft. Klicken Sie links unterhalb des *Verlaufsfarbbalkens* auf das schwarze Quadrat. In der sich öffnenden Farbpalette wählen Sie *Weiß*, und schon macht der Eidotter wieder etwas mehr Appetit!

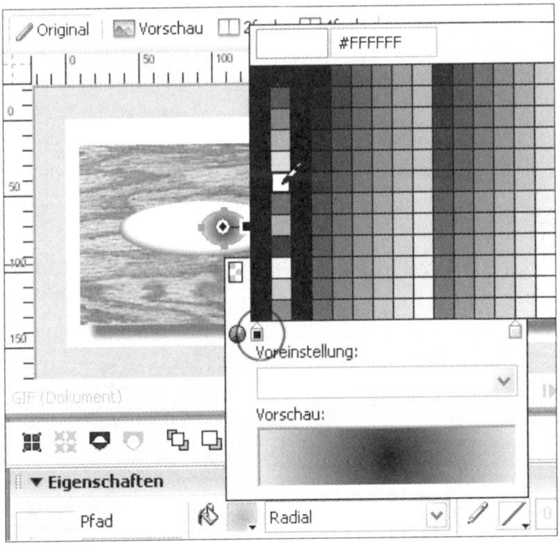

Abb. 7.14: Den Farbverlauf definieren

In dem markierten Eidotter sind nun zwei Anfasser erkennbar. Verschieben Sie den linken Anfasser ein wenig nach rechts. Der Eidotter wirkt so durch die Verlagerung des weißen Lichtreflexes noch realistischer.

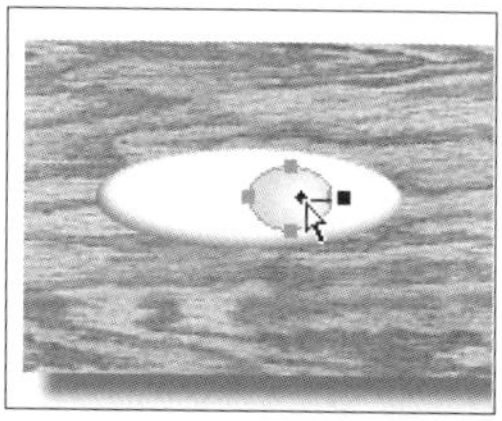

Abb. 7.15: Den »künstlichen« Lichtreflex mit den Anfassern verschieben

Zum Abschluss wird dem Eidotter noch der Effekt *Innerer Schatten* zugewiesen und gegebenenfalls die Umrisse entfernt. Fertig ist das Spiegelei! Wenn Sie sich jetzt zur Entspannung mal ein Ei in die Pfanne hauen wollen, tun Sie es. Denken Sie aber an Ihren Cholesterinspiegel! Der lässt sich nicht so elegant über einen Schieberegler nach unten fahren.

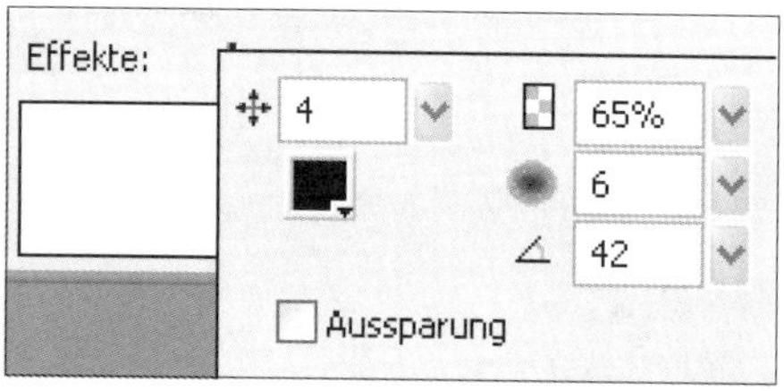

Abb. 7.16: Damit der Dotter noch runder wird

Textwerkzeug

Nun geht es an die Beschriftung. Klicken Sie mit dem *Textwerkzeug* oberhalb des Spiegeleis. Über das Listenfeld *Schrift* im *Eigenschaften*-Bedienfeld wählen Sie die gewünschte Schriftart, über das Listenfeld *Größe* die gewünschte Schriftgröße aus. Rechts vom Listenfeld *Größe* können

Sie per Mausklick die Schriftfarbe *Weiß* und das Schriftattribut *Fett* (*F*) festlegen.

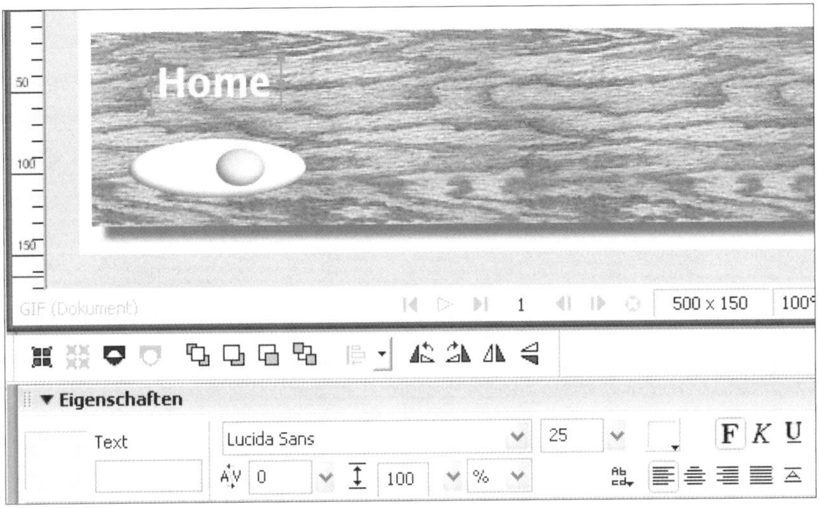

Abb. 7.17: Die Optionen für die Beschriftung

Nach diesen Festlegungen beginnen Sie mit der Texteingabe.

Als Nächstes werden Sie den Text um einen Pfad herumlegen. Das ist eine tolle Möglichkeit, Text in Kurven auszurichten.

Text in Kurven ausrichten

In unserem Beispiel schmiegt sich der Text an eine Ellipse. Erstellen Sie also eine ungefüllte Ellipse mit dem *Ellipsenwerkzeug* und legen Sie die Ellipse wie in der nachstehenden Abbildung mit den Maßen *120* Pixel breit und *50* Pixel hoch über das Spiegelei.

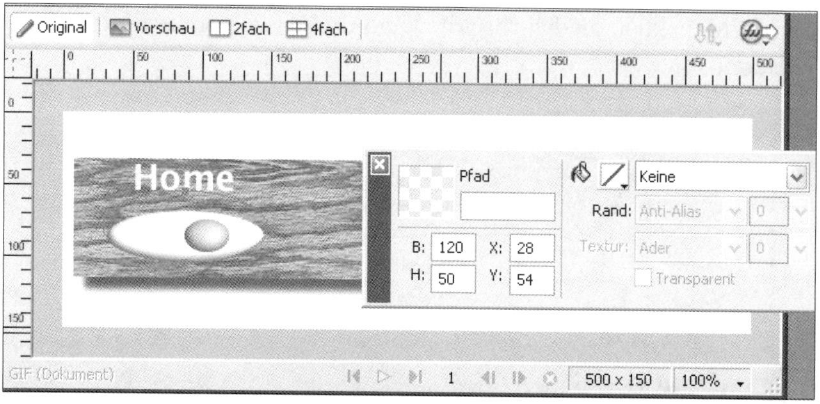

Abb. 7.18: Die Ellipse zur Textausrichtung

Halten Sie die [⇧]-Taste gedrückt und markieren Sie den Text und die Ellipse mit der Maus. Wählen Sie *Text / An Pfad anfügen*. Bleiben Sie cool, wenn der Text nach links kippt: Im *Eigenschaften*-Bedienfeld können Sie den Text nach rechts schieben, indem Sie in das Eingabefeld *Absatzeinzug* einen entsprechenden Wert eintragen und so die Position des Pfadtextes festlegen. Zum Abschluss weisen Sie dem Text noch einen Schlagschatten zu.

HINWEIS

Über *Text / Richtung* können Sie festlegen, wie der Text an den Pfad gelegt wird.

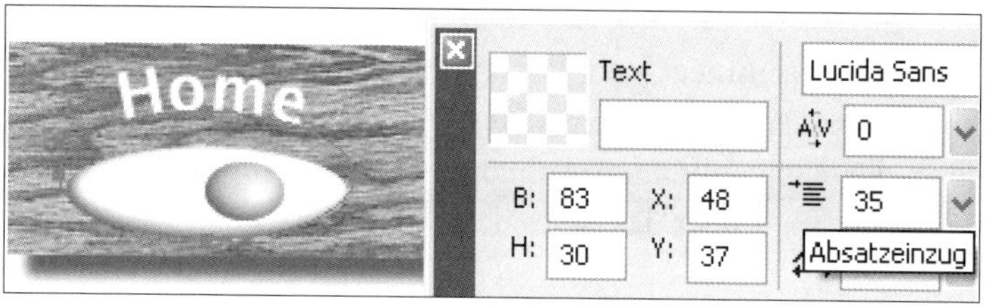

Abb. 7.19: Gleich rutscht der Text nach rechts

Das nun fertig gestellte Element benötigen Sie insgesamt drei Mal. Keine Angst, Sie können es ganz einfach duplizieren: Markieren Sie den Text, das Eiweiß und den Eidotter. Halten Sie die Alt-Taste gedrückt und schieben Sie die Kopien jeweils nach rechts. Wenn Sie zusätzlich die ⇧-Taste drücken, bleiben die Kopien auf gleicher Linie.

Abb. 7.20: So sollte es nach dem Duplizieren aussehen

Natürlich sollen die Elemente unterschiedlich beschriftet werden. Es genügt ein Doppelklick in die Schrift, um den bereits bekannten Texteditor zu starten. Ändern Sie den Text entsprechend. Je nach Länge des Textes kann es sein, dass Sie diesen mehr oder weniger am Pfad verschieben müssen, indem Sie im Eigenschafteninspektor den *Absatzeinzug* entsprechend verändern. Niedrigere Werte schieben den Text nach links, höhere Werte nach rechts.

Abb. 7.21: Die fast fertige Navigationsleiste

Hotspot

Bei einem so genannten *Hotspot* handelt es sich um einen bestimmten, abgegrenzten Bereich einer Grafik (auch *Imagemap*), dem ein Hyperlink zugewiesen wird. Es ist auch möglich, ausgewählten Bereichen einer Grafik unterschiedliche Hyperlinks zuzuweisen. Im Folgenden sehen Sie, wie das Spiegelei *Home* mit einem Hyperlink versehen wird.

Gruppieren und markieren Sie zunächst das linke Spiegelei. Danach wählen Sie das *Hotspot-Polygon-Werkzeug*, das Sie im Bereich *Web* auf dem *Werkzeug*-Bedienfeld finden.

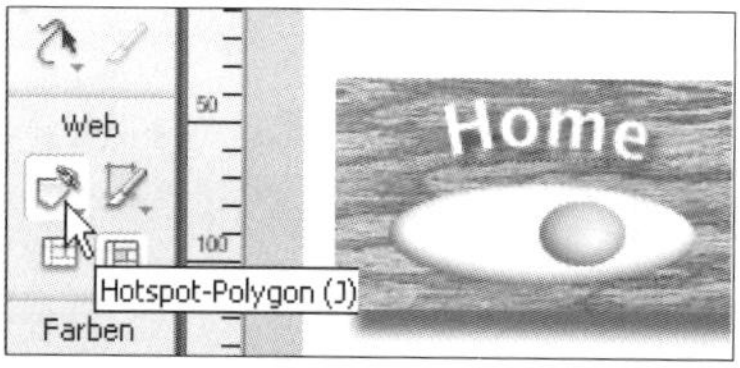

Abb. 7.22: Dem Spiegelei einen Hotspot verpassen

Klicken Sie mit der Maus auf die Umrisse des Spiegeleis. Dabei wird mit jedem Mausklick ein Eckpunkt gebildet. Die Eckpunkte können Sie bei Bedarf später noch mit der Maus verschieben.

Wenn Sie mit der Form des Hotspots zufrieden sind, wird über das *Eigenschaften*-Bedienfeld die gewünschte Verknüpfung definiert, in unserem Fall könnte das die eigene Homepage sein, z.B. *http://www.oekofarm-meier.de*. In das Feld *Alt* tragen Sie den alternativen Text *Zur Ökofarm Meier* ein, der im Browser für den Hotspot angezeigt werden soll.

HINWEIS

Geben Sie immer einen Alternativtext ein. Es gibt Surfer, die, um Kosten zu sparen, mit ausgeschalteter Grafikanzeige im Internet unterwegs sind. Ohne den alternativen Text sehen diese »Kunden« nur ein rotes Kreuz. Wenn Sie den Text angeben, kann der Besucher entscheiden, ob er für diese Seite die Grafikanzeige aktivieren möchte. Außerdem kann der Alternativtext auch dazu genutzt werden, um einen erläuternden Text zum Bild hinzuzufügen. Wenn man mit der Maus auf die Grafik zeigt, wird diese Information für eine kurze Zeitspanne eingeblendet.

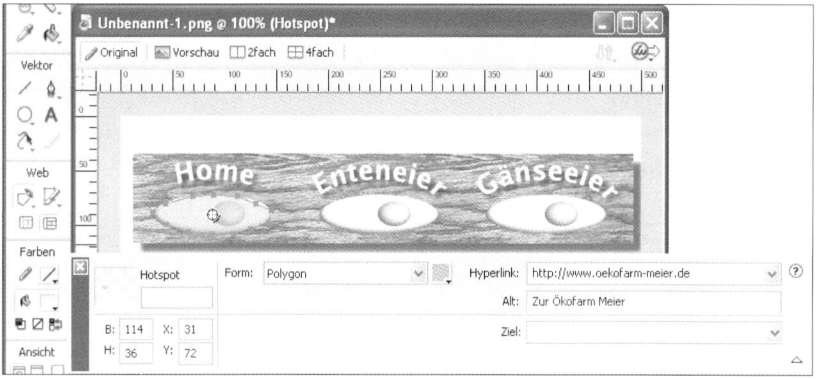

Abb. 7.23: Das Spiegelei wird zum Hotspot

Wenn Sie die Eingaben abgeschlossen haben, können Sie sich das Ergebnis über die F12-Taste im Browser anschauen.

Abb. 7.24: Der Hotspot mit Alternativtext im Browserfenster

Schaltfläche

Im Gegensatz zum Hotspot können für eine Schaltfläche verschiedene Zustände definiert werden, die augenfällig sind, wenn der Mauszeiger über eine Schaltfläche fährt bzw. diese gedrückt wird.

Legen Sie ein neues Dokument mit der Größe *80* Pixel hoch und *300* Pixel breit an. Öffnen Sie gegebenenfalls Ihr Dokument mit der bereits erstellten Navigationsleiste. Ziehen Sie von dort mit gedrückter Maustaste einen Eidotter in das neue Dokumentfenster. Wie Sie sehen, wird eine Kopie erstellt.

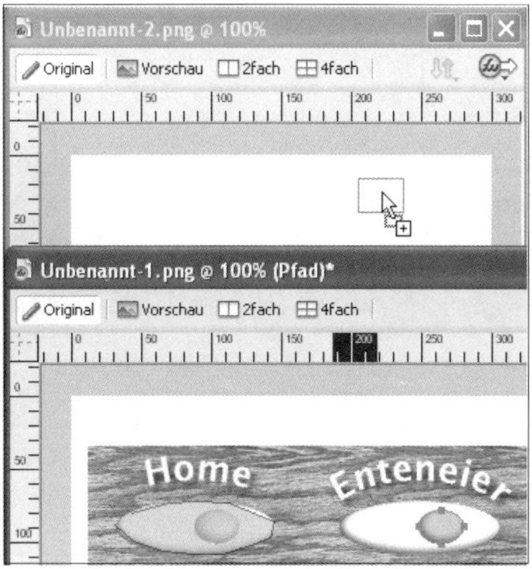

Abb. 7.25: Den Eidotter in ein anderes Dokumentfenster ziehen

Markieren Sie den neuen Eidotter und weisen Sie ihm den Effekt *Innen geschliffen* mit einer Breite von *1* Pixel zu (siehe Abbildung 7.26).

Danach erstellen Sie mit Hilfe der [Alt]-Taste drei Kopien (siehe Abbildung 7.27).

Klicken Sie nun die erste Kopie an. Da im Folgenden der Effekt *Innen geschliffen* weiter bearbeitet werden muss, führen Sie im *Eigenschaften*-Bedienfeld einen Doppelklick darauf aus und öffnen das Listenfeld *Schaltflächenvoreinstellung*. Wählen Sie die Einstellung *Hervorgehoben*. Danach markieren Sie die zweite Kopie und wählen die Einstellung *Eingelassen*. Der dritten Kopie wird das Attribut *Umgekehrt* zugewiesen (siehe Abbildung 7.28).

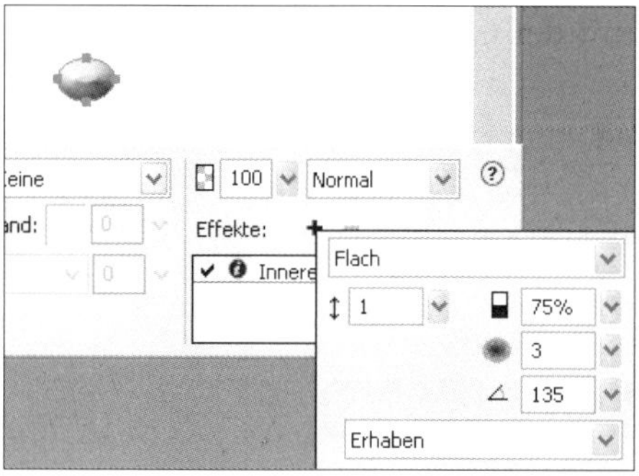

Abb. 7.26: Vorbereitende Arbeiten für die Schaltfläche

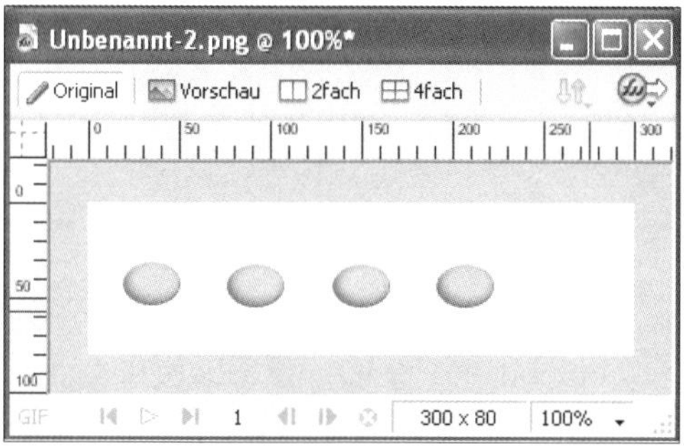

Abb. 7.27: Original und Fälschung

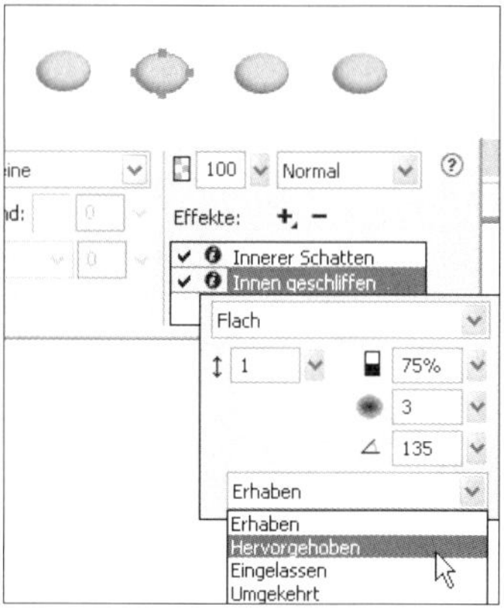

Abb. 7.28: Schaltflächenvoreinstellungen festlegen

Damit die einzelnen Elemente später als Schaltfläche genutzt werden können, müssen sie in Symbole konvertiert werden. Hierzu markieren Sie nacheinander jeden Eidotter und wählen jeweils den Menübefehl *Modifizieren / Symbol / In Symbol konvertieren*. Geben Sie jedem Symbol im Dialogfenster *Symboleigenschaften* einen Namen und achten Sie darauf, dass als *Typ* die Option *Grafik* aktiviert ist.

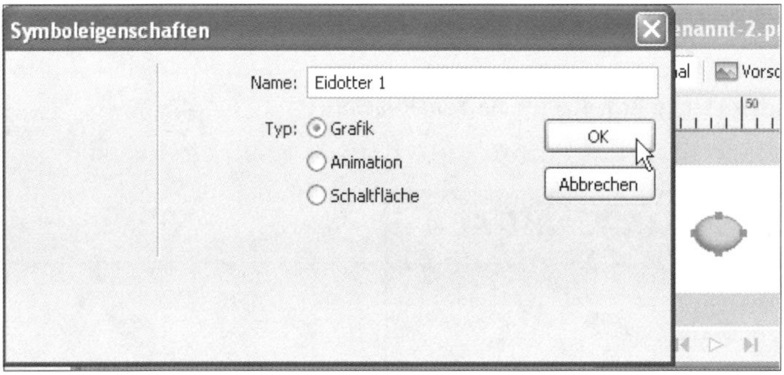

Abb. 7.29: Das Symbol benennen

Wenn Sie das Fenster *Bibliothek* einblenden, werden Sie sehen, dass dort nach jedem *OK* ein Element erscheint.

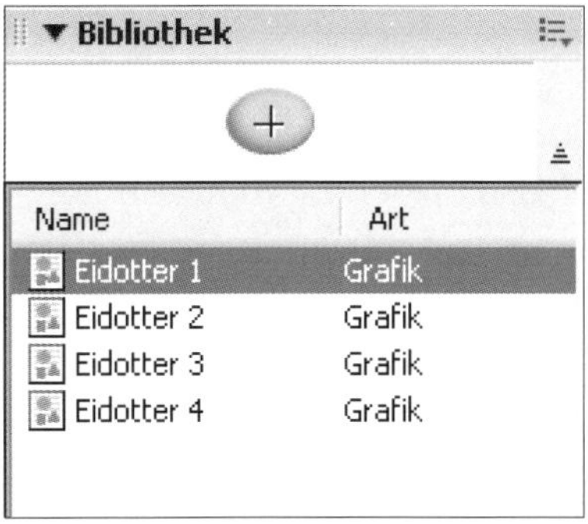

Abb. 7.30: Die Eidotter werden in der Bibliothek erfasst

Die vier Eidotter im Dokumentfenster können jetzt gelöscht werden. Schließen Sie aber bloß nicht gedankenlos das Dokumentfenster, ohne zu speichern! Dann ist die Bibliothek wieder leer und Sie beginnen noch einmal bei Null!

Nachdem alle vorbereitenden Arbeiten abgeschlossen sind, müssen die vier Eidotter noch so zusammengebaut werden, dass sie später als Schaltfläche funktionieren können. Eine hervorragende Unterstützung hierfür finden Sie im so genannten *Schaltflächen-Editor* von Fireworks. Er wird über die Funktion *Bearbeiten / Einfügen / Neue Schaltfläche* gestartet.

Ziehen Sie die erste Grafik, in unserem Beispiel *Eidotter 1*, aus der Bibliothek heraus und schieben Sie sie auf den Schaltflächen-Editor, und zwar in das nach dem Start des Editors automatisch geöffnete Register *Up*. Hiermit wird der Normalzustand der Schaltfläche beschrieben.

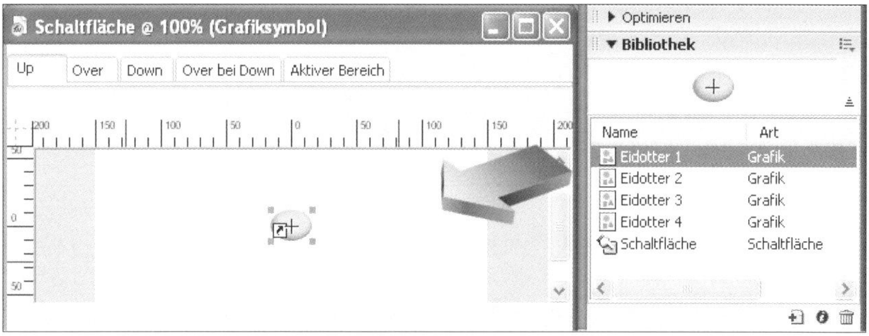

Abb. 7.31: Der Bibliothek ein Symbol entnehmen

Anschließend klicken Sie das nächste Register *Over* an. In diesem Register wird der Zustand definiert, der eintritt, wenn sich der Mauszeiger über der Schaltfläche befindet.

Ziehen Sie die entsprechende Grafik aus der Bibliothek auf dieses Register. Durch das Kreuz im Editor und das Kreuz auf der Grafik ist die Positionierung punktgenau möglich.

Abb. 7.32: Die Kreuze dienen als Orientierungshilfen

Die restlichen Grafiken ziehen Sie analog auf die Register *Down* (ein Bild der Schaltfläche in »gedrücktem« Zustand erscheint) und *Over bei Down* (das Erscheinungsbild der Schaltfläche verändert sich auch im *Down*-Status, wenn sich der Mauszeiger über ihr befindet).

Danach können Sie den Schaltflächen-Editor über *Fertig* schließen. Die Schaltfläche erscheint automatisch im Dokumentfenster. Sie sehen das so genannte *Segment*, das auf die Größe der Schaltfläche angelegt ist. Segmente werden von Fireworks automatisch erzeugt. Teile des so zerschnittenen Bildes können Verknüpfungsadressen für Links zugewiesen werden. Der aktive Bereich wird grün hervorgehoben.

Ziehen Sie die fertige Schaltfläche auf die richtige Position und ersetzen Sie so den bisherigen Eidotter.

Abb. 7.33: Die Schaltfläche an ihrem endgültigen Platz

Wenn Sie damit fertig sind, sollten Sie sich das Ergebnis wieder mit Hilfe der F12-Taste im Browser anschauen.

Abb. 7.34: Klickeier

Wie Sie sehen, können Sie die Schaltfläche im Browser zwar testen, aber eine Verknüpfung zu einer anderen Webseite ist noch nicht gegeben. Den erforderlichen Hyperlink tragen Sie mit Hilfe des *Eigenschaften*-Bedienfelds ein. Tragen Sie auch bei Schaltflächen einen Alternativtext ein.

Abb. 7.35: Hyperlink festlegen

Im Register *Ziel* können Sie bestimmen, was mit dem verknüpften Dokument geschehen soll:

Es bedeutet

- *_blank*, dass ein zusätzliches Browserfenster mit der zu ladenden Seite geöffnet wird.
- *_self*, dass die Seite in den aktuellen Frame geladen wird.
- *_parent*, dass die Seite bei verschachtelten Framesets im übergeordneten Frameset desselben Browserfensters angezeigt wird. Existiert zum aktuellen Frameset kein übergeordnetes, dann lädt der Browser die Seite in das ganze Browserfenster.
- *_top*, dass das gleiche Browserfenster benutzt wird und die Seite dieses immer komplett ausfüllen darf.

Haben Sie alles eingegeben, schauen Sie sich das Ergebnis wiederum im Browserfenster an (siehe Abbildung 7.36). Funktioniert der Link? Haben Sie an den Alternativtext gedacht?

Zum Abschluss möchten wir Ihnen einige allgemeine Regeln, die bei der Navigation beachtet werden sollten, nicht vorenthalten.

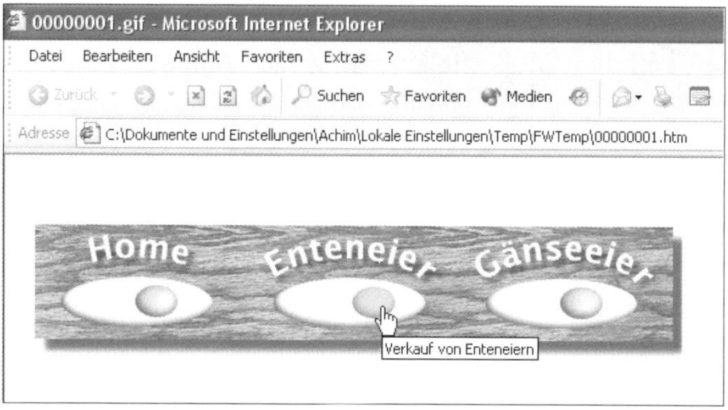

Abb. 7.36: Navigationsleiste mit Hotspot, Schaltfläche und Blindei (von links) ;-)

7.2 Allgemeine Regeln zur Navigation

Damit sich die Besucher Ihres Webangebots auf Ihren Seiten zurechtfinden, sollten Sie großen Wert auf eine durchdachte Navigation legen:

- Verwenden Sie innerhalb Ihres Webangebots einheitlich gestaltete und angeordnete Navigationselemente. So sollten Hyperlinks für gleiche Funktionen nicht einmal Grafiken und dann wieder Texte sein. Auf jeder Themenseite könnte z.B. ein Hyperlink auf die Homepage verweisen. Positionieren Sie den Verweis auf jeder Seite an der gleichen Stelle. Andernfalls müsste der Besucher jedes Mal suchen, wie er wieder zurückkommt.
- Unterstützen Sie die Hierarchie der Inhaltsseiten Ihres Angebots mit Hyperlinks, die den Besucher zwischen den Hierarchieebenen wechseln lassen. Lassen Sie den Benutzer nicht mit den Möglichkeiten des Browsers (Schaltflächen: *Zurück*, *Weiter*) allein.
- Links müssen auch als solche erkennbar sein. Machen Sie aus der Navigation kein Ratespiel, bei dem der Besucher z.B. erst durch Mausüberfahren feststellen kann, wo es weitergeht. Am besten benutzen Sie für Hyperlinks die Farben, die man standardmäßig bei

Browsern kennt (Blau für nicht besuchte und Violett für besuchte Hyperlinks). Auf diese Weise finden sich gerade Anfänger besser zurecht.

- Wenn Grafiken als Hyperlink dienen, dann sollten Sie immer einen Alternativtext angeben.
- Verwenden Sie als Verweistext keine wenig aussagekräftigen Begriffe wie *Zurück* oder *Weiter*. Geben Sie besser eine Bezeichnung für das Ziel an, wie z.B. *Startseite* oder *Thema B*. Ein Besucher kann nämlich auch quer in Ihr Angebot einsteigen, indem er über einen externen Hyperlink direkt auf eine Themenseite Ihres Angebots gelangt. In diesem Fall führt ein Link mit dem Namen *Zurück* vielleicht sogar in die Irre.
- Auch sollten Sie nicht im Linktext erklären, dass es sich um einen Hyperlink handelt. Anstatt *Klicken Sie hier für weitere Informationen* reicht es aus, mit *Weitere Informationen* auf die Informationen hinzuweisen.
- Vermeiden Sie so genannte *Baustellen*. Darunter versteht man Hyperlinks auf Seiten, die nur darüber informieren, dass das Angebot gerade erstellt wird. Wenn Sie eine Themenseite noch nicht mit Inhalten füllen können, dann lassen Sie sie einfach weg.
- Bei großen Angeboten sollten Sie sich überlegen, ob es Sinn macht, zur besseren Orientierung eine Sitemap oder eine Suchfunktion anzubieten. Bei einer *Sitemap* handelt es sich um eine Seite, auf der ein kompletter Überblick über die Inhalte der Website gegeben wird. In der Regel sind die Inhalte in Textform aufgelistet und mit den Inhaltsseiten verlinkt. Eine Suchfunktion kann mit einem Programm auf dem Webserver realisiert werden. Es gibt für diesen Zweck fertige, zum Teil kostenlose Lösungen im Web.
- Überprüfen Sie regelmäßig alle internen und besonders alle externen Links. Es macht keinen guten Eindruck, wenn Verweise in Ihrem Angebot ins Leere laufen.

7.3 Zusammenfassung, Fragen und Übungen

Zusammenfassung

In diesem Kapitel haben Sie erfahren, dass

- Navigationsleisten dem Surfer einen schnellen Zugriff auf die wichtigsten Webseiten eines Angebots ermöglichen.
- Sie mit Fireworks sogar ohne JavaScript-Kenntnisse JavaScript-Schaltflächen erstellen können.
- es sich bei einem Hotspot um einen bestimmten, abgegrenzten Bereich einer Grafik (auch Imagemap) handelt, dem ein Hyperlink zugewiesen wird.
- Fireworks Segmente automatisch erzeugt. Von Webdesignern werden häufig Bilder »zerschnitten«, um sie später in Tabellen wieder zusammenzusetzen.

Fragen und Übungen

1. Ziehen Sie eine Ellipse auf und füllen Sie diese mit dem Muster *Gewebe*.
2. Weisen Sie dem Objekt einen Schlagschatten zu.
3. Welche Farbmodelle stellt Fireworks zur Verfügung?
4. Wie richten Sie Text an einer Kurve aus?
5. Worin unterscheidet sich eine Schaltfläche vom Hotspot?
6. Erstellen Sie für den rechten Eidotter einen Hotspot, der zur Website *http://www.buchteam.de* führt.

G A L 10 9 **8** 7 6 5 4 3 2 1 »

Bilder exportieren

8 Bilder exportieren

In den vorangegangenen Übungen haben Sie eine Reihe von Grafiken erstellt und dabei ausgiebig Gebrauch von Vektorobjekten, Ebenen, Live-Effekten und ähnlichen Elementen gemacht. Damit diese Bestandteile erhalten bleiben und später noch bearbeitet werden können, sollten Sie jede mit Fireworks erstellte Grafik über den Menübefehl *Datei / Speichern unter* zuerst einmal im Fireworks-Format PNG sichern.

HINWEIS

Das PNG-Format wurde speziell für das Internet entwickelt und gehört neben den Formaten GIF und JPEG zum Standard im Bereich der Web-Grafik. Macromedia verwendet dieses Format mit speziellen Anpassungen als Standardformat für Fireworks. Wegen dieser Anpassungen sind Fireworks-Grafiken jedoch nicht für den Einsatz im Browser geeignet. PNG-Grafiken für das Web erstellen Sie mit der *Exportieren*-Funktion von Fireworks.

Grundsätzlich können Sie mit Fireworks erstellte Grafiken sowohl im Printbereich wie auch für das Web einsetzen. Tatsächlich dürfte Fireworks aber wohl fast ausschließlich im Bereich der Web-Grafik Verwendung finden.

Das Speichern in einem anderen Format als dem eigenen wird in Fireworks, wie bei vielen anderen Programmen auch, *Exportieren* genannt. Wie Sie beim Exportieren mit Fireworks genau vorgehen und was Sie dabei beachten müssen, erfahren Sie in diesem Kapitel. Im Vordergrund steht dabei das Optimieren von Grafiken für das Web.

8.1 Grafiken für das Web optimieren

Bei anderen Programmen geht das mit dem Exportieren so: Sie rufen die Export-Funktion auf und wählen dann das Zielformat aus. Fireworks ist da ein wenig anders gestrickt. Hier geht es genau umgekehrt:

- Zuerst wählen Sie ein geeignetes Zielformat aus.
- Dann nehmen Sie die erforderlichen Einstellungen vor.
- Anschließend rufen Sie die Export-Funktion auf und speichern die Datei in dem ausgewählten Format ab.

Der Grund für diese Reihenfolge liegt auf der Hand. Wenn Sie Grafiken für das Web speichern, steht zu Beginn noch gar nicht fest, welches Format sich im speziellen Fall am besten eignet. Das müssen Sie erst einmal herausfinden. Ziel muss es dabei sein, bei annehmbarer Qualität eine möglichst niedrige Dateigröße zu erzielen. Sie möchten schließlich, dass Ihre Web-Seiten gut aussehen und trotzdem schnell geladen werden.

Versuchen Sie einmal das folgende Logo für das Web zu optimieren.

Abb. 8.1: Ein Logo mit wenigen Farben

> **HINWEIS**
> Die Fireworks-Datei mit dem Logo finden Sie in unserem Web-Angebot *www.buchteam.de*. Wechseln Sie dort in die Rubrik *Bücher* und klicken Sie auf das Cover dieses Buchs.

Von Bits und Bytes

Keine Angst, das wird keine Einführung in die Grundlagen der Computertechnik. Trotzdem möchten wir Ihnen kurz erläutern, welche Faktoren zur Dateigröße eines Bilds beitragen.

Die für Web-Seiten gebräuchlichen Grafikformate sind, wie Sie bestimmt wissen, GIF, JPG und PNG. Bei diesen Formaten handelt es sich um so genannte Bitmap- oder auch Pixelformate. Das bedeutet, dass das Bild wie bei einem Foto aus einzelnen Punkten besteht, die unterschiedliche Farben haben. Für jeden Punkt muss in der Grafik, in der das Bild abgespeichert wird, ein Farbwert abgespeichert werden. Und beim Speichern arbeitet ein Computer halt mit Bits und Bytes. Mit einem *Bit* kann man zwei Zustände wiedergeben, 1 und 0 oder Farbe A und Farbe B. Bei einem Bild, das nur zwei Farben enthält, reicht es also aus, für jeden Punkt ein Bit zu reservieren. Mit zwei Bits kann man vier Farben darstellen, mit vier Bits 16 und mit acht Bits 256 Farben. Bis zu einer Farbtiefe von acht Bit werden die Farbwerte nicht beim einzelnen Bildpunkt, sondern in einer so genannten *Palette* abgelegt, die mit der Grafikdatei gespeichert wird. Jeder Bildpunkt verweist dabei auf einen Eintrag in der Palette.

Acht Bits sind ein *Byte*. Mit drei Bytes (24 Bits) kann man 16,7 Millionen unterschiedliche Farben wiedergeben. Bei dieser Farbtiefe trägt dann auch jeder Bildpunkt den Farbwert.

Es gilt also die Regel: Je niedriger die *Farbtiefe* (Speicherplatz für einen Punkt) ist, umso kleiner wird die Datei.

Das Format JPEG hat immer eine Farbtiefe von 24 Bit. Jeder Punkt kann also einen der 16,7 Millionen Farbwerte annehmen. Warum werden JPEG-Grafiken dann aber so klein? Das liegt daran, dass neben der Farbtiefe noch ein weiterer Faktor die Dateigröße beeinflusst: die *Komprimierung*.

Sowohl GIF als auch JPEG verwenden ein Komprimierungsverfahren. Sie müssen sich Komprimierung vereinfacht so vorstellen: Eine lange Reihe von gelben Farbpunkten *GGGGGGGGGG* kann auch in der Form *10xG* abgespeichert werden (wobei *G* der Platzhalter für den Farbwert ist). Das ist wirklich sehr einfach dargestellt. Tatsächlich sind die Verfahren zur Komprimierung weitaus komplexer. In jedem Fall leuchtet ein, dass die verkürzte Schreibweise deutlich weniger Speicherplatz in Anspruch nimmt als die Auflistung der einzelnen Punkte.

Ein dritter Faktor, der die Größe einer Bilddatei bestimmt, ist die Anzahl der Bildpunkte (Breite x Höhe). Je weniger Bildpunkte ein Bild hat, umso kleiner ist natürlich auch die Datei.

So, das war etwas Theorie; jetzt schauen Sie sich das Ganze mal in der Praxis an.

Ansicht: Vorschau

Bisher haben Sie die Grafiken in der *Original*-Ansicht erstellt. Wechseln Sie nun über das Register des Dokumentfensters einmal in die Ansicht *Vorschau*. In dieser Ansicht stellt Fireworks das jeweilige Bild so dar, wie es im Browserfenster erscheinen würde.

Abb. 8.2: Ansicht: *Vorschau*

Qualitätsverluste durch Änderung der Farbtiefe oder der Komprimierung sowie etwaige Transparenz-Einstellungen werden in dieser Ansicht dargestellt. Über die *Vorschau* kontrollieren Sie also bei allen Optimierungsmaßnahmen die verbleibende Bildqualität.

Exportformat auswählen

Das Exportformat wählen Sie über das Bedienfeld *Optimieren* aus. Über den Menübefehl *Fenster / Optimieren* wird das Bedienfeld eingeblendet.

Im Listenfeld *Exportdateiformat* stellen Sie das gewünschte Dateiformat ein.

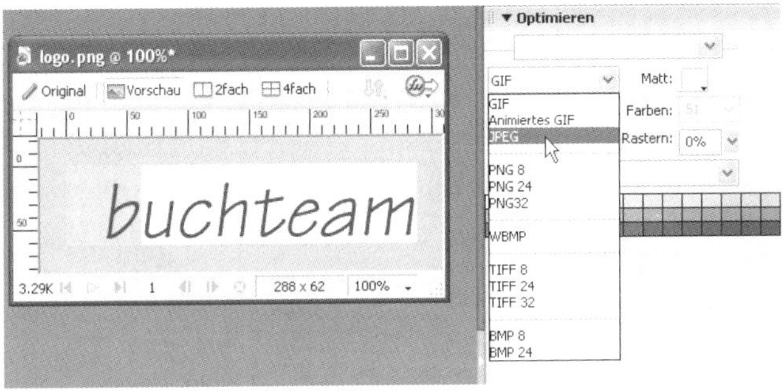

Abb. 8.3: Wählen Sie ein Exportformat aus

Neben den Web-Grafikformaten *GIF*, *JPEG* und *PNG* finden Sie dort auch die Formate *TIFF* und *BMP*. Das spezielle Format *WBMP* sei an dieser Stelle einmal ausgeblendet. Die Liste der Exportformate sieht zwar sehr kurz aus, für die Zwecke, die Fireworks verfolgt – nämlich vorrangig Grafiken für das Web zu exportieren –, reicht sie aber allemal aus.

HINWEIS

Die Formate TIFF und BMP sind wohl die bekanntesten und am weitesten verbreiteten Pixelformate. Daher werden Sie beim Austausch von Grafiken zwischen Fireworks und anderen Programmen mit diesen beiden Formaten fast immer gut bedient sein.

Einstellungen für das GIF-Format

Das *GIF-Format* ist fest etabliert als Grafikstandard für Web-Seiten. Es bietet die Möglichkeit, eine Farbe im Bild transparent zu stellen. In den Bereichen des Bilds, an denen die Farbe verwendet wird, scheint beim Einsatz auf einer Web-Seite der Hintergrund durch. Ein besonderes Highlight des GIF-Formats haben Sie ebenfalls bereits kennen gelernt: Man kann mit GIF-Dateien Animationen realisieren.

Ein Nachteil des GIF-Formats ist die Tatsache, dass die Datei nur maximal 256 Farben enthalten kann. Die Farben werden dabei – wie bereits dargestellt – in einer Palette mit der Grafikdatei abgespeichert. Jeder Punkt des Bilds verweist auf eine Farbe in der Palette.

Wenn das Ausgangsbild mehr als 256 Farben enthält, gehen beim Export in das GIF-Format zwangsläufig einige Farben verloren. Die Bildqualität wird in jedem Fall leiden. Welche Farben in der Palette des GIF-Bilds verbleiben, legen Sie mit den Methoden im Listenfeld *Palettenindex* fest.

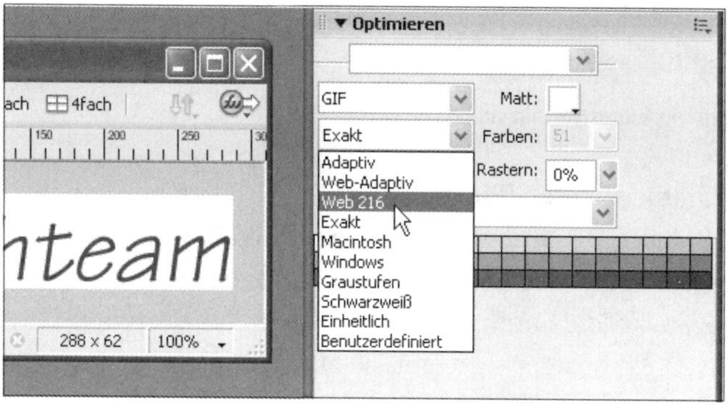

Abb. 8.4: Öffnen Sie das Listenfeld *Palettenindex*

In der folgenden Tabelle sind die wichtigsten Methoden zur Palettenbildung beschrieben:

Methode	Beschreibung
Adaptiv	Die Palette wird ausschließlich aus Farben der Ausgangsgrafik gebildet. Dabei werden 256 Farben ermittelt, die den Farbraum des Bilds optimal abdecken. Mit dieser Methode erreichen Sie in der Regel die beste Bildqualität und die geringste Dateigröße. Bei Computern, die nur 256 Standardfarben darstellen können, wird es bei der Anzeige der so erstellten Grafiken jedoch zu Qualitätsverlusten kommen, insbesondere dann, wenn die Farben des Bilds nicht sehr breit über das gesamte RGB-Farbspektrum verteilt sind. Bei solchen auf 256 Grundfarben beschränk-

Methode	Beschreibung
	ten Computern simuliert der Browser nämlich die Farben der Grafik, die er nicht darstellen kann, durch Muster aus den zur Verfügung stehenden Farben. Dieses Verfahren wird auch *Dithering* genannt. Die Anzeige wirkt dann grobkörnig.
Web 216	Die Palette wird mit 216 Farben bestückt, die auf Windows- und Macintosh-Computern gleichermaßen zum Mindeststandard gehören. Die 216 so genannten *websicheren Farben* sind gleichmäßig über das gesamte RGB-Farbspektrum verteilt. Bei Verwendung dieser Methode erreicht man, dass die Grafiken auf allen Plattformen annähernd gleich aussehen, unabhängig vom verwendeten Betriebssystem und der für das jeweilige System eingestellten Farbtiefe. Da es sich aber im Zweifel nicht um Farben handelt, die im Bild vorkommen, müssen Sie beim Erstellen der Grafik dafür sorgen, dass die Bildqualität durch die Farbreduktion nicht zu sehr leidet.
Web-Adaptiv	Diese Methode kombiniert die Vorteile der beiden vorgenannten Verfahren. Grundsätzlich wird die Palette aus den Farben des Bilds zusammengesetzt. Wenn eine Farbe jedoch sehr nahe an eine der 216 Systemfarben herankommt, wird an ihrer Stelle die websichere Farbe in die Palette aufgenommen.
Macintosh/ Windows	Die Palette enthält die 256 Standard-Systemfarben des jeweiligen Betriebssystems. Die Grafiken sind bezüglich ihrer Qualität also auf das jeweilige System abgestimmt.

Tab. 8.1: Festlegung der Farben für die Palette

HINWEIS

Die aktuelle Palette der Grafik wird im unteren Bereich des Bedienfelds *Optimieren* angezeigt.

Wie gesagt, in der Ansicht *Vorschau* begutachten Sie die verbleibende Bildqualität. Fireworks schlägt bei Auswahl eines Exportformats eine aus seiner Sicht optimale Einstellung vor. Wenn die Qualität des Bilds in Ordnung ist, sollten Sie Ihren Blick auf die Dateigröße in der Statuszeile des Dokumentfensters richten.

Abb. 8.5: In der Statuszeile des Dokumentfensters finden Sie die Dateigröße

Bei einer Farbtiefe von 128 Farben und der Einstellung *Web-Adaptiv* für die Palette hat das Bild eine Größe von 2,87 KB. Merken Sie sich diesen Wert.

Das Logo lässt sich bestimmt noch weiter optimieren. Das »buchteam«-Logo enthält relativ wenige Farben. Vielleicht gewinnen Sie noch einige Bytes, wenn Sie die Farbtiefe auf 8 Farben verringern. Verwenden Sie dazu das Listenfeld *Maximale Anzahl von Farben*.

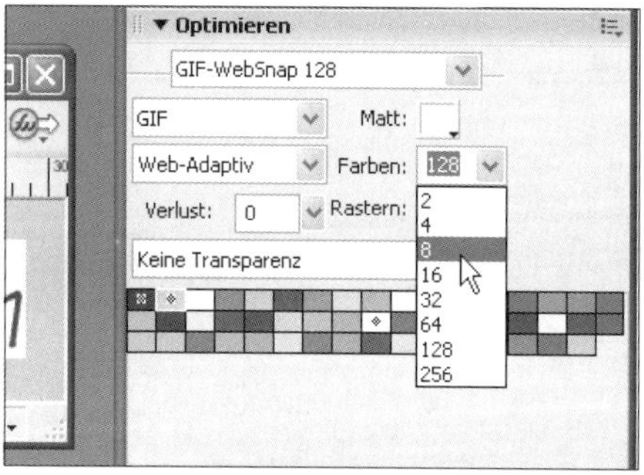

Abb. 8.6: Reduzieren Sie die Farbtiefe auf 8 Farben

Betrachten Sie das Bild wieder in der *Vorschau*-Ansicht.

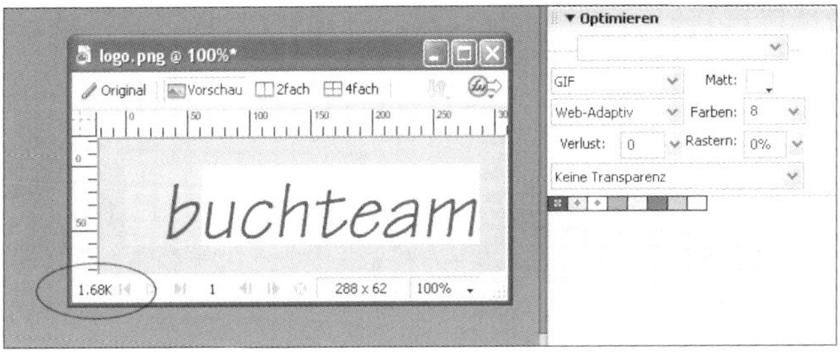

Abb. 8.7: Die Dateigröße beträgt nur noch 1,68 KB

Die Bildqualität des Logos leidet zwar leicht unter der Verringerung auf 8 Farben, das Logo lässt sich aber durchaus noch verwenden. Die Dateigröße ist jetzt mit 1,68 KB noch deutlich kleiner als die 2,87 KB bei der höheren Farbtiefe.

Einstellungen für das JPEG-Format

Wählen Sie als Exportformat jetzt einmal das *JPEG-Format* aus. Das JPEG-Format hat, wie gesagt, eine Farbtiefe von 24 Bit. Man kann also die kompletten 16,7 Millionen Farben des RGB-Modus für jeden Bildpunkt einsetzen.

Die Nachteile des Formats:

- Das JPEG-Format unterstützt weder Transparenz noch Animation.
- JPEG-Grafiken verwenden ein so genanntes verlustbehaftetes Komprimierungsverfahren. Eine JPEG-Grafik wird beim Speichern in einzelnen Pixel verändert, um auf diese Weise den Erfolg der Komprimierung zu verbessern. Diese Änderung des Bilds geht zulasten der Bildqualität. Auf einer Skala von *0* bis *100* legen Sie fest, wie weit die Qualität des Bilds erhalten bleiben soll. Je kleiner der Wert ist, umso

geringer ist zwar die Dateigröße, aber desto schlechter ist auch die Bildqualität.

Stellen Sie die *Qualität* für das Logo über das gleichnamige Feld im Bedienfeld *Optimieren* ein.

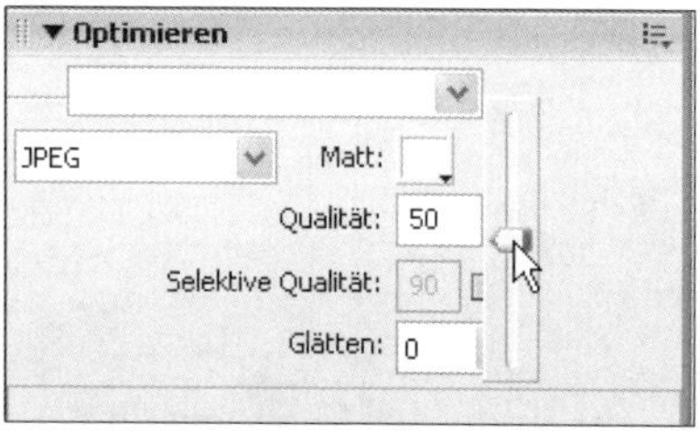

Abb. 8.8: Ziehen Sie den Schieberegler auf die gewünschte Qualität

Bei einer *Qualität* von *50* ist der Qualitätsverlust in der *Vorschau*-Ansicht sehr gut zu erkennen.

Abb. 8.9: Bei JPEG verschmieren die Konturen

Um die Schrift herum sieht das Bild verwaschen aus. Diese Störungen im Bild werden auch *Artefakte* genannt. Bei einem Blick auf die Dateigröße oberhalb der Bildvorschau sehen Sie, dass das Bild trotz der schlechten Qualität mit 4,02 KB mehr als doppelt so viel Speicherplatz in Anspruch nimmt wie das durchaus zufrieden stellende Ergebnis im GIF-Format. Sie müssen mit dem JPEG-Format also gar nicht weiter herumprobieren. Die

Entscheidung ist gefallen. Für das Logo ist das GIF-Format besser geeignet.

PNG – eine Alternative?

Mit dem *PNG-Format* soll bewusst eine Alternative zum *GIF*-Format etabliert werden. Neben der umstrittenen Lizenzpolitik (die Firma UNISYS erhebt Gebühren für Ihre Rechte an der GIF-Komprimierung) liegt ein wesentlicher Grund dafür in der Beschränkung des *GIF*-Formats auf 256 Farben.

Die Farbtiefe des Formats kann für Web-Grafiken zwischen 2 und 16,7 Millionen Farben variiert werden. Es komprimiert ein Ausgangsbild sehr effektiv und ohne Qualitätsverlust. Durch Verwendung des Alpha-Kanals kann für PNG-Bilder eine abgestufte Transparenz festgelegt werden. Damit vereint *PNG* die wesentlichen Vorteile der Formate *GIF* und *JPEG*.

Die bisherigen Browserversionen haben das Format jedoch nicht oder nicht konsequent genug unterstützt. So stellen der Internet Explorer und Netscape das Format selbst in den aktuellen Versionen noch nicht fehlerfrei dar (u.a. wird die Transparenzfunktion nicht richtig unterstützt). Daher konnte sich das PNG-Format bisher noch nicht durchsetzen. Es spricht aber nichts dagegen, dass PNG sich zukünftig wegen seiner Vorteile gegenüber den anderen beiden Formaten etablieren wird.

Wählen Sie *PNG 8* (256-Farben-Modus) als Exportformat aus. Reduzieren Sie dann die Anzahl bei *Farben* auf *8* (siehe Abbildung 8.10).

Die Bildqualität stimmt und Sie erhalten mit 1,63 KB sogar eine noch geringere Dateigröße als mit dem GIF-Format.

HINWEIS

Da man mit dem PNG-Format keine Animationen abspeichern kann, wird das GIF-Format wohl auch mittelfristig eine Bedeutung für das Web behalten.

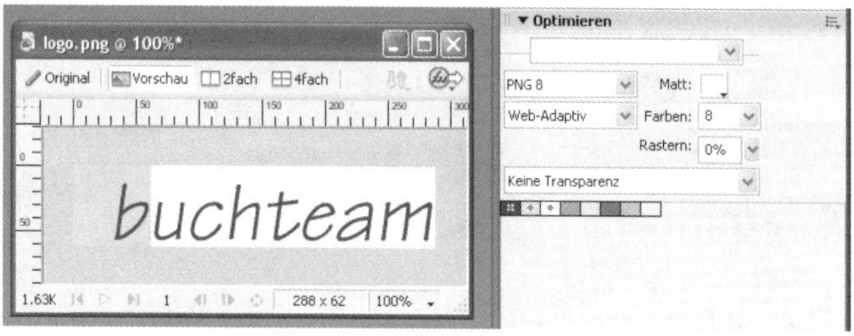

Abb. 8.10: Einstellungen für das PNG-Format

Grafik exportieren

Entscheiden Sie sich bei dem Logo zur Übung für das GIF-Format. Das tatsächliche Exportieren geht jetzt schnell von der Hand.

- Stellen Sie die Einstellungen für das GIF-Format im Fenster *Optimieren* wieder her.
- Rufen Sie die Funktion *Datei / Exportieren* auf.

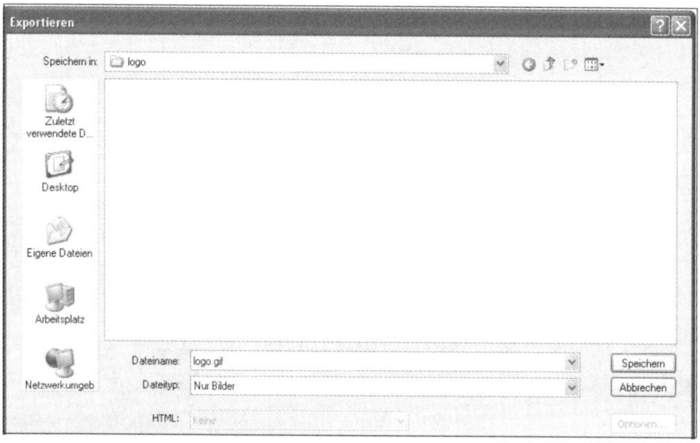

Abb. 8.11: Bild exportieren

- Wechseln Sie in einen Ordner Ihrer Wahl und übernehmen Sie bei *Dateiname* den vorgeschlagenen Namen *logo.gif*.
- Klicken Sie auf *Speichern*.

Jetzt können Sie die Grafik auf einer Web-Seite verwenden.

2fach-Ansicht

In der Ansicht *Vorschau* wird immer nur das Ergebnis der aktuellen Optimierungseinstellungen angezeigt. Einen direkten Vergleich mit dem Originalbild lässt diese Ansicht nicht zu. Muss sie auch nicht, denn dafür gibt es die spezielle Ansicht *2fach*.

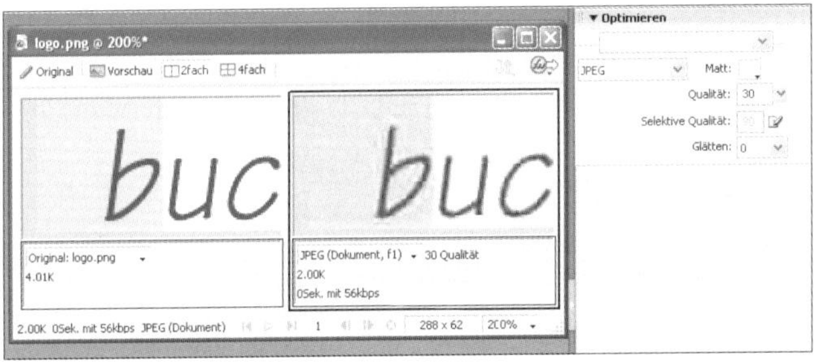

Abb. 8.12: *2fach*-Ansicht

Über diese Ansicht haben Sie das Original und das Optimierungsergebnis parallel im Blick. So können Sie die Qualität und die Dateigröße unmittelbar vergleichen.

Setzen Sie die Ihnen bekannten Werkzeuge dazu ein, einen speziellen Ausschnitt des Bilds näher zu begutachten. Mit der *Zoom*-Funktion vergrößern Sie die Ansicht wie gehabt. Mit dem *Handwerkzeug* verschieben Sie den Ausschnitt (Handsymbol im Bedienfeld *Werkzeuge*).

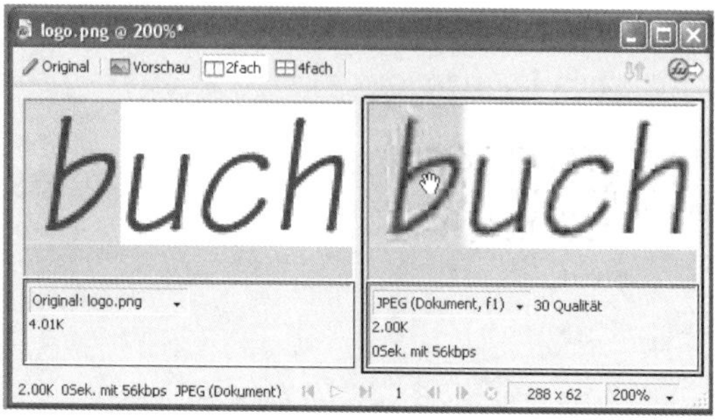

Abb. 8.13: Der Qualitätsverlust bei JPEG ist sehr gut zu erkennen

4fach-Ansicht

Mit der Ansicht *2fach* ist es aber noch nicht genug. Wollen Sie nicht nur das Ergebnis mit dem Original, sondern auch verschiedene Ergebnisse untereinander vergleichen, dann sollten Sie die *4fach*-Ansicht verwenden.

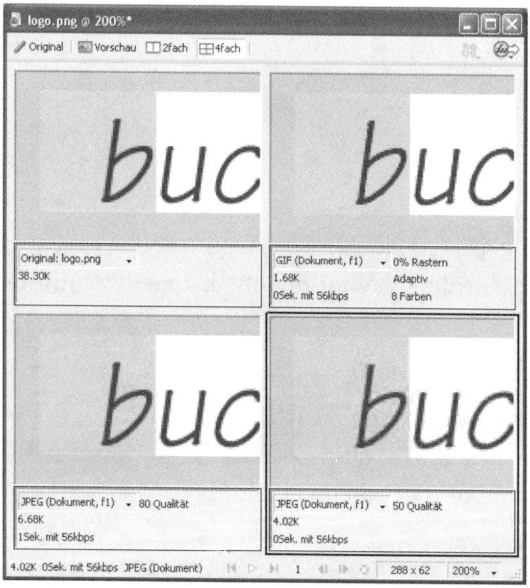

Abb. 8.14: *4fach*-Ansicht

Für jedes der drei zusätzlichen Vorschaufenster lassen sich andere Optimierungseinstellungen angeben. Klicken Sie dazu auf die jeweilige Teilansicht und ändern Sie die Einstellungen im Bedienfeld *Optimieren*. Sie vergleichen parallel die Qualität, aber auch die Dateigrößen der drei Exportformate. Exportiert wird dann das Format, dessen Teilansicht beim Aufruf von *Datei / Exportieren* markiert ist (einfach mit dem *Zeigerwerkzeug* anklicken).

4fach-Ansicht in der Praxis

Verwenden Sie die 4fach-Ansicht doch gleich einmal, um bei einem anderen Bild das Exportformat zu bestimmen.

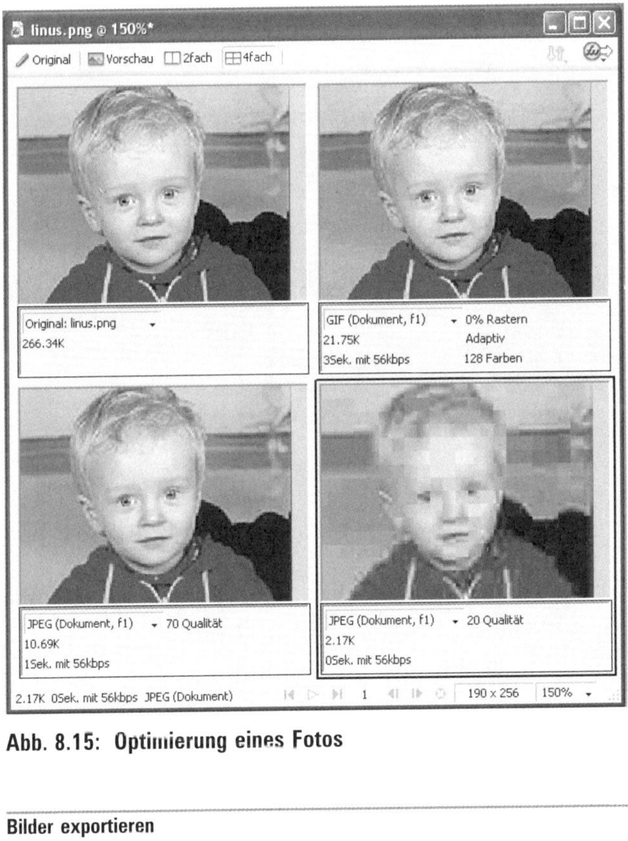

Abb. 8.15: Optimierung eines Fotos

Im rechten oberen Bereich ist das GIF-Format mit einer Farbtiefe von 128 Farben ausgewählt. Das Bild wirkt leicht pixelig. Bei noch niedrigerer Farbtiefe ist die Qualität des Bilds nicht brauchbar.

Unten links wird das JPEG-Format mit einer Qualität von 70 verwendet. Die Qualität des Bilds ist in Ordnung. Wenn Sie die Dateigröße von 10,69 KB mit der des GIF-Formats (21,75 KB) vergleichen, ist die Sache klar. Das JPEG-Format ist für dieses Bild in jedem Fall besser geeignet. Vielleicht lässt sich die Qualität aber noch etwas nach unten ausreizen. Probieren Sie mehrere Werte aus. Bei einem Wert von 20 (Ansicht rechts unten) schlägt die JPEG-Komprimierung erbarmungslos zu. Das Bild ist trotz seiner Größe von 2,17 KB nicht zu gebrauchen.

Vordefinierte Einstellungen

Für ganz Eilige bietet Fireworks im Listenfeld *Einstellungen* eine Auswahl für besonders gängige Optimierungseinstellungen an.

Abb. 8.16: Das Optimieren kann ja so leicht sein ...

Mit zwei Mausklicks wählen Sie das GIF-Format mit einer der vier angegebenen Paletten oder das JPEG-Format in den Qualitäten *80* (*Höhere Qualität*) bzw. *60* (*Kleinere Datei*) aus.

Sie beginnen beim Optimieren am besten immer mit einer dieser Einstellungen und verfeinern dann die Vorgaben über die Optionen des Fensters *Optimieren* von Hand.

8.2 Transparenz einstellen

Wie bereits erwähnt, kann man in einer GIF-Datei eine Farbe transparent stellen. Auf diese Weise stellen Sie Elemente des jeweiligen Bilds vor dem Hintergrund der Web-Seite frei.

So stellen Sie die Transparenz ein:

- Rufen Sie das Fenster *Optimieren* auf.
- Stellen Sie das GIF-Format ein.
- Wählen Sie im Listenfeld *Transparenztyp wählen* den Eintrag *Indextransparenz* aus.

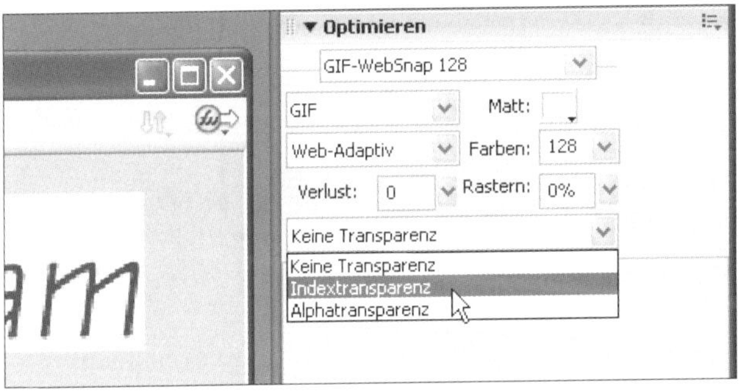

Abb. 8.17: Das GIF-Format unterstützt die *Indextransparenz*

- Klicken Sie dann die Schaltfläche *Farbe für Transparenz wählen* an (siehe Abbildung 8.18).
- Der Mauszeiger nimmt die Form einer Pipette an. Klicken Sie mit der Pipette die Farbe im Bild an, die nicht sichtbar sein soll. Im Beispiel ist es das Weiß des Hintergrunds.

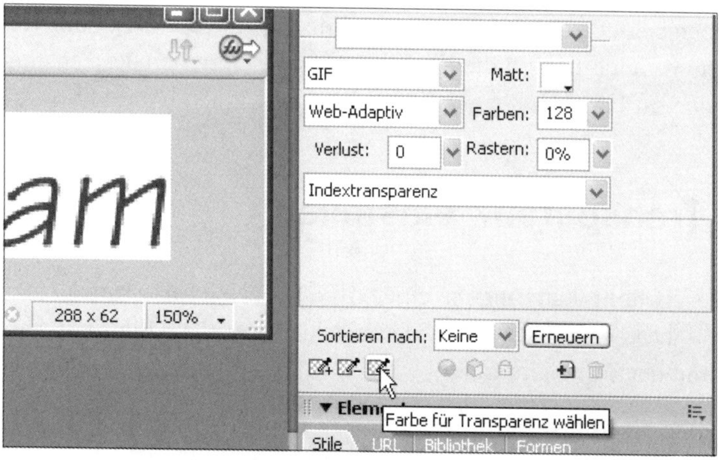

Abb. 8.18: Aktivieren Sie die Pipette

▶ In der Ansicht *Vorschau* kontrollieren Sie das Ergebnis.

Abb. 8.19: Ein Schachbrettmuster zeigt die Transparenz an

▶ Die transparenten Bereiche des Bilds werden mit einem Schachbrettmuster dargestellt.

In diesem Fall haben Sie gar nicht die Wahl zwischen dem GIF- und dem JPEG-Format. Von den beiden Formaten bietet nur das GIF-Format die Möglichkeit der Transparenz.

8.3 Besondere Exporte

Ob Sie nur einen Ausschnitt einer Grafik exportieren oder sogar lieber beim Exportieren an die Hand genommen werden möchten, mit der Unterstützung von Fireworks können Sie rechnen.

Ausschnitt exportieren

So exportieren Sie einen Ausschnitt der Grafik:

- Klicken Sie auf das Symbol des *Zuschneidewerkzeugs* im Bedienfeld *Werkzeuge*.
- Halten Sie die Maustaste eine kurze Zeit gedrückt. Es erscheint ein Menü, das unter anderem den Eintrag *Exportbereichwerkzeug* enthält.

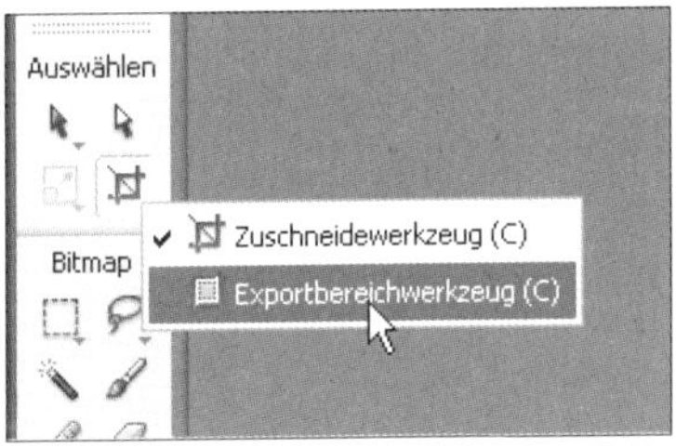

Abb. 8.20: ***Exportbereichwerkzeug***

- Ziehen Sie mit diesem Werkzeug einen Rahmen für den zu exportierenden Bereich in der Grafik auf.

Abb. 8.21: Ziehen Sie einen Rahmen auf

- Über die Ziehkästchen rund um die Markierung ändern Sie die Größe des Bereichs, bis Sie den richtigen Ausschnitt gewählt haben.
- Klicken Sie doppelt in die Markierung.
- Es erscheint das Fenster *Exportvorschau*.

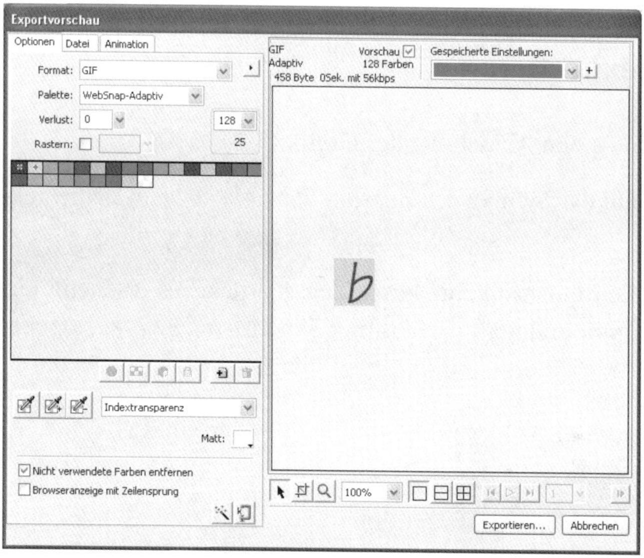

Abb. 8.22: Exportvorschau

In diesem Fenster haben Sie alles auf einen Blick:

- die Einstellmöglichkeiten des *Optimieren*-Fensters,
- eine Voransicht auf das Exportergebnis,
- die Informationen zur Dateigröße.

Außerdem können Sie unterhalb der Bildvorschau in die *2fach*- und die *4fach*-Ansicht umschalten.

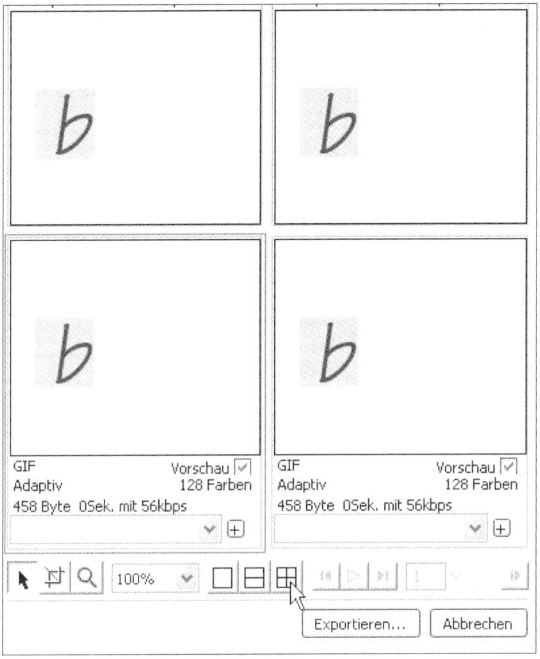

Abb. 8.23: Schalten Sie in eine Mehrfachansicht um

Über die Schaltfläche *Exportieren* speichern Sie das Ergebnis der Optimierung ab.

Export-Assistent

Wenn Sie es ganz bequem mögen, können Sie den *Export-Assistenten* von Fireworks verwenden. Er führt Sie in mehreren Schritten ans Ziel.

- Rufen Sie den Menübefehl *Datei / Export-Assistent* auf.
- Bei der ersten Frage müssen Sie sich entscheiden, ob Sie über das Exportformat oder mit einer vorgegebenen Größe für die Exportdatei in die Optimierung starten möchten.

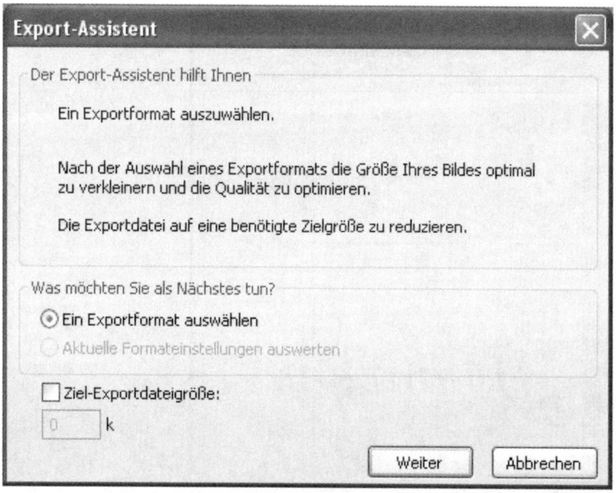

Abb. 8.24: Export-Assistent

- Im zweiten Schritt legen Sie den späteren Verwendungszweck der Exportgrafik fest. Das Logo soll für *Das Web* eingesetzt werden.

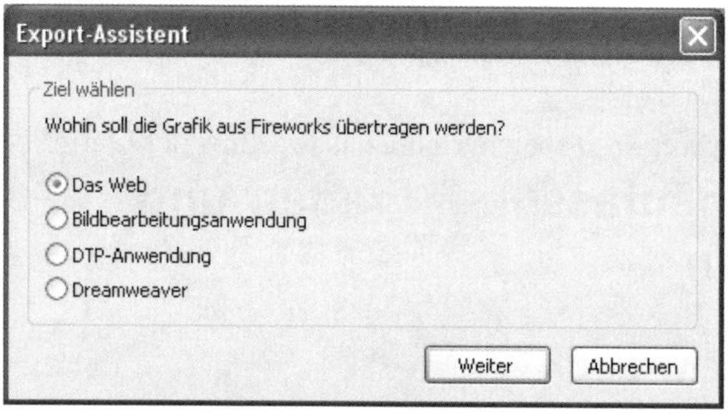

Abb. 8.25: Verwendungszweck angeben

- In einem letzten Schritt teilt Ihnen Fireworks das Ergebnis seiner Analyse mit. Bestätigen Sie diesen Schritt mit *Beenden*.

Im Anschluss an den Export-Assistenten wird das mittlerweile bekannte Fenster der *Exportvorschau* angezeigt. Es wird das Format angeboten, das nach der Analyse von Fireworks für den angegebenen Zweck am besten geeignet ist.

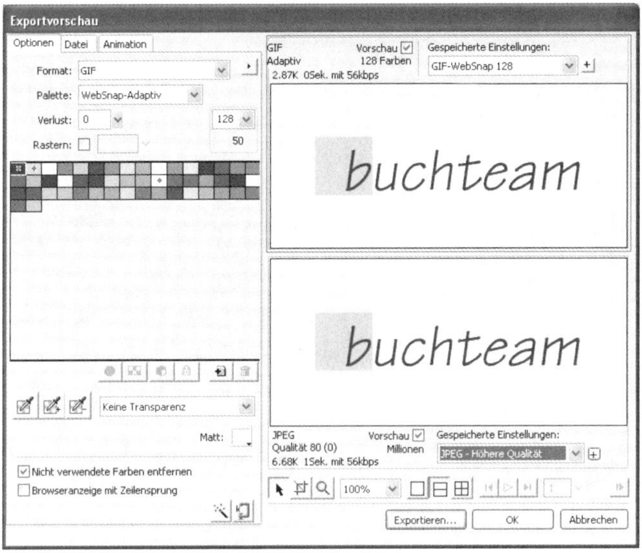

Abb. 8.26: Exportvorschau

Wenn Sie mit den angezeigten Einstellungen zufrieden sind, speichern Sie das Ergebnis über die Schaltfläche *Exportieren* ab.

8.4 Zusammenfassung, Fragen und Übungen

Zusammenfassung

- Um alle Elemente einer Grafik auf Dauer zu erhalten, sollten Sie Fireworks-Grafiken in jedem Fall auch im Originalformat des Programms sichern.
- Beim Exportieren einer Grafik für das Web geht es immer darum, bei einer noch akzeptablen Bildqualität die Dateigröße so gering wie möglich zu halten.

Zusammenfassung

- Wählen Sie über das Fenster *Optimieren* die Exportformate aus und nehmen Sie dort die jeweiligen Einstellungen für die Grafikoptimierung vor.
- Die Bildqualität kontrollieren Sie über die Ansichten *Vorschau*, *2fach* oder *4fach*.
- Bei GIF-Grafiken mit relativ wenigen Farben kann man über die Reduktion der Farbtiefe geringere Dateigrößen erzielen.
- Die Komprimierung des JPEG-Formats ist verlustbehaftet.
- Bei GIF-Grafiken lässt sich eine Farbe transparent stellen.
- Der Export-Assistent analysiert für Sie die Grafik und schlägt das beste Format für den Export vor.

Fragen und Übungen

1. Mit welcher Methode bilden Sie die Palette einer GIF-Grafik, um Sie auf möglichst vielen Computern unverfälscht anzeigen zu lassen?
2. Welches Web-Grafikformat eignet sich besonders gut für Fotos?
3. Wie legen Sie in einer GIF-Grafik die transparente Farbe fest?
4. Was müssen Sie beim Einsatz von PNG als Web-Grafikformat beachten?

G
A
L
10
9

Web-Seite

8
7
6
5
4
3
2
1

9 Web-Seite

In den vorangegangenen Kapiteln haben Sie in der Hauptsache erfahren, wie mit Fireworks einzelne Objekte erstellt und zusammengesetzt werden können. In diesem Kapitel werden Sie sehen, wie Sie mit Hilfe von Fireworks aus selbst erarbeiteten und importierten Objekten eine komplette Web-Seite erstellen können.

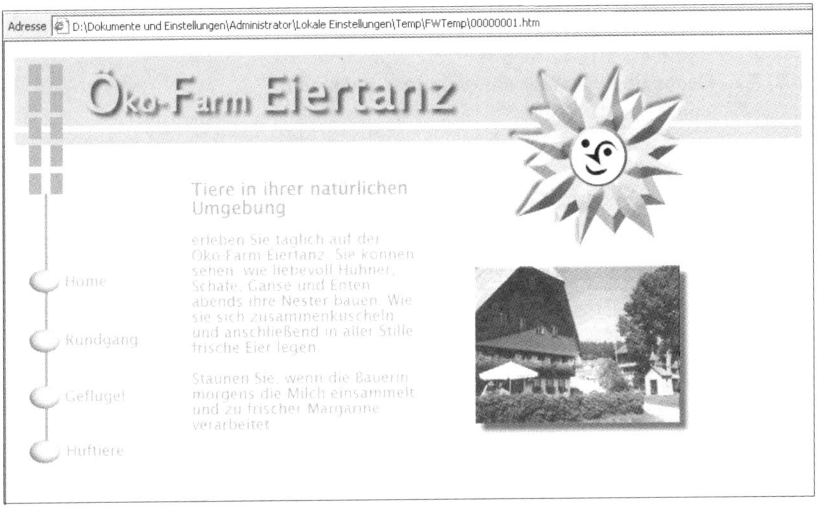

Abb. 9.1: Die fertige Web-Seite

9.1 Web-Seite erstellen

Beginnen Sie wieder mit einem neuen Dokument, das Sie über *Datei / Neu* erstellen. Legen Sie dabei die Leinwandgröße auf *800* Pixel Breite und *400* Pixel Höhe fest. Als Farbe für die Leinwand tragen Sie in das Popup-Menü der Option *Benutzerdefiniert* den Hexadezimalwert `#FFFFCC` ein. Geben Sie Ihr *OK*.

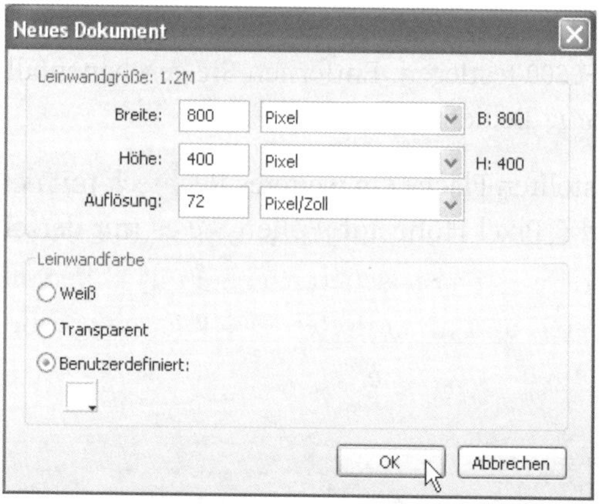

Abb. 9.2: Neues Dokument für die Web-Seite definieren

Rechteckwerkzeug und Füllungen

Anschließend ziehen Sie mit dem *Rechteckwerkzeug* an der Oberkante des Dokumentfensters ein Rechteck auf. Mit Hilfe des Eigenschafteninspektors legen Sie die Maße exakt auf *800* Pixel Breite und *88* Pixel Höhe fest.

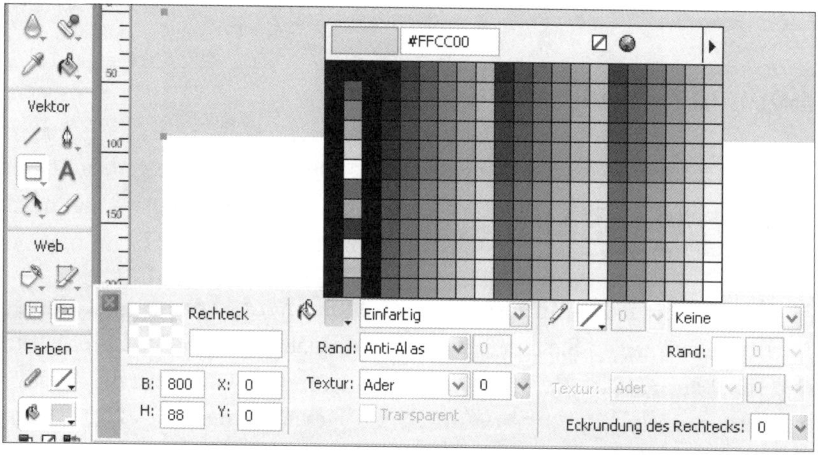

Abb. 9.3: Das Rechteck als Hintergrund für die Überschrift aufziehen

Das Rechteck füllen Sie über das Bedienfeld *Eigenschaften*, indem Sie dort als Füllung den Farbwert #FFCC00 festlegen. Entfernen Sie gegebenenfalls den Umriss über das *Werkzeug*-Bedienfeld.

Ziehen Sie auf der soeben erstellten Fläche ein weiteres Rechteck mit den Maßen *800* Pixel Breite und *5* Pixel Höhe auf. Füllen Sie es mit derselben Farbe wie die Leinwand.

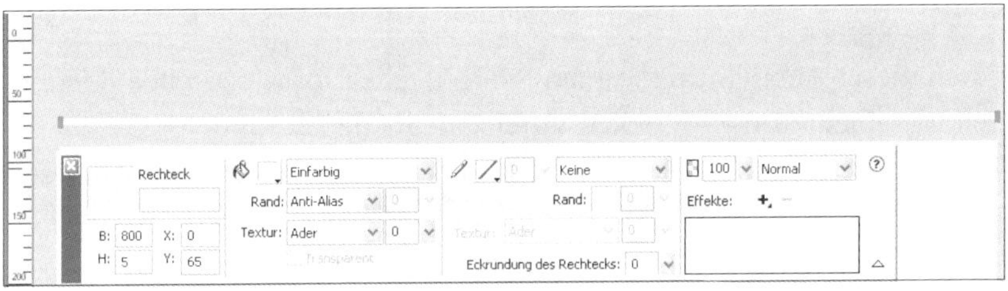

Abb. 9.4: Das kleine auf dem großen Rechteck

Wenden wir uns nun der abstrahierten Ähre (die zehn Rechtecke) am oberen linken Dokumentrand zu. Sie wird später Teil der Navigationsleiste werden.

Erstellen Sie ein Rechteck, das *13* Pixel breit und *21* Pixel hoch ist. Füllen Sie es einfarbig, indem Sie als Hexadezimalwert #CC9900 eintragen.

Kopieren und ausrichten

Markieren Sie das fertige Objekt, halten Sie die Alt-Taste gedrückt und erstellen Sie mit Hilfe der Maus neun Kopien, die Sie in etwa so anordnen können wie in der nachstehenden Abbildung. Anschließend markieren Sie die linke Reihe und richten diese mit Hilfe der Schaltfläche *Linksbündig*, die Sie auf der *Modifizieren*-Symbolleiste sehen, linksbündig aus. Die Ausrichtung erfolgt immer an dem Objekt, das am weitesten von der Ausrichtungslinie entfernt ist.

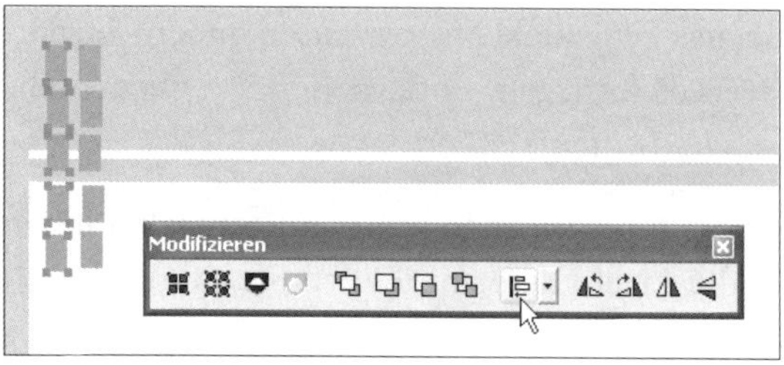

Abb. 9.5: Die fünf linken Rechtecke werden linksbündig ausgerichtet

Nach dieser Ausrichtung werden Sie feststellen, dass zwischen den einzelnen Objekten noch vertikal unterschiedliche Abstände gegeben sind. Lassen Sie alle fünf Objekte nach der linksbündigen Ausrichtung markiert und wählen Sie den Menübefehl *Modifizieren / Ausrichten / Höhen verteilen*. Schon klappt's auch mit der gleichmäßigen Verteilung der Objekte!

Als Nächstes richten Sie das obere rechte Rechteck am oberen linken und das untere rechte am unteren linken Rechteck aus. Auch hier verteilen Sie zum Schluss die Objekte gleichmäßig in der Höhe.

Abb. 9.6: Ähre, wem Ähre gebührt

Linienwerkzeug

Den Halm der Ähre erstellen Sie mit dem *Linienwerkzeug*, das Sie im *Werkzeug*-Bedienfeld finden. Ziehen Sie eine Linie von etwa 250 Pixeln Länge.

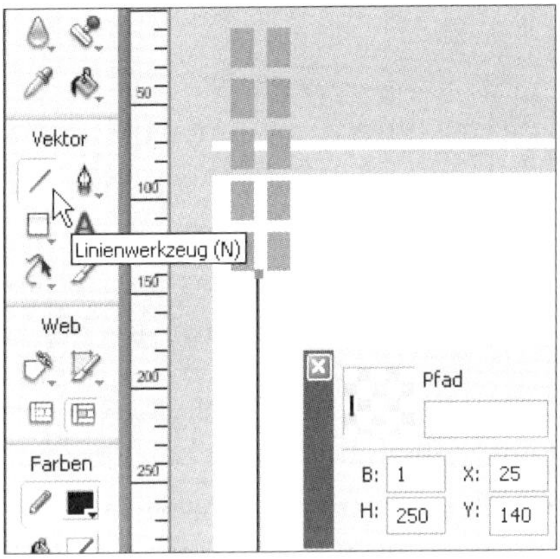

Abb. 9.7: Für den Halm benötigen Sie das *Linienwerkzeug*

Damit die Linie etwas breiter wird, wechseln Sie auf das Bedienfeld *Eigenschaften*. Legen Sie die *Pinselstärke* auf 3 Pixel fest.

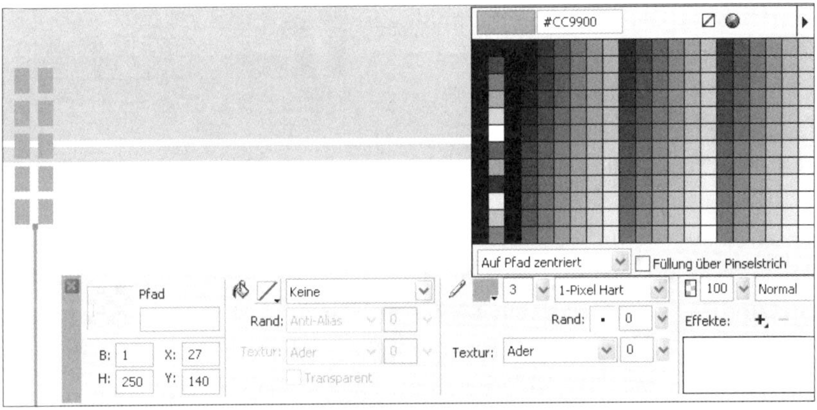

Abb. 9.8: Einstellungen für den *Pinselstrich*

Die Pinselfarbe entspricht den Ähren. Selbstverständlich können Sie wieder den entsprechenden Hexadezimalwert als Füllfarbe eintragen, nachdem Sie auf das Farbfeld links vom Schieberegler *Pinselstärke* geklickt haben.

Pipette nutzen

Noch schneller geht es, wenn Sie die Pipette nutzen, die Ihnen Fireworks immer dann anbietet, wenn Sie eine Farbpalette geöffnet haben. Mit dieser Pipette können Sie eine Farbe von irgendeiner beliebigen Stelle des Bildschirms auswählen! Sogar außerhalb des Fireworks-Fensters ist dies möglich. Aber so weit müssen Sie bei diesem Beispiel gar nicht gehen.

Führen Sie die Pipettenspitze einfach über ein Ährenkorn, schon wird in der Farbpalette der genaue Farbton mit dem dazugehörenden HTML-Format angezeigt! Klicken Sie mit der Pipettenspitze auf die Ähre, das war's.

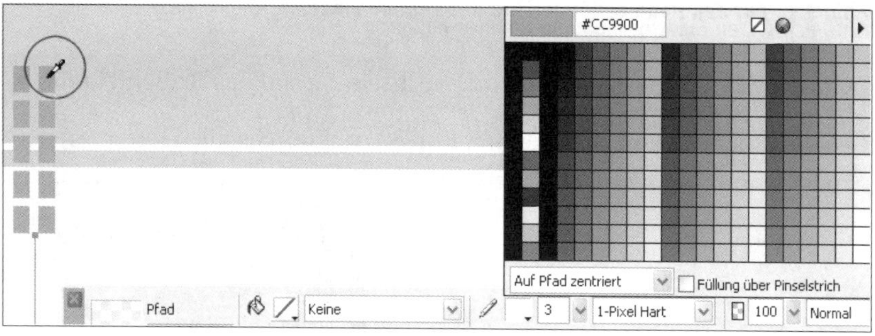

Abb. 9.9: Farbe mit der Pipette abgreifen

Da die Ähre später als Navigationsleiste fungieren soll, benötigen wir noch ein paar Objekte, denen Sie später den Text zur weiteren Navigation zuordnen können. Wenn Sie bereits das Kapitel »Navigationsleiste« durchgearbeitet haben, dann können Sie zu diesem Zweck auf die von Ihnen bereits erstellten Eidotter zugreifen. Diese bieten sich auch optisch hervorragend an.

Zwischen Fenstern kopieren

Öffnen Sie also die entsprechende Datei und ziehen Sie einen Eidotter aus dem Dokumentfenster in das Fenster mit der Web-Seite. Sollte sich der

Dotter innerhalb einer Gruppierung befinden, müssen Sie diese nicht unbedingt vorher aufheben. Schneller geht es, wenn Sie stattdessen die [Alt]-Taste gedrückt halten. Dann können Sie mit gedrückter Maustaste eine Kopie des Objekts aus seiner Gruppierung heraus in das andere Fenser ziehen.

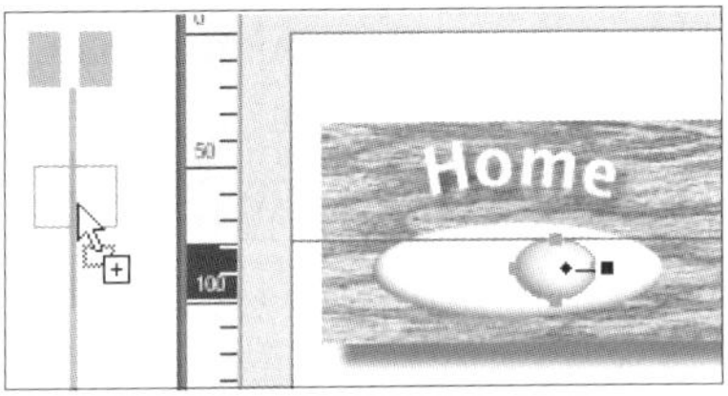

Abb. 9.10: Den Eidotter ins neue Fenster kopieren

Das Fenster mit der Navigationsleiste kann wieder geschlossen werden. Erstellen Sie von dem Eidotter drei Kopien, richten Sie alle Dotter auf dem Ährenhalm bündig aus und verteilen Sie diese in der Höhe gleichmäßig.

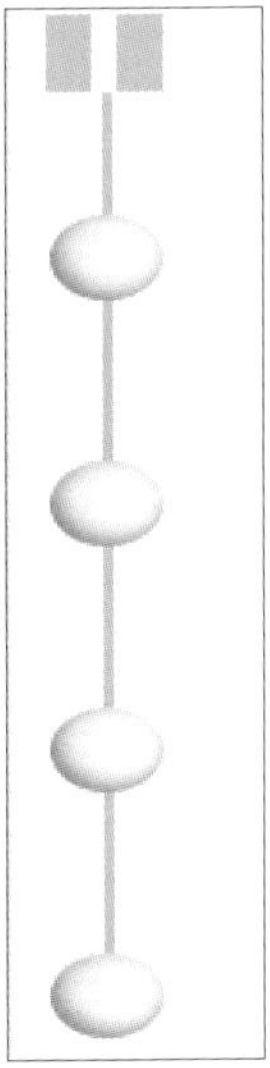

Abb. 9.11: Der Eidotter findet wieder Verwendung als Navigationselement

Symbole und Instanzen

Wenn Sie wissen, dass Sie bestimmte Grafiksymbole künftig häufiger einsetzen werden, können Sie diese auch in einer Bibliothek ablegen. Ziehen Sie ein solches Symbol aus der Bibliothek auf die Leinwand, wird eine so genannte *Instanz* dieses Symbols benutzt. Jede Instanz kann ihre eigenen Eigenschaften haben, d.h., Sie können die Eigenschaften einer Instanz ändern, ohne dass sich das Originalsymbol in der Bibliothek ändert. Werden hingegen Änderungen am Originalsymbol vorgenommen, so wirken sich diese auf alle Instanzen aus.

Nehmen wir an, Sie wollen künftig immer wieder auf den Eidotter zugreifen, dann können Sie ihn über den Menübefehl *Modifizieren / Symbol / In Symbol konvertieren* in ein Grafiksymbol umwandeln.

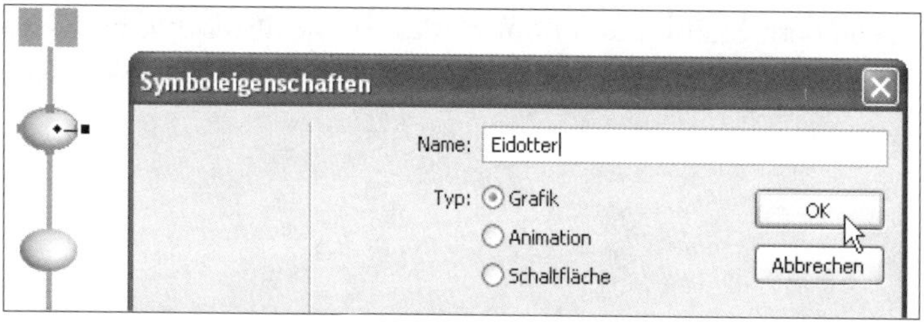

Abb. 9.12: Eine Grafik für die Bibliothek vorbereiten

Wenn Sie danach das Fenster *Bibliothek* einblenden, werden Sie den Dotter wiederfinden.

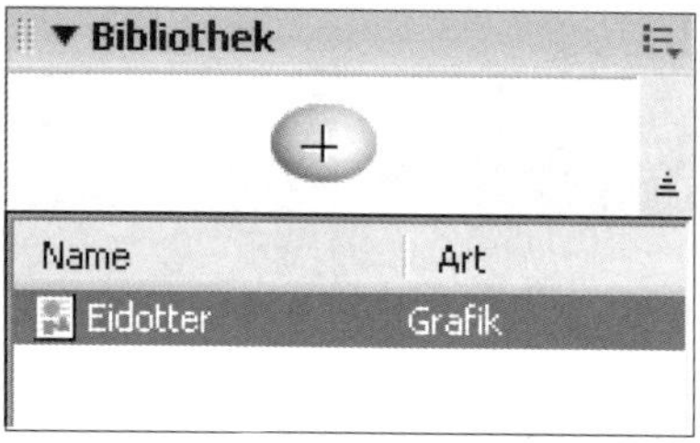

Abb. 9.13: In der *Bibliothek*

HINWEIS

Ist eine Instanz markiert, erscheint an ihrem linken unteren Rand ein Pfeilsymbol. Somit ist klar, dass es sich um eine Instanz und nicht um eine Grafik handelt.

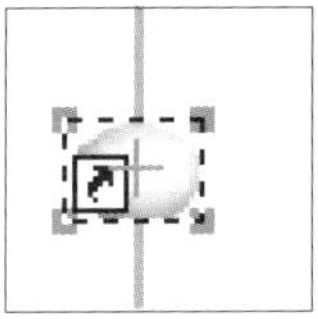

Abb. 9.14: Instanz

Wollen Sie später einmal das Symbol bearbeiten, doppelklicken Sie in die entsprechende Symbolvorschau der Bibliothek. Danach befinden Sie sich im Symbol-Bearbeitungsmodus und können das Symbol wie eine Grafik bearbeiten. Wenn Sie nach der Bearbeitung das Fenster des Symbol-Bearbeitungsmodus schließen, werden das Symbol in der Bibliothek, aber auch sämtliche Instanzen auf der Leinwand aktualisiert.

Textwerkzeug

Nun geht's an die Beschriftung. Die Web-Seite soll die Überschrift *Öko-Farm Eiertanz* erhalten. Aktivieren Sie das *Textwerkzeug* im *Werkzeug*-Bedienfeld und klicken Sie in das für die Überschrift vorgesehene Rechteck. Als *Schrift* stellen Sie auf dem *Eigenschaften*-Bedienfeld *Lucida Sans*, als *Schriftgröße 50 pt* ein. Danach können Sie mit der Texteingabe beginnen (siehe Abbildung 9.15).

Der Text, den Sie auf die beschriebene Weise eingeben, wird nicht automatisch umbrochen. Das bedeutet, dass Sie die [↵]-Taste betätigen müssen, um eine neue Zeile zu beginnen. Der geschriebene Text erscheint sofort im Dokumentfenster und kann dort als Textblock wie jedes andere Objekt mit dem *Zeigerwerkzeug* und gedrückter Maustaste beliebig verschoben werden.

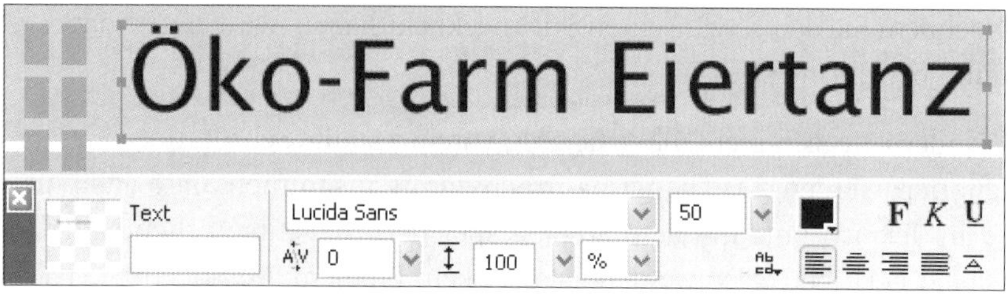

Abb. 9.15: Die Überschrift für die Web-Seite

Stile

Damit die Überschrift ein wenig pfiffiger wirkt, wenden wir uns einer weiteren praktischen Möglichkeit von Fireworks zu, dieses mit wenigen Mausklicks zu bewerkstelligen. Fireworks bietet nämlich so genannte *Stile* an, in denen Füllungen, Textattribute, Pinselstriche und/oder Effekte gespeichert sind und auf Objekte übertragen werden können. Natürlich dürfen Sie auch eigene Stile erstellen oder vorhandene bearbeiten.

Vordefinierte Stile

Um der Überschrift einen bereits von Fireworks festgelegten Stil zuzuweisen, markieren Sie diese und öffnen das Fenster *Stile*.

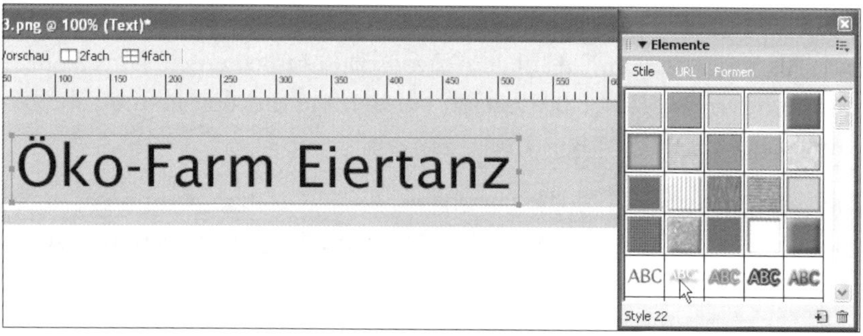

Abb. 9.16: Von Fireworks vordefinierte Stile

Nachdem Sie den gewünschten Stil angeklickt haben, wird er der markierten Überschrift zugewiesen.

Wundern Sie sich nicht, dass die eben voreingestellte Schriftart und -größe ignoriert werden. Das hängt natürlich damit zusammen, dass auch diese als Textattribute mit dem Stil abgespeichert und entsprechend auf das Objekt neu übertragen werden. Ist aber kein Problem: Markieren Sie nach der Stilzuweisung die Überschrift mit dem *Textwerkzeug* und stellen Sie erneut als Schrift *Lucida Sans*, als Schriftgröße *50 pt* und als Schriftattribut *Kursiv* (*K*) ein. Danach dürften Sie zufrieden sein.

Abb. 9.17: Die Überschrift nach der Stil-Zuweisung

Eigene Stile

Wenn Sie einen eigenen Stil erstellen wollen, ist das auch nicht schwierig.

Sie erstellen zunächst ein Objekt, dem Sie alle gewünschten Eigenschaften wie Füllungen, Textattribute, Pinselstriche und/oder Effekte zuweisen. Anschließend markieren Sie das Objekt und wählen aus dem Popup-Menü des Fensters *Stile* den Eintrag *Neuer Stil*.

Abb. 9.18: Eigene Stile entwerfen

In das automatisch erscheinende Dialogfenster *Neuer Stil* tragen Sie in das Eingabefeld *Name* eine Bezeichnung für den Stil ein. In den Kontrollkästchen legen Sie per Mausklick fest, welche Eigenschaften übernommen werden sollen und welche nicht.

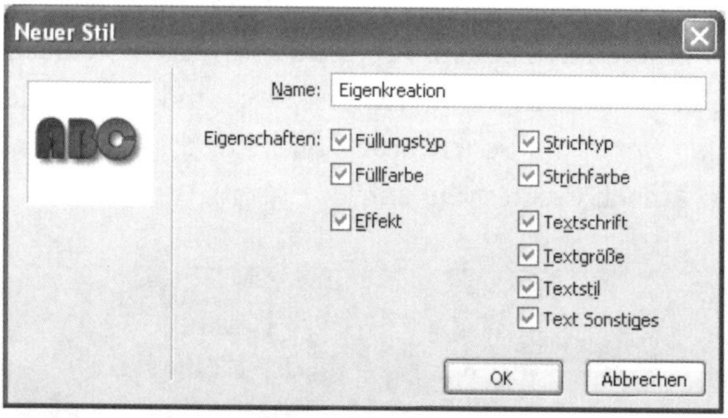

Abb. 9.19: Eigenschaften festlegen

Nachdem Sie das Dialogfenster mit *OK* bestätigt haben, erscheint Ihr selbst entworfener Stil in der Bibliothek und steht Ihnen dort als Symbol zur Verfügung.

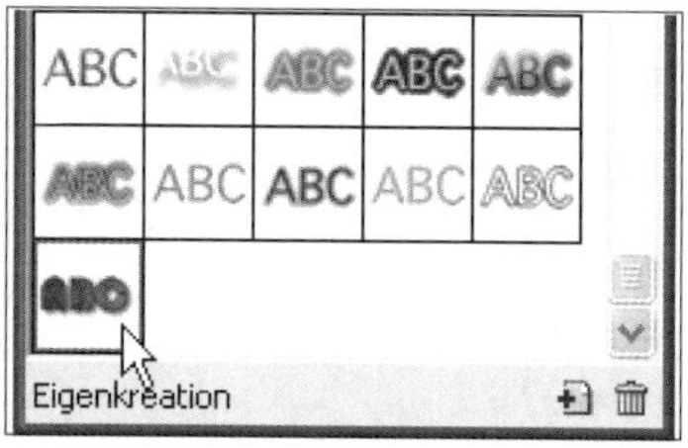

Abb. 9.20: Endlich zeigen Sie Stil! ;-)

Weiter im Text

Beschriften Sie jetzt die Navigationselemente. Starten Sie wie gewohnt mit dem *Textwerkzeug*. Stellen Sie die Schriftart *Lucida Sans* mit einer Schriftgröße von *15 pt* ein. Als Schriftfarbe wählen Sie die Farbe der Ähre.

Schreiben Sie nacheinander die Texte `Home`, `Rundgang`, `Geflügel` und `Huftiere`. Richten Sie den Text *Horizontal zentriert* an den Eidottern und *Linksbündig* aus. Anschließend sollte die Navigationsleiste wie folgt aussehen:

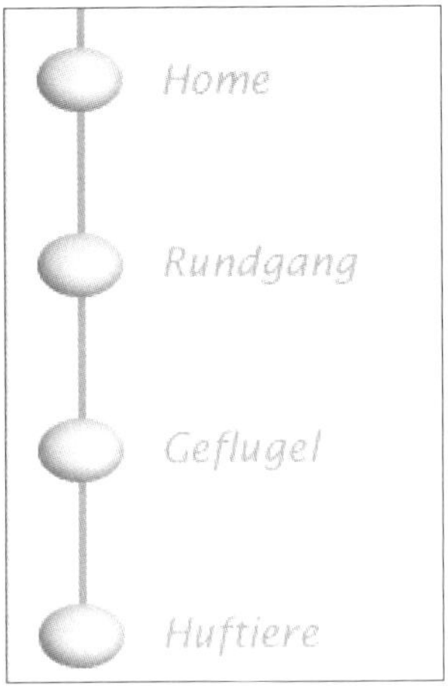

Abb. 9.21: Die Navigationsleiste ist beschriftet

HINWEIS

Wie Sie die Leiste navigationsfähig machen, können Sie im Kapitel »Navigationsleiste« nachlesen.

Wenn Sie mit Fireworks Texte erstellt haben, dann erschienen diese immer in einem rechteckigen Rahmen, den man als *Textblock* bezeichnet. Sobald Sie umfangreichere Texte eingeben wollen, legen Sie am besten vorab die Breite des Textblocks fest. Das bietet den Vorteil, dass der Text in der vorgegebenen Breite umbrochen wird. Eine so genannte *»harte« Zeilenschaltung* nehmen Sie mit der [↵]-Taste vor.

Wählen Sie hierzu wieder das *Textwerkzeug* und klicken Sie mit der linken Maustaste auf die Stelle im Dokument, an der der Textblock beginnen soll. Halten Sie die Maustaste gedrückt und ziehen Sie den Textblockrahmen auf. Sobald er die von Ihnen gewünschte Größe erreicht hat, lassen Sie die Maustaste los. Sofort finden Sie sich im Texteditor wieder und können dort wie gewohnt mit der Texteingabe beginnen. Bis auf die Überschrift (hier: Schriftgröße *18 pt* und *fett*) sind die Textattribute identisch mit der Navigationsbeschriftung.

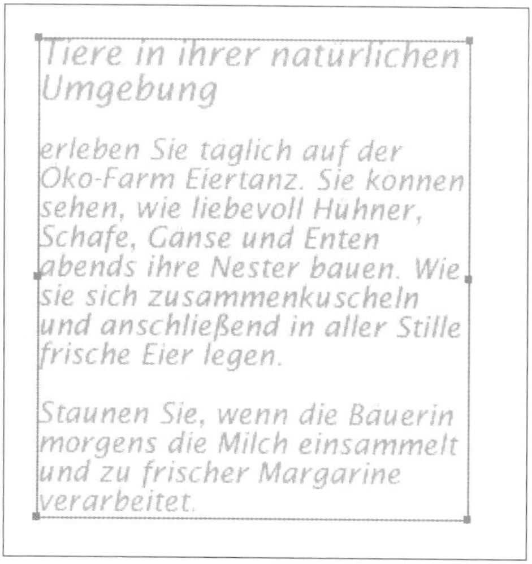

Abb. 9.22: Der Textblockrahmen ist deutlich zu erkennen

Wie Sie sehen, wird der Text standardmäßig horizontal und links ausgerichtet, d.h., rechts entsteht ein so genannter *Flatterrand*. Text kann mit Hilfe des *Eigenschaften*-Bedienfelds bei Bedarf auch vertikal, zentriert, rechtsbündig und gestreckt dargestellt werden.

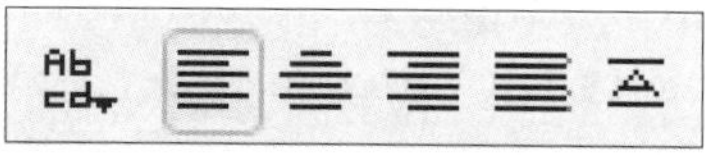

Abb. 9.23: Schaltflächen für die Textausrichtung und -anordnung

Darüber hinaus bietet Fireworks noch viele weitere Möglichkeiten der Textgestaltung, deren Beschreibung aber wie so oft den Rahmen dieses Einsteigerseminars sprengen würde.

Sonne einfügen

Die Sonne, die im nächsten Schritt in die Web-Seite eingebaut wird, steht wie viele andere Übungsdateien auch auf unserer Website *http://www.buchteam.de* zum Download zur Verfügung.

Nachdem Sie die Sonne wie dort beschrieben heruntergeladen haben, importieren Sie diese über das *Datei*-Menü.

In dem folgenden Fenster wählen Sie die Datei *sonne.png* aus und bestätigen dies, indem Sie auf die Schaltfläche *Öffnen* klicken.

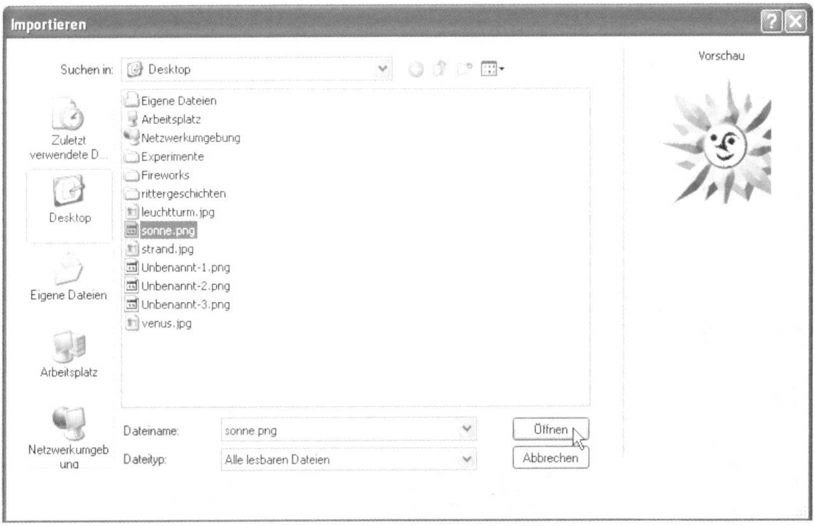

Abb. 9.24: Die Sonne importieren

Anschließend ziehen Sie mit gedrückter Maustaste an der Stelle, an der in etwa die Sonne platziert werden soll, einen Rahmen auf. Sobald Sie die Maustaste loslassen, geht die Sonne über der Öko-Farm auf (siehe Abbildung 9.25).

Wie jedes Objekt, lässt sich auch das Clipart mit der Maus an jeden beliebigen Ort verschieben.

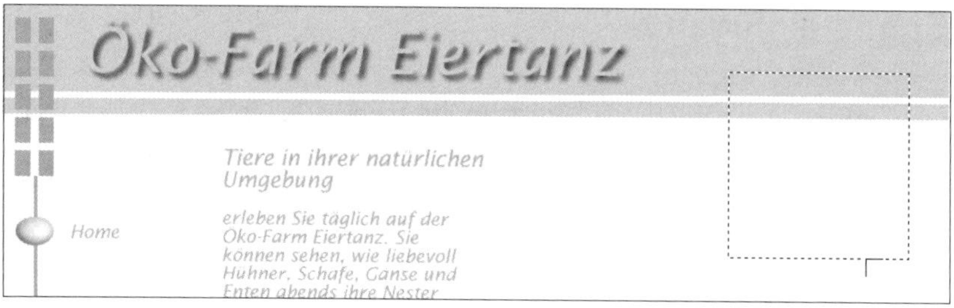

Abb. 9.25: Die Sonne platzieren

Skalierungswerkzeug

Mit Hilfe des *Skalierungswerkzeugs*, das Sie wie gewohnt im *Werkzeug*-Bedienfeld finden, werden Sie die markierte Sonne ein wenig vergrößern und drehen. Sobald Sie es anklicken, erscheinen rund um das Objekt acht schwarze Quadrate als Anfasser, mit deren Hilfe Sie das Objekt vergrößern oder verkleinern, stauchen oder dehnen können.

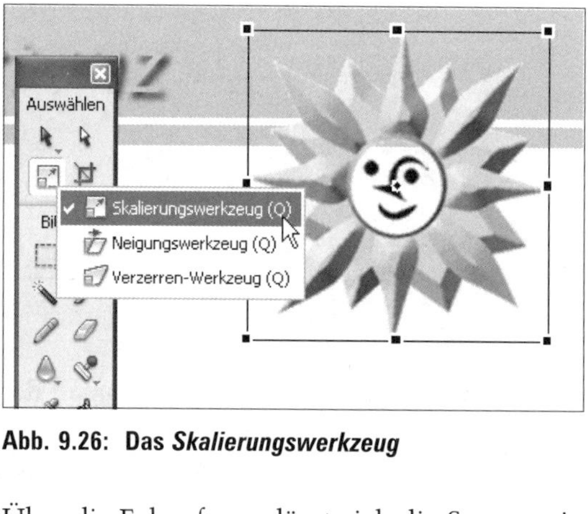

Abb. 9.26: Das *Skalierungswerkzeug*

Über die Eckanfasser lässt sich die Sonne mit gedrückter Maustaste verkleinern oder vergrößern, wobei die eingestellten Proportionen beibehalten werden. Eine gestrichelte Linie zeigt dabei an, welche Lage das Objekt beim Loslassen der Maustaste einnimmt.

Abb. 9.27: Objekt über Eckanfasser proportional vergrößern oder verkleinern

Über die Seitenanfasser lässt sich die Sonne dehnen bzw. stauchen, d.h., die ursprünglichen Proportionen gehen dabei verloren.

Abb. 9.28: Objekt über Seitenanfasser stauchen oder dehnen

Wenn Sie das Objekt drehen wollen, müssen Sie den Mauszeiger etwas außerhalb des Skalierungsrahmens führen. Er verwandelt sich in einen gedrehten Pfeil und ermöglicht die Drehung des Objekts um seine Mittelachse.

HINWEIS

Die Mittelachse wird als schwarzer Punkt dargestellt. Sie lässt sich mit gedrückter Maustaste beliebig verschieben.

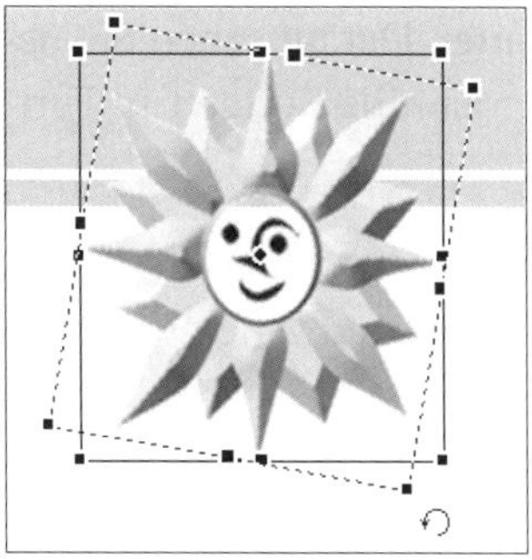

Abb. 9.29: Objekt drehen

Nachdem Sie die Sonne für die Web-Seite ein wenig vergrößert und gedreht haben, wird ihr abschließend der Effekt *Senkprägung* mit einer Breite von 5 Pixeln zugewiesen.

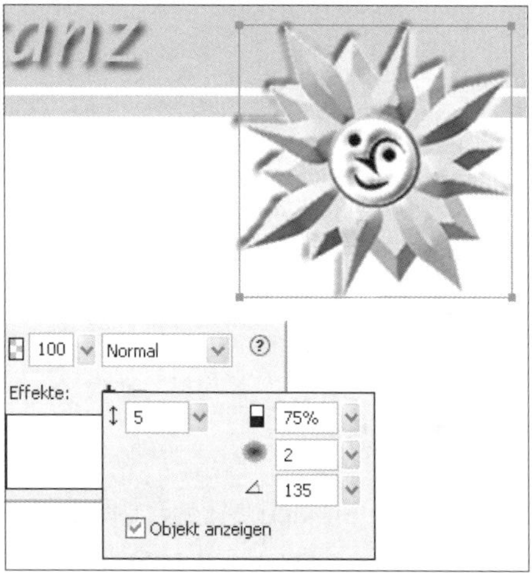

Abb. 9.30: Sonne mit Senkprägung

Bild einfügen

Zum Ende dieses Kapitels werden Sie noch ein Foto in die Web-Seite einfügen. Sie können hierfür ein selbst eingescanntes Foto nehmen oder Sie laden sich das Foto von unserer Website herunter. Darauf sehen Sie übrigens den wunderschönen Seppjockelshof der Familie Ketterer in Furtwangen/Schwarzwald.

Um das Foto nach dem Download auf die Web-Seite zu bekommen, wählen Sie erneut den Menübefehl *Datei / Importieren* und gehen weiter so vor, wie beim Import der Sonne beschrieben.

Weisen Sie dem eingefügten Foto zum Abschluss einen Schlagschatten zu, dann haben Sie es geschafft!

Abb. 9.31: Der Seppjockelshof mit Schlagschatten

9.2 Zusammenfassung, Fragen und Übungen

Zusammenfassung

- Mit Fireworks können Sie aus selbst erarbeiteten und importierten Objekten eine vollständige Web-Seite erstellen.
- Mit der Pipette wählen Sie eine Farbe von irgendeiner beliebigen Stelle des Bildschirms aus.

Zusammenfassung

- Wenn Sie ein Symbol aus der Bibliothek auf die Leinwand ziehen, wird eine so genannte *Instanz* des ursprünglichen Symbols genutzt. Jede Instanz kann ihre eigenen Eigenschaften haben, d.h., Sie können die Eigenschaften einer Instanz ändern, ohne dass sich das Originalsymbol in der Bibliothek ändert. Werden hingegen Änderungen am Originalsymbol vorgenommen, so wirken sich diese auf alle Instanzen aus.
- Fireworks bietet so genannte *Stile* an, in denen Füllungen, Textattribute, Pinselstriche und/oder Effekte gespeichert sind und auf Objekte übertragen werden können. Sie können auch eigene Stile erstellen oder vorhandene bearbeiten.

Fragen und Übungen

1. An welchem Objekt orientieren sich andere Objekte bei der Funktion *Ausrichten*?
2. Wie können Sie ein Objekt aus einer Gruppierung lösen, ohne die Gruppierung selbst aufzuheben?
3. Woran erkennen Sie, ob es sich bei einem Objekt um eine Grafik oder um eine Instanz handelt?
4. Warum sollten Sie die Breite eines Textblocks vorab festlegen, wenn Sie umfangreichere Texte eingeben wollen?

G
A
L
10

Automation

9
8
7
6
5
4
3
2
1

»

Macromedia Fireworks MX 2004

10 Automation

Bereits in der Einleitung zu diesem Buch wurde darauf hingewiesen, dass der Funktionsumfang von Fireworks so gewaltig ist, dass in einem *Einsteiger*-Seminar gar nicht alle Facetten des Programms beschrieben werden können. In diesem Kapitel werden weitere interessante Funktionen des Programms vorgestellt, ohne jedoch stets in die Tiefe zu gehen. Der Schwerpunkt liegt dabei mehr auf dem »Gewusst wo« als auf dem »Gewusst wie«.

10.1 Webfotoalbum

Macromedia Fireworks MX 2004 und Macromedia Dreamweaver MX 2004 bilden ein starkes Team, wenn es um das Arbeiten mit Dateien geht, die zwischen beiden Anwendungen ausgetauscht werden. Beide Programme enthalten viele gemeinsame Funktionen zum Bearbeiten von Dateien, einschließlich Änderungen von Verknüpfungen, Imagemaps, Tabellensegmenten und andere. Fireworks und Dreamweaver stellen somit eine Arbeitsplattform dar, mit der Sie grafische Webdateien bearbeiten, optimieren und in HTML-Seiten einbinden können. Sehen Sie im Folgenden als Beispiel eines erfolgreichen Teamworks die Erstellung eines Webfotoalbums.

Häufig finden Sie im Web Galerien, in denen über kleine Vorschaubilder der Inhalt der Bildersammlung angezeigt wird. Klickt man auf diese so genannten *Thumbnails*, dann startet eine Seite mit dem jeweiligen Bild in Originalgröße.

Voraussetzung für die Herstellung des Webfotoalbums ist jedoch, dass Sie auch Macromedia Dreamweaver auf Ihrem Rechner installiert haben.

HINWEIS

Auch Dreamweaver MX 2004 kann kostenlos von der Homepage von Macromedia heruntergeladen und nach der Installation 30 Tage lang getestet werden.

- Starten Sie Dreamweaver und klicken Sie, nachdem Sie ein neues Dokument angelegt haben, auf den Menübefehl *Befehle / Webfotoalbum erstellen*.

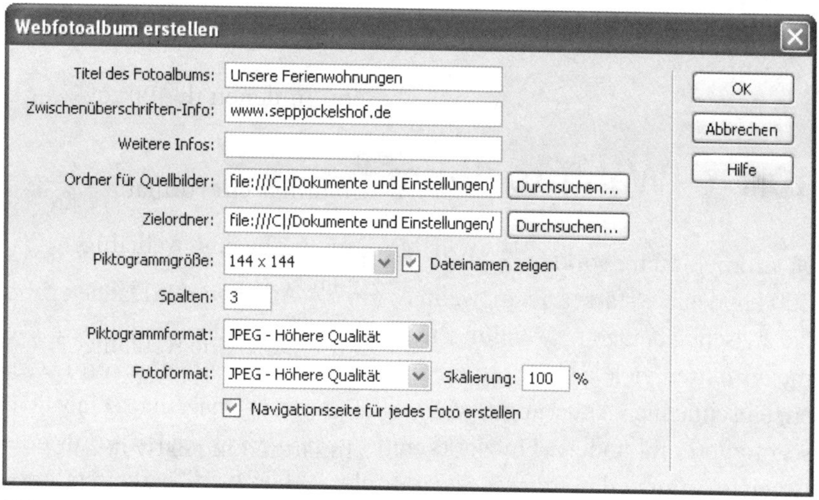

Abb. 10.1: Mehr ist für das Webfotoalbum nicht erforderlich

- In das Texteingabefeld *Titel des Fotoalbums* tragen Sie einen Titel ein. Dieser Titel erscheint später im Browserfenster über den Miniaturansichten. Optional können Sie in die Felder *Zwischenüberschriften-Info* und *Weitere Infos* bis zu zwei weitere Zeilen Text eingeben, die unter dem Titel des Fotoalbums angezeigt werden.
- Wählen Sie über die Schaltfläche *Durchsuchen* den *Ordner für Quellbilder*. Das ist der Ordner, in dem Sie die Bilder für das Fotoalbum abgelegt haben. Achten Sie darauf, dass die Dateinamen keine Sonderzeichen, z.B. Umlaute, enthalten!

- Wählen Sie danach über die nächste Schaltfläche *Durchsuchen* den bereits von Ihnen erstellten *Zielordner* aus. Das ist der Ordner, in dem die Bilder und die automatisch erzeugten HTML-Dateien für das Fotoalbum gespeichert werden.
- Im Listenfeld *Piktogrammgröße* legen Sie die Größe für die Bildsymbole fest.
- Wenn Sie wollen, dass die Dateinamen der Bilddateien unter den Piktogrammen angezeigt werden, aktivieren Sie mit einem Mausklick die Option *Dateinamen zeigen*.
- Geben Sie die Anzahl der *Spalten* ein, in denen die Piktogramme enthalten sein sollen.
- Wählen Sie im Listenfeld *Piktogrammformat* ein Format aus:
  - *GIF WebSnap 128* erstellt Miniaturen, die eine webfähige Palette von bis zu 128 Farben verwenden.
  - *GIF WebSnap 256* erstellt Miniaturen, die eine webfähige Palette von bis zu 256 Farben verwenden.
  - *JPEG - Höhere Qualität* erstellt Miniaturen in relativ hoher Qualität. Die Dateien werden dabei entsprechend größer.
  - *JPEG - Kleinere Datei* erstellt Miniaturen in relativ niedriger Qualität. Hier werden selbstverständlich die Dateien entsprechend kleiner.
- Über das Listenfeld *Fotoformat* wählen Sie ein Format für die normalen Fotodateien aus.
- Zum Abschluss aktivieren Sie die Option *Navigationsseite für jedes Foto erstellen*. Damit wird sichergestellt, dass jedes Quellbild eine eigene Webseite erhält, auf der die Links *Zurück*, *Home* und *Weiter* bereits integriert sind.

- Jetzt fehlt nur noch Ihr *OK* und Dreamweaver und Fireworks beginnen ihr gemeinsames Werk.

Dreamweaver startet nun automatisch Fireworks und arbeitet eine Stapelverarbeitung (*Batch-Verarbeitung*) ab.

Abb. 10.2: Die Bilder »wandern« ins Fotoalbum

Nach kurzer Zeit erhalten Sie die Meldung, dass Dreamweaver mit dem Album fertig ist.

Abb. 10.3: Alles paletti!

Klicken Sie auf die Schaltfläche *OK* und schauen Sie anschließend in den *Zielordner*, den Sie eben angelegt hatten. Überzeugen Sie sich dort von dem erfolgreichen Teamwork.

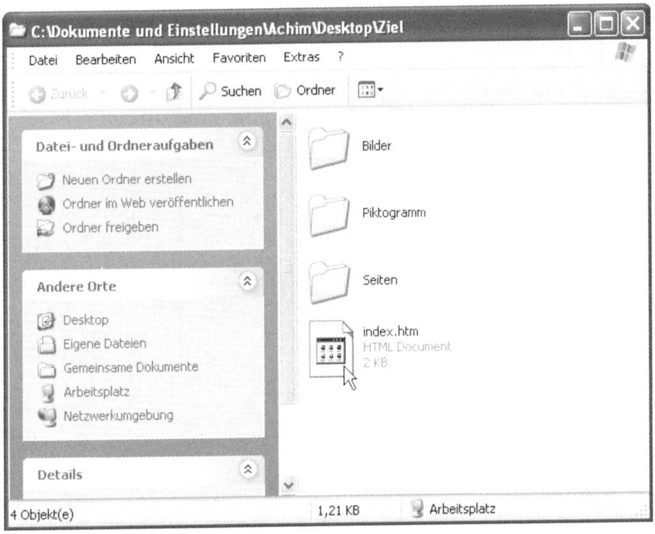

Abb. 10.4: Inhalt des Zielordners

Öffnen Sie mit einem Doppelklick die Datei *index.htm*. Der Browser startet und zeigt übersichtlich in einer Tabelle sortiert Miniaturansichten Ihrer Bilder (siehe Abbildung 10.5).

Klicken Sie auf eine der Miniaturansichten, so wird ein neues Browserfenster mit weiteren Navigationsmöglichkeiten geöffnet, in dem das Bild in seiner Originalgröße angezeigt wird (siehe Abbildung 10.6).

Selbstverständlich wird das Fotoalbum auch als Webseite in Dreamweaver angezeigt. So könnten Sie die Seite dort bei Bedarf weiter bearbeiten und erforderlichenfalls dem sonstigen Design Ihrer Website anpassen (siehe Abbildung 10.7).

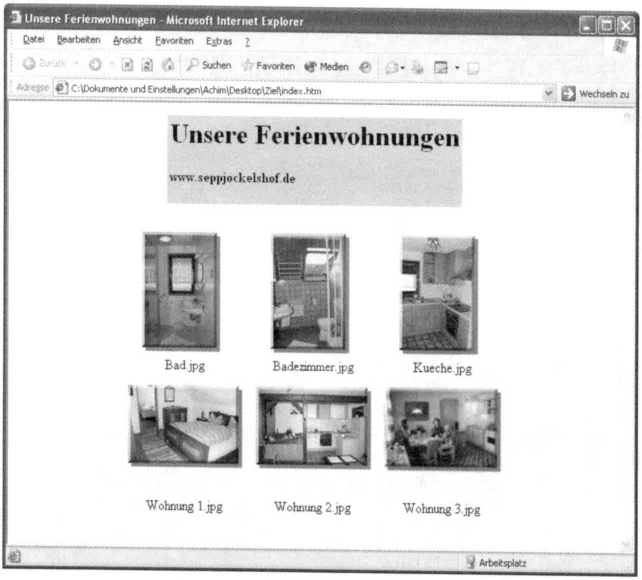

Abb. 10.5: Die Miniaturansichten der Bilder

Abb. 10.6: Die Einzelansicht nach dem Mausklick

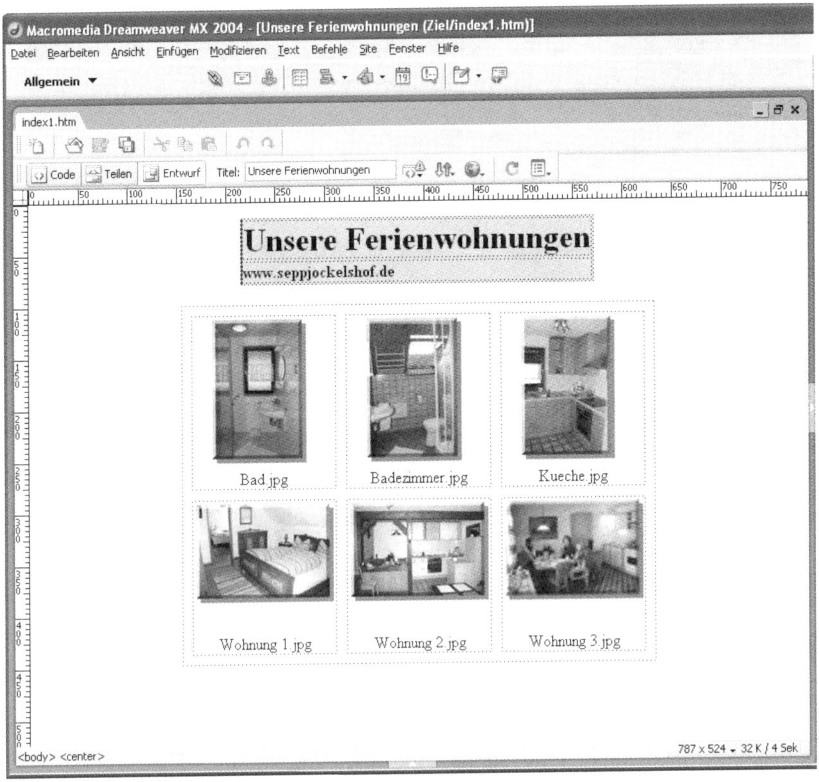

Abb. 10.7: Das Fotoalbum im Dreamweaver

10.2 Rahmen erstellen

Fireworks stellt bereits eine Reihe von vordefinierten Befehlen zur Verfügung, die als Einträge im Menü *Befehle* zu finden sind. Besonders pfiffig ist der Befehl *Kreativ / Neuer Bilderrahmen*. Hiermit haben Sie in Windeseile ein Foto gerahmt. Ob der voreingestellte (Holz-)Rahmen Ihren Geschmack trifft, ist dabei gar nicht mal so wichtig, denn mit wenigen Handgriffen verpassen Sie dem Rahmen ein neues Outfit!

HINWEIS

Es gibt leider keine Möglichkeit, den Befehl dahingehend zu ändern, dass grundsätzlich ein anderes Rahmenlayout voreingestellt ist.

- Öffnen Sie das Foto, das Sie mit einem Rahmen versehen wollen.
- Wählen Sie den Menübefehl *Befehle / Kreativ / Neuer Bilderrahmen*.

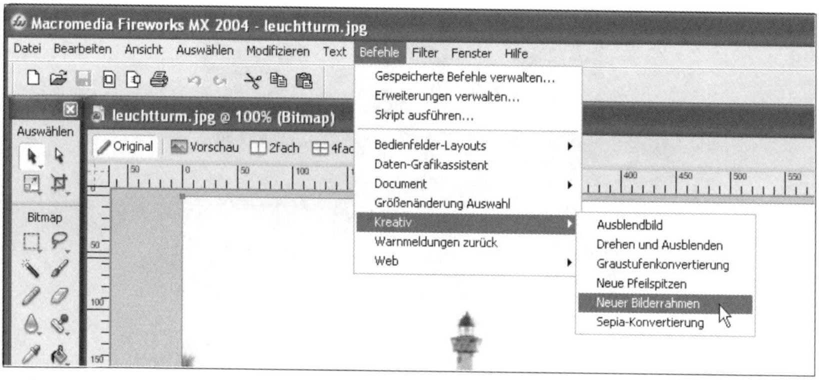

Abb. 10.8: Bilder rahmen

- In dem folgenden Dialogfenster wählen Sie ein Muster und legen die gewünschte Rahmengröße fest.

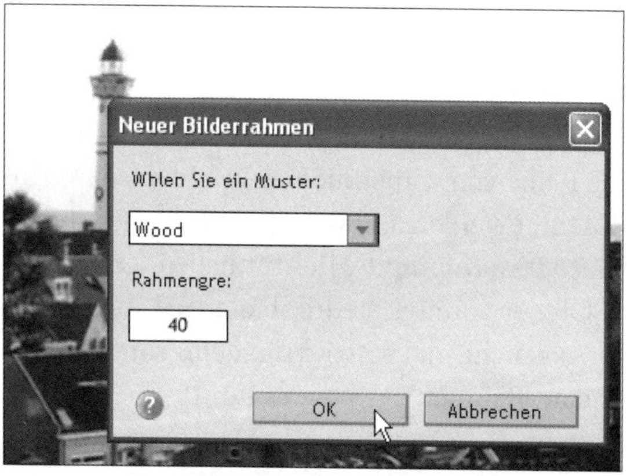

Abb. 10.9: Die Rahmenbreite festlegen

- Geben Sie Ihr *OK* – und wenige Sekunden später ist das Ergebnis sichtbar:

Abb. 10.10: Stilvoll – oder?

Wenn Sie die Bedienfelder *Eigenschaften* und *Ebenen* einblenden, können Sie nachvollziehen, was – außer einer Vergrößerung der Leinwand – alles passiert ist (gegebenenfalls müssen Sie vorher auf dem Bedienfeld *Ebenen* die Ebene *Frame* freigeben, indem Sie das Schlosssymbol anklicken):

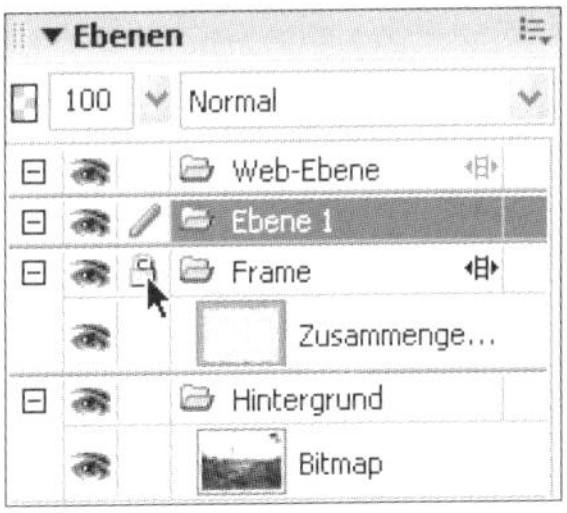

Abb. 10.11: Ebene freigeben

- Es wurde eine neue Ebene über dem Foto angelegt.
- Der Rahmen erhielt den Effekt *Innen geschliffen*.
- Der Rahmen erhielt aus der Füllkategorie *Muster* die Füllung *Holz*.

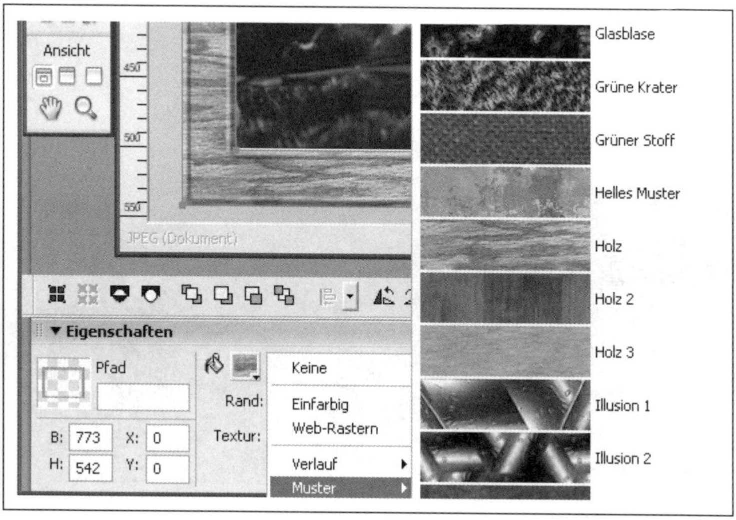

Abb. 10.12: Der Rahmen kann nur nachträglich geändert werden

Wollen Sie also den Rahmen Ihrem Geschmack anpassen, können Sie ihm beispielsweise eine andere Füllung zuweisen oder einen anderen Effekt wählen, oder, oder, oder ...

10.3 Befehl aufzeichnen

Im vorangegangenen Abschnitt haben Sie einen vordefinierten Befehl benutzt. Mit Fireworks ist es kein Problem, auch eigene Befehle aufzuzeichnen, die dann später immer wieder eingesetzt werden können. Im folgenden Beispiel werden Sie die Zuweisung einer Füllung und eines Effekts aufzeichnen:

- Legen Sie ein neues Dokument an oder öffnen Sie ein vorhandenes.

- Erstellen Sie ein Objekt mit dem *Rechteckwerkzeug*.
- Blenden Sie das Bedienfeld *Verlauf* ein. Sie sehen, dass dort das *Rechteckwerkzeug* als erster Arbeitsschritt angezeigt wird.
- Füllen Sie das Rechteck mit einem Muster Ihrer Wahl. Auch dieser Schritt ist im Bedienfeld *Verlauf* sichtbar.
- Weisen Sie dem Rechteck einen Schlagschatten zu.

HINWEIS

Aktionen, die nicht übernommen werden können, sind mit einem roten Kreuzsymbol gekennzeichnet.

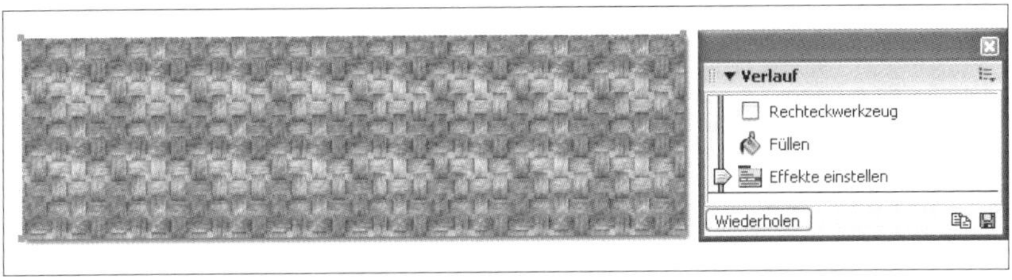

Abb. 10.13: Im Bedienfeld *Verlauf* werden die Befehle aufgezeichnet

Wollen Sie Arbeitsschritte rückgängig machen, ziehen Sie den Schieberegler mit der Maus um die entsprechenden Schritte zurück. Im Dokumentfenster ist der jeweilige Zustand sichtbar. Arbeiten Sie danach weiter, werden alle dazwischen liegenden Arbeitsschritte unwiderruflich gelöscht.

Abb. 10.14: Arbeitsschritte rückgängig machen

- Sind Sie fertig, speichern Sie alle gewünschten Arbeitsschritte, indem Sie diese zunächst im Bedienfeld *Verlauf* markieren. Wollen Sie mehrere zusammenhängende Arbeitsschritte markieren, halten Sie die ⇧-Taste gedrückt. Bei nicht zusammenhängenden Arbeitsschritten drücken Sie stattdessen die Strg-Taste.
- Speichern Sie die Befehle, indem Sie auf das Diskettensymbol klicken.

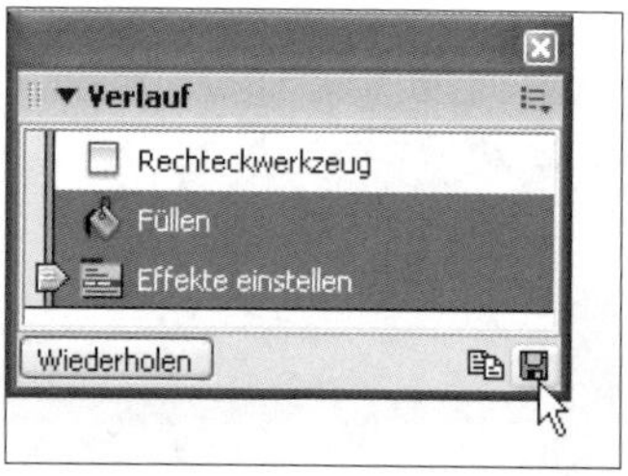

Abb. 10.15: Die markierten Arbeitsschritte werden gespeichert

- Im folgenden Dialogfenster geben Sie dem Befehl einen Namen und drücken die Schaltfläche *OK*.

Abb. 10.16: Den Befehl benennen

Ab sofort steht Ihnen der neue Befehl im Menü *Befehle* zur Verfügung.

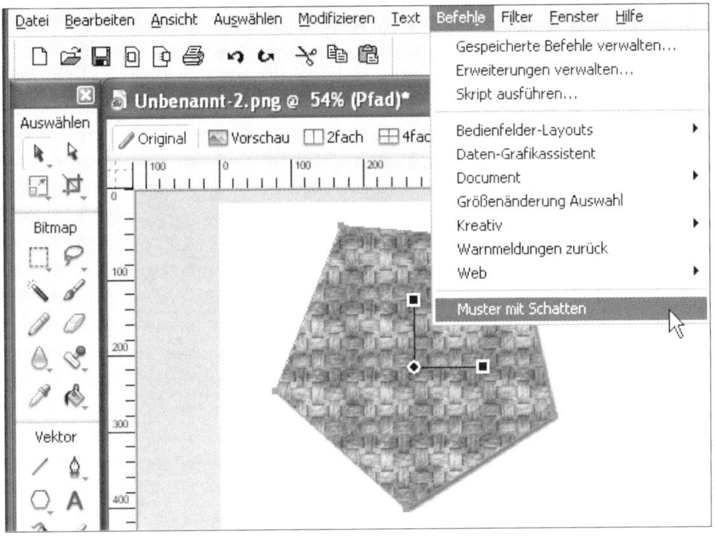

Abb. 10.17: Der neue Befehl bei seinem ersten Einsatz

Wollen Sie den Befehl umbenennen oder löschen, ist dies über den Menübefehl *Befehle / Gespeicherte Befehle verwalten* problemlos möglich.

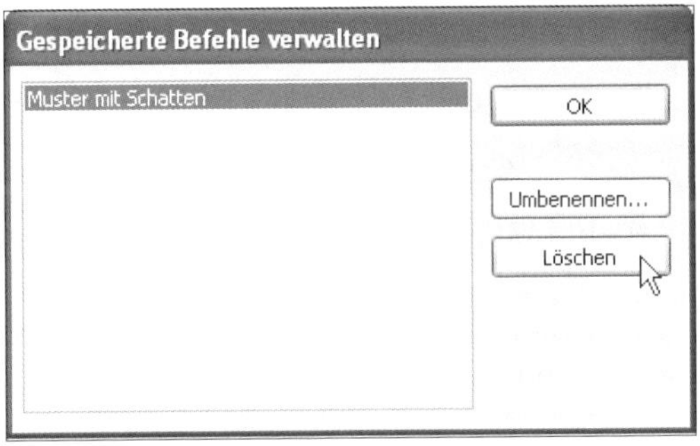

Abb. 10.18: Befehl umbenennen oder löschen

10.4 Suchen und ersetzen

Mit Hilfe des Bedienfeldes *Suchen* können Sie die verschiedensten Elemente, beispielsweise Texte, URLs, Schriftarten und Farben, in einem oder mehreren Dokumenten automatisch suchen und ersetzen. Sie finden das Bedienfeld wie gewohnt im Menü *Fenster*.

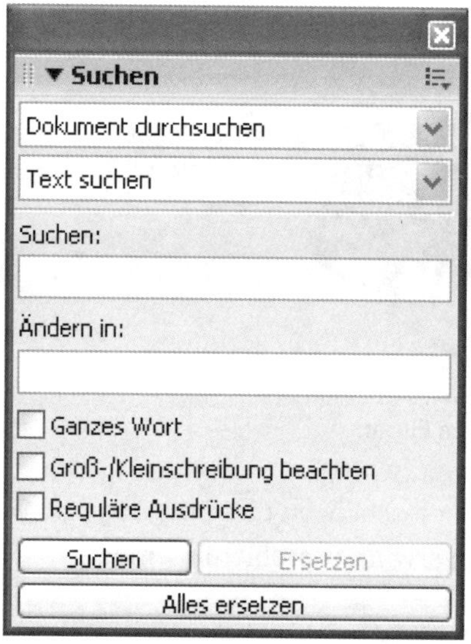

Abb. 10.19: Das Bedienfeld *Suchen*

- Im Listenfeld *Suchen in* legen Sie den Suchort fest.
  - *Auswahl durchsuchen* sucht und ersetzt Elemente ausschließlich in den momentan ausgewählten Objekten und Texten.
  - *Frame durchsuchen* sucht und ersetzt Elemente ausschließlich im aktuellen Frame.
  - *Dokument durchsuchen* sucht und ersetzt Elemente im aktiven Dokument.

- *Projektprotokoll durchsuchen* sucht und ersetzt Elemente in Dateien, die im Projektprotokoll aufgelistet sind.
- *Dateien durchsuchen* sucht und ersetzt Elemente in mehreren Dateien.

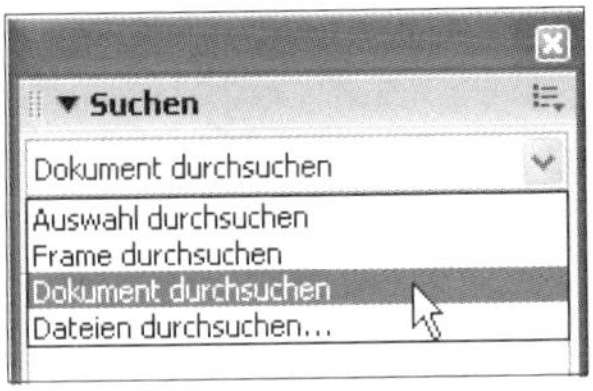

Abb. 10.20: Wo soll gesucht werden?

- Im Listenfeld *Suchen* stellen Sie das Attribut ein, nach dem Sie suchen wollen.
  - *Text suchen* sucht und ersetzt Wörter, Ausdrücke oder Textfolgen.
  - *Schrift suchen* sucht und ersetzt Schriften.
  - *Farbe suchen* sucht und ersetzt Farben.
  - *URL suchen* sucht und ersetzt URLs, die Webobjekten zugewiesen wurden.
  - *Nicht-Web216 suchen* sucht und ersetzt alle nicht websicheren Farben durch websichere.

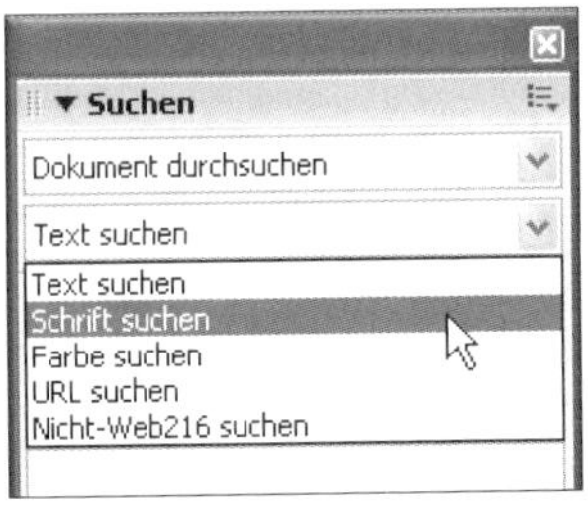

Abb. 10.21: Was soll gesucht werden?

- In die Texteingabefelder *Suchen* und *Ändern in* tragen Sie den Suchbegriff ein sowie den Begriff, der den Suchbegriff ersetzen soll.

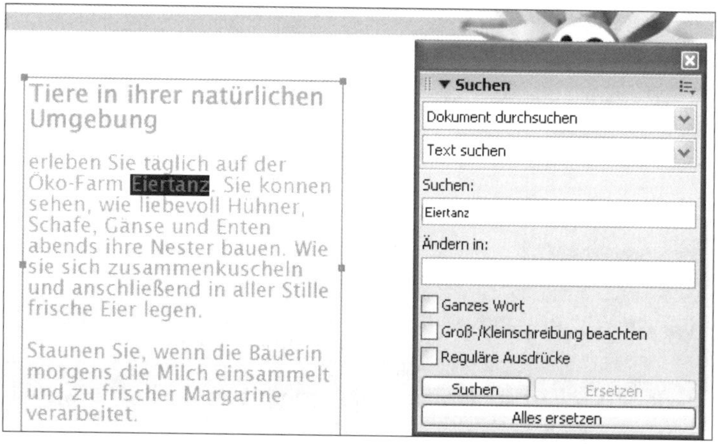

Abb. 10.22: Suchen und ersetzen in der Praxis

- Klicken Sie nun auf die Schaltfläche *Suchen*. Der aufgefundene Text wird im Dokument hervorgehoben angezeigt. Mit *Ersetzen* wird der hervorgehobene Text durch den Inhalt im Feld *Ändern in* überschrieben. Klicken Sie auf die Schaltfläche *Alles ersetzen*, wird der Text im gesamten Suchbereich ersetzt.

HINWEIS

Wenn Sie Text bzw. Objekte in mehreren Dateien ersetzen, werden diese Dateien gespeichert und geschlossen. Änderungen können daher nicht mehr mit *Bearbeiten / Rückgängig* widerrufen werden.

10.5 Batch-Verarbeitung

Mit der Batch-Verarbeitung ist es ebenfalls möglich, häufig anfallende Arbeiten zu automatisieren. So lassen sich mit ihr beispielsweise die unterschiedlich großen Fotos für das Webfotoalbum auf dieselbe Größe skalieren. Bei der Batch-Verarbeitung handelt es sich um eine sequenzielle Abarbeitung einzelner Befehlsschritte. Dabei stehen Ihnen folgende Optionen zur Verfügung:

- eine Auswahl von Dateien in ein anderes Format konvertieren,
- eine Auswahl von Dateien in dasselbe Format mit anderen Optimierungseinstellungen konvertieren,
- exportierte Dateien skalieren,
- Text, Farben, URLs, Schriften und nicht zur Palette *Web 216* gehörende Farben suchen und ersetzen,
- Gruppen von Dateien durch Hinzufügen eines Präfixes oder eines Suffixes umbenennen,
- bestimmte Befehle auf mehrere Dateien ausführen.

Gestartet wird die Batch-Verarbeitung über den Menübefehl *Datei / Batch-Verarbeitung*.

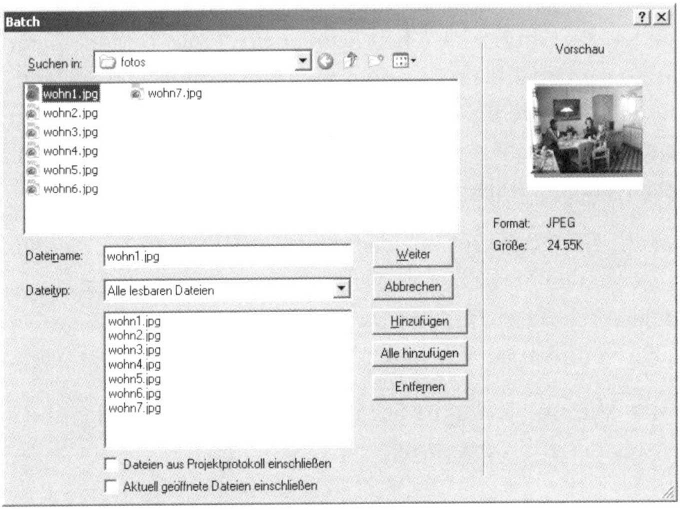

Abb. 10.23: Start der Batch-Verarbeitung

- Danach wählen Sie die zu verarbeitenden Dateien. Die Dateien können auch aus unterschiedlichen Ordnern ausgewählt und nach Dateitypen sortiert werden.
- Mit einem Klick auf die Schaltfläche *Hinzufügen* werden die ausgewählten Dateien bzw. Ordner zur Liste der zu verarbeitenden Dateien hinzugefügt. Wählen Sie einen Ordner aus, so werden automatisch alle gültigen und lesbaren Dateien, die in dem Ordner enthalten sind, zur Batch-Liste hinzugefügt. Gültige Dateien sind solche, die erstellt, benannt und gespeichert wurden. Für den Fall, dass die letzte Dateiversion noch nicht gespeichert wurde, werden Sie von Fireworks gefragt, ob Sie die Datei speichern und anschließend den Vorgang fortsetzen möchten. Speichern Sie die Datei nicht, endet die Batch-Verarbeitung.
- Über die Schaltfläche *Alle hinzufügen* werden alle gültigen Dateien im aktuellen Ordner zur Liste der zu verarbeitenden Dateien hinzugefügt.
- Mit *Entfernen* werden die ausgewählten Dateien aus der Liste der zu verarbeitenden Dateien entfernt.
- Aktivieren Sie das Optionskästchen *Dateien aus Projektprotokoll einschließen*, so werden alle im so genannten *Projektprotokoll* enthaltenen Dateien der Liste der zu bearbeitenden Dateien hinzugefügt. Diese Dateien erscheinen zwar nicht in der Liste, werden aber dennoch bei der Batch-Verarbeitung berücksichtigt.
- Mit einem Klick in das Optionskästchen *Aktuell geöffnete Dateien einschließen* stellen Sie sicher, dass alle offenen Dateien eingeschlossen werden. Auch diese Dateien werden zwar nicht in der Liste angezeigt, aber dennoch bei der Batch-Verarbeitung berücksichtigt.
- Ist alles klar, klicken Sie auf die Schaltfläche *Weiter*. Es erscheint das Dialogfenster *Batch-Verarbeitung*.

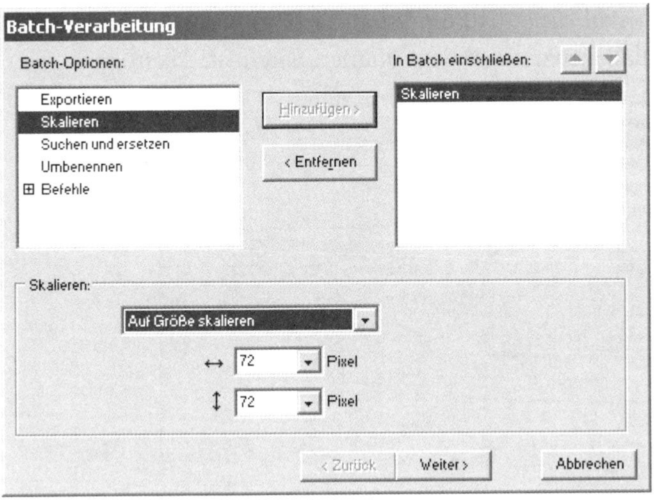

Abb. 10.24: Batch-Optionen hinzufügen

- Im linken Bereich wählen Sie aus der Liste der *Batch-Optionen* die gewünschte Aufgabe aus, in unserem Beispiel also die Option *Skalieren*.
- Mit einem Klick auf *Hinzufügen* erscheint die Aufgabe für die Batch-Verarbeitung im rechten Fensterbereich. Mit Ausnahme der Befehle können Sie jede Aufgabe nur einmal hinzufügen.
- Abhängig von der Aufgabe legen Sie im unteren Bereich des Fensters *Batch-Verarbeitung* die Optionen fest. So können Sie hier die Zielgröße der zu skalierenden Fotos festlegen.
- Die Reihenfolge der Aufgaben kann geändert werden. Hierfür markieren Sie die im rechten Bereich hinzugefügte Aufgabe und klicken auf eine der beiden Pfeilschaltflächen.
- Wollen Sie eine Aufgabe aus der Batch-Verarbeitung entfernen, wählen Sie im rechten Bereich die Aufgabe aus und klicken auf die Schaltfläche *Entfernen*.

- Klicken Sie schließlich auf die Schaltfläche *Weiter*. Es erscheint ein weiteres Dialogfenster mit dem Namen *Batch-Verarbeitung*.

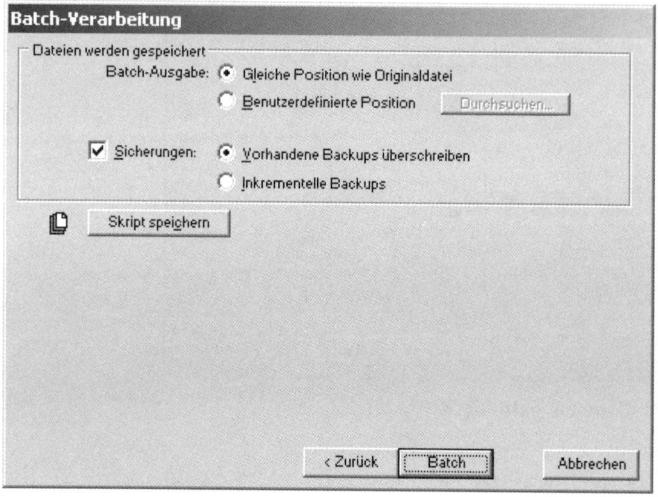

Abb. 10.25: Batch-Ausgabe

- In diesem Fenster wählen Sie die gewünschten Optionen zum Speichern der verarbeiteten Dateien aus. Dabei bedeutet *Gleiche Position wie Originaldatei,* dass die verarbeiteten Dateien an der gleichen Position wie die Quelldateien gespeichert werden. Wenn der Name bzw. der Dateityp nicht geändert wurde, werden dabei die Quelldateien überschrieben. Bei der Option *Benutzerdefinierte Position* müssen Sie eine Position zum Speichern der verarbeiteten Dateien angeben.
- Wollen Sie Sicherungsoptionen für die ursprünglichen Dateien angeben, dann aktivieren Sie die Option *Sicherungen*.
- Mit *Skript speichern* wird die Aufgabe als Skript gespeichert.
- Mit einem letzten Klick auf *Batch* starten Sie die Batch-Verarbeitung.

Wenn Sie sich nach Abschluss der Batch-Verarbeitung die Bilder für den Webfotokatalog anschauen, werden Sie feststellen, dass diese alle auf dieselbe Größe getrimmt wurden.

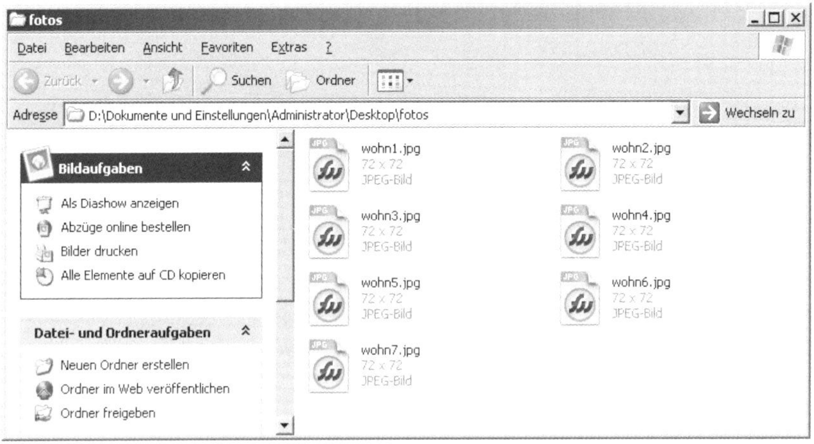

Abb. 10.26: Gardemaß (72 x 72 Pixel) für die skalierten Fotos

10.6 Zusammenfassung, Fragen und Übungen

Zusammenfassung

- Macromedia Fireworks MX und Macromedia Dreamweaver MX enthalten viele gemeinsame Funktionen zum Bearbeiten von Dateien, einschließlich Änderungen von Verknüpfungen, Imagemaps, Tabellensegmenten und andere.
- Fireworks stellt eine Reihe von vordefinierten Befehlen zur Verfügung, die als Einträge im Menü *Befehle* zu finden sind. Darüber hinaus ist es möglich, auch eigene Befehle aufzuzeichnen, die dann später immer wieder eingesetzt werden können.

Zusammenfassung

- Mit Hilfe des Bedienfeldes *Suchen und ersetzen* können Sie die verschiedensten Elemente, beispielsweise Texte, URLs, Schriftarten und Farben, in einem oder mehreren Dokumenten automatisch suchen und ersetzen.
- Mit der Batch-Verarbeitung ist es möglich, häufig anfallende Arbeiten zu automatisieren.

Fragen und Übungen

1. Welche beiden Programme sind für die Erstellung eines Webfotoalbums auf Ihrem Rechner zwingend erforderlich?
2. Weisen Sie dem automatisiert erstellten Holzrahmen das Füllmuster *Jeans* zu.
3. Was müssen Sie bedenken, wenn Sie Arbeitsschritte im Bedienfeld *Verlauf* rückgängig gemacht haben und dann weiterarbeiten?
4. Welche Attribute können Sie im Listenfeld *Suchen* des Bedienfeldes *Suchen und ersetzen* auswählen?
5. Bei der Batch-Verarbeitung handelt es sich um eine sequenzielle Abarbeitung einzelner Befehlsschritte. Welche Optionen stehen Ihnen dabei zur Verfügung?

G
A
L

Lösungen

10
9
8
7
6
5
4
3
2
1

»

Lösungen

Kapitel 1

1. In der Datei einer Vektorgrafik werden nicht einzelne Bildpunkte abgespeichert, sondern die Anweisungen zur Erstellung der Grafikobjekte. Diese sind auf Vektoren basierende Formeln; daher der Name Vektorgrafik. Eine Bitmap-Grafik besteht aus vielen kleinen Punkten (Pixel; daher auch: Pixelgrafik). Jeder dieser Punkte hat eine Farbe. Alle Punkte zusammen betrachtet ergeben den Eindruck des Bilds.

2. Fireworks in der neuesten Version MX 2004 ist zum einen als Standalone-Version erhältlich. Wünschen Sie aber eine optimale Integration von Siteentwicklung und Webgrafikdesign, dann entscheiden Sie sich für die Komplettlösung Macromedia Studio MX 2004. Die Studioversion beinhaltet neben Fireworks auch die Produkte Macromedia Flash MX 2004, Dreamweaver MX 2004, FreeHand MX und ColdFusion MX 6.1 Developer Edition (nur Windows).

3. Mit der [F4]-Taste.

4. Markieren Sie zunächst das gewünschte Namensregister und klicken Sie anschließend mit der rechten Maustaste auf die Titelleiste der Bedienfeldgruppe. Aus dem folgenden Kontext wählen Sie die Bedienfeldgruppe, mit der Sie das Namensregister gruppieren wollen.

5. Lineale helfen, Objekte anschaulicher zu positionieren oder in ihrer Größe zu verändern. Das *Raster* erleichtert die punktgenaue Positionierung und Größenanpassung.

6. Mit [Strg] + [Alt] + [G].

7. Mit der [F1]-Taste.

Kapitel 2

1. Drücken Sie [Strg] + [1], um die Ansicht auf *100%* zu stellen.
2. Wählen Sie das *Polygonwerkzeug* aus und geben Sie bei der Anzahl für die Seiten 3 an. Ziehen Sie dann das Dreieck mit gedrückter [⇧]-Taste im Dokumentfenster nach oben hin auf.
3. Ein Objekt spiegeln Sie an seiner Längsachse mit der Funktion *Modifizieren / Transformieren / Horizontal kippen.*
4. Aktivieren Sie die Funktion *Ansicht / Hilfslinien / An Hilfslinien ausrichten*, damit Objekte von Hilfslinien magnetisch angezogen werden.
5. Über die Funktion *Fenster / Ebenen* blenden Sie das Bedienfeld *Ebenen* ein, in dem der Stapel der Objekte eines Bilds abgebildet wird.

Kapitel 3

1. Wählen Sie im Bedienfeld *Eigenschaften* bei *Rand Anti-Alias* aus.
2. Markieren Sie die sich überlagernden Objekte und rufen Sie die Funktion *Modifizieren / Pfade kombinieren / Überschneiden* auf.
3. Verwenden Sie entweder das *Teilauswahl-Werkzeug* oder klicken Sie das Objekt bei gedrückter [Alt]-Taste mit dem *Zeigerwerkzeug* an.

Kapitel 4

1. Wählen Sie das Werkzeug *Ovaler Auswahlrahmen* und ziehen Sie mit gedrückter Maustaste einen Rahmen auf. Verschieben Sie die Auswahl mit dem *Zeigerwerkzeug*. Wenn Sie jetzt zusätzlich die [Alt]-Taste drücken, wird eine Kopie der Auswahl erstellt.

2. Eine Lösung entfällt.

3. Um den Auswahlrahmen zu verkleinern, lassen Sie das Auswahlwerkzeug aktiviert und drücken Sie zusätzlich die Alt-Taste. Erstellen Sie nun innerhalb des zu großen Auswahlbereichs einen weiteren, um den der große reduziert werden soll. Der sich überschneidende Bereich wird im großen Auswahlbereich entfernt. Um den Auswahlrahmen zu vergrößern, lassen Sie das Auswahlwerkzeug aktiviert und drücken zusätzlich die ⇧-Taste. Erstellen Sie nun einen weiteren Auswahlbereich. Der neue Bereich wird dem bereits vorhandenen Auswahlbereich hinzugefügt.

4. Wählen Sie das *Stempelwerkzeug* aus dem *Werkzeug*-Bedienfeld. Führen Sie den *Quellzeiger* in den Bildbereich, den Sie kopieren wollen, und klicken Sie diesen an. Der geklonte Bildbereich wird mit einem Kreuz, der Mauszeiger als Kreis angezeigt. Klicken Sie mit dem Kreis, wird die geklonte Auswahl positioniert.

5. Wählen Sie das *Füller*-Werkzeug aus dem *Werkzeug*-Bedienfeld. Klicken Sie einmal auf das Dokument. Klicken Sie erneut für den zweiten Punkt, aber halten Sie die Maustaste gedrückt. Ziehen Sie gleichzeitig den Mauszeiger in eine andere Richtung, wird der Pfad gekrümmt und es erscheinen auf beiden Seiten Punktgriffe. Über diese können Sie sowohl die Richtung als auch den Winkel der Krümmung einstellen.

Kapitel 5

1. Rufen Sie den Menübefehl *Datei / Öffnen* auf. Klicken Sie die erste Datei, die Sie öffnen möchten, in der Liste an. Drücken Sie die Strg-Taste und markieren Sie nacheinander die übrigen Dateien. Über *Öffnen* werden die Grafiken geladen.

2. Effekte, die Sie über das *Filter*-Menü einfügen, führen zu dauerhaften Änderungen in der Fireworks-Grafik. Im Gegensatz zu Live-Effekten können Sie sie nicht nachträglich anpassen bzw. nach Bedarf ein- oder ausblenden.

3. Mit der Funktion *Auto-Stufe* im Untermenü *Farbe anpassen* versucht Fireworks Bilder automatisch zu optimieren. Sie finden das Untermenü *Farbe anpassen* entweder im Menü *Filter* oder im Bedienfeld *Eigenschaften*.

4. Wenn Sie im Listenfeld des Dialogfensters *Bildgröße* die Option *Nächster Nachbar* auswählen, werden Qualitätsverluste beim Verkleinern eines Bilds nicht ausgeglichen.

Kapitel 6

1. Zur Auswahl verdeckter Bildobjekte steht das Werkzeug *Hintere auswählen* zur Verfügung. Halten Sie die Maustaste beim Anklicken des *Zeigerwerkzeugs* kurze Zeit gedrückt, um zu dieser Funktion zu wechseln.

2. Klicken Sie doppelt auf den Eintrag der Ebene im Fenster *Ebenen* und aktivieren Sie die Option *Über Frames freigeben*.

3. Klicken Sie doppelt auf den Zeitwert neben dem Framenamen im Fenster *Frame und Verlauf* und ändern Sie den Wert bei *Frame-Verzögerung*.

4. Sie können den Inhalt mehrerer Frames gleichzeitig mit Hilfe des *Zwiebelschichteneffekts* anzeigen lassen. Öffnen Sie das entsprechende Menü über die gleichnamige Schaltfläche am unteren Rand des Fensters *Frame und Verlauf*.

Kapitel 7

1. Ziehen Sie mit dem *Ellipsenwerkzeug* eine Ellipse auf. Klicken Sie im Bedienfeld *Eigenschaften* auf das Listenfeld *Füllkategorien* und wählen Sie die Kategorie *Muster*. Links vom Listenfeld *Füllkategorien* lässt sich mit einem Mausklick die *Füllung* öffnen, die das gegenwärtige Muster und über das Listenfeld *Musternamen* weitere Füllungen anzeigt. Wählen Sie den Musternamen *Gewebe*.
2. Klicken Sie im Bedienfeld *Eigenschaften* auf das Pluszeichen neben *Effekte* und wählen Sie den Menübefehl *Schatten und Glühen / Schlagschatten*.
3. Neben RGB stellt Fireworks über die Optionen des Bedienfelds *Farbmischer* noch die Farbmodelle Hexadezimal, CMYK, HSB und Grauskala zur Verfügung.
4. Markieren Sie mit der Maus den Text und das Kurvenobjekt. Wählen Sie die Funktion *Text / An Pfad anfügen*.
5. Im Gegensatz zum Hotspot können für eine Schaltfläche verschiedene Zustände definiert werden, die augenfällig sind, wenn der Mauszeiger über eine Schaltfläche fährt bzw. diese gedrückt wird.
6. Markieren Sie zunächst den rechten Eidotter. Danach wählen Sie aus dem *Werkzeug*-Bedienfeld das *Hotspot-Polygon-Werkzeug*. Klicken Sie mit der Maus auf die Umrisse des Eidotters. Legen Sie über das *Eigenschaften*-Bedienfeld die Verknüpfung fest, also *http://www.buchteam.de*.

Kapitel 8

1. Verwenden Sie die Methode *Web 216*, um die Websicherheit einer GIF-Grafik zu gewährleisten.

2. In der Regel erzielen Sie bei Fotos mit dem JPEG-Format die besseren Optimierungsergebnisse.

3. Rufen Sie das Fenster *Optimieren* auf. Wählen Sie im Listenfeld *Transparenztyp wählen* den Eintrag *Indextransparenz* aus. Klicken Sie die Schaltfläche *Farbe für Transparenz wählen* an und saugen Sie mit der Pipette die Farbe im Bild auf, die transparent gestellt werden soll.

4. Einige Einstellungen des PNG-Formats werden von den beiden führenden Browsern Internet Explorer und Netscape nicht sauber dargestellt.

Kapitel 9

1. Die Ausrichtung erfolgt immer an dem Objekt, das am weitesten von der Ausrichtungslinie entfernt ist.

2. Wenn Sie zusätzlich die Alt-Taste drücken, können Sie ein Objekt mit der Maus aus der Gruppierung herausziehen.

3. Ist eine Instanz markiert, erscheint an ihrem linken unteren Rand ein Pfeilsymbol. Somit ist klar, dass es sich um eine Instanz und nicht um eine Grafik handelt.

4. Legen Sie die Breite eines Textblocks vorab fest, wird der Text in der vorgegebenen Breite automatisch umbrochen.

Kapitel 10

1. Es sind die Programme Fireworks und Dreamweaver erforderlich.

2. Wählen Sie im Bedienfeld *Eigenschaften* aus der Füllkategorie *Muster* die Füllung *Jeans*.

3. Wenn Sie Arbeitsschritte rückgängig gemacht haben und anschließend weiterarbeiten, werden alle dazwischen liegenden Arbeitsschritte unwiderruflich gelöscht.

4. Im Listenfeld *Suchen* stehen Ihnen folgende Attribute zur Verfügung:

   - *Text suchen* sucht und ersetzt Wörter, Ausdrücke oder Textfolgen.
   - *Schrift suchen* sucht und ersetzt Schriften.
   - *Farbe suchen* sucht und ersetzt Farben.
   - *URL suchen* sucht und ersetzt URLs, die Web-Objekten zugewiesen wurden.
   - *Nicht-Web216 suchen* sucht und ersetzt alle nicht websicheren Farben durch websichere.

5. Bei der Batch-Verarbeitung stehen Ihnen folgende Optionen zur Verfügung:

   - eine Auswahl von Dateien in ein anderes Format konvertieren;
   - eine Auswahl von Dateien in dasselbe Format mit anderen Optimierungseinstellungen konvertieren;
   - exportierte Dateien skalieren;
   - Text, Farben, URLs, Schriften und nicht zur Palette *Web 216* gehörende Farben suchen und ersetzen;
   - Gruppen von Dateien durch Hinzufügen eines Präfixes oder eines Suffixes umbenennen;
   - auf mehrere Dateien bestimmte Befehle ausführen.

Anhang

Anhang

Internet-Adressen

Macromedia Fireworks

- *http://www.macromedia.com/de/software/fireworks/*
  Die Anlaufseite der Firma Macromedia für Fireworks.

- *http://www.macromedia.com/support/fireworks/*
  Auf den (englischsprachigen) Supportseiten zu Fireworks finden Sie Informationen, Anleitungen und Anregungen sowie Updates.

- *http://www.dreamworker.de*
  Hier finden Sie die so genannte *Macromedia Usergroup* (MMUG) für Dreamweaver, Dreamweaver UltraDev, Fireworks und Flash, die sich den Gedankenaustausch und Support rund um die Macromedia-Produkte auf die Fahne geschrieben hat.

- *http://dhtmlnirvana.com/pretty_lady/*
  Zum Download von Tutorials und Styles empfohlen.

HTML- und Web-Design

- *http://selfhtml.teamone.de/*
  Mit dem HTML-Kompendium von Stefan Münz können Sie HTML-Dokumente selbst erstellen. Sie finden nicht nur alle HTML-Befehle (Tags) auf einen Blick, sondern Sie können sich Beispiele anschauen und, wenn sie Ihnen gefallen, mit *Copy and Paste* übernehmen.

- *http://selfaktuell.teamone.de/*
  Hier finden Sie neben Aktuellem zum HTML-Kompendium verschiedene Download-Angebote und vor allem das SELFHTML-Forum

mit durchsuchbarem Archiv und Forumsauslese, außerdem den SELFHTML-Chat und die Spezialseiten der Community.

- *http://www.webmasterplan.com/de/*
  Die Webmasterplan-Website ist in die Hauptbereiche Optimierung, Promotion, Überwachung und Geldverdienen aufgeteilt. In jedem Bereich finden Sie zahlreiche Tipps, Infos und Tools, die Sie einsetzen können, um den Erfolg Ihrer Internet-Präsenz zu sichern.

Newsgroups zur Homepage-Erstellung

- *alt.homepages.designtips.uk*
- *alt.www.authoring.homesite*
- *de.comp.graphik*
- News-Server: *news://forums.macromedia.com*

Glossar

Glossar

Anti-Aliasing

Es handelt sich hierbei um eine Technik, mit der bei Pixelgrafiken der oft störende so genannte Treppeneffekt (insbesondere an Kanten oder Farbübergängen) beseitigt werden kann.

ASCII-Zeichensatz

ASCII steht für ***A**merican **S**tandard **C**ode for **I**nformation **I**nterchange*. Amerikanischer Zeichensatz, der sich durch Kompatibilität auszeichnet.

Bedienfelder

Streng genommen ist nur das Fireworks-Dokumentfenster ein Fenster im Sinne der Windows-Terminologie. Die anderen Fenster werden Bedienfelder genannt. Bedienfelder helfen beim Bearbeiten der verschiedenen Eigenschaften eines ausgewählten Objekts. Sie können jederzeit über das Menü *Fenster* mit einem Mausklick einzeln ein- oder ausgeblendet werden.

Bildschirmauflösung

Mit Bildschirmauflösung wird die Anzahl der Bildpunkte pro Zeile sowie die Anzahl der Zeilen bezeichnet. Bei der heute meist üblichen Auflösung von 800 mal 600 Pixel werden demnach 600 Zeilen mit jeweils 800 Bildpunkten dargestellt.

Bitmap-Grafik

Eine Bitmap-Grafik besteht aus vielen kleinen Punkten (Pixel; daher auch: Pixelgrafik). Jeder dieser Punkte hat eine Farbe. Alle Punkte zusammen betrachtet ergeben den Eindruck des Bilds.

Browser

Beim Browser handelt es sich um ein meist kostenloses Programm, das das Betrachten von Web-Seiten ermöglicht. Am weitesten verbreitet sind der Microsoft Internet Explorer und der Netscape Navigator, die für verschiedene Betriebssysteme angeboten werden.

CMYK

Subtraktives Farbmodell, das auf den Farben ***C**yan*, ***M**agenta*, ***Y**ellow* und *Blac**k*** basiert.

CSS

***C**ascading* ***S**tyle* ***S**heets*. Hierbei handelt es sich um einen Standard zur Beschreibung der Layouteigenschaften von HTML-Dokumenten.

Ebenen

Ebenen ermöglichen das Aufteilen einer Grafik in einzelne Schichten. Stellen Sie sich eine Glasscheibe vor, auf die Sie einen Baumstamm malen. Auf eine weitere Glasscheibe malen Sie die Baumkrone. Legen Sie beide Scheiben übereinander, erhalten Sie als Gesamteindruck eine zusammengehörende Grafik, den vollständigen Baum. Ebenso kann ein Dokument aus mehreren Ebenen bestehen und jede Ebene viele Objekte enthalten.

Farbmodell

Farbmodelle legen fest, auf welche Weise Farben berechnet werden.

Farbtiefe

Mit Farbtiefe wird die Anzahl der Farben bezeichnet, die ein Punkt eines Bilds annehmen kann.

Frames

Einzelbilder einer Animation.

GIF

*G*raphics *I*nterchange *F*ormat. Von der Firma CompuServe eingeführtes Grafikformat, das sehr weit verbreitet ist. Dieses Format ermöglicht die komprimierte Speicherung von Bildinformationen.

Homepage

Oft Einstiegs- bzw. Startseite einer Website. Kann aber auch für sich allein stehen (Visitenkarte).

Hotspot

Bei einem Hotspot handelt es sich um einen bestimmten, abgegrenzten Bereich einer Grafik (auch: Imagemap), dem ein Hyperlink zugewiesen wird. Es ist auch möglich, ausgewählten Bereichen einer Grafik unterschiedliche Hyperlinks zuzuweisen.

HSB

Farbmodell, bei dem die Farben durch Farbwert, Helligkeit und Sättigung beschrieben werden.

HTML

*H*yper*t*ext *M*arkup *L*anguage. Mit Hilfe dieser Seitenbeschreibungssprache wird der Quelltext für WWW-Dokumente geschrieben, dessen Befehle (Tags) der Browser in ein entsprechend formatiertes Dokument umsetzt und sichtbar macht. Ein Hauptmerkmal dieser Sprache ist die Möglichkeit, Verknüpfungen (Links) zu anderen WWW-Dokumenten bzw. innerhalb eines Dokuments herzustellen.

HTTP

Hypertext Transfer Protocol. Übertragungsprotokoll, das die Übertragung von HTML-Dokumenten vom Client zum Server ermöglicht.

Hyperlink

Logische Verknüpfung zwischen verschiedenen Web-Seiten oder als Sprungmarke innerhalb eines HTML-Dokuments. Hyperlinks werden in WWW-Dokumenten besonders hervorgehoben und können mit der Maus angeklickt werden.

Imagemap

Grafik in einem WWW-Dokument, der in bestimmten Bereichen unterschiedliche Hyperlinks zugewiesen werden.

Internet

Weltweites Netzwerk aus Millionen Rechnern und Rechnernetzen, die ein einheitliches Adressierungsschema sowie TCP/IP-Protokolle verwenden. Das Internet besteht aus einer Vielzahl von Diensten wie World Wide Web, News, E-Mail.

Internet Explorer

Browser der Firma Microsoft.

Java

Objektorientierte Programmiersprache, die C++ ähnlich ist.

Java-Applet

Bezeichnung für ein kleines (Unter-)Programm, das in eine Web-Seite eingebaut werden kann. Das Applet wird vom Server geladen und auf dem Client ausgeführt.

JavaScript

Scriptsprache, die in HTML-Dokumente eingebunden und vom Browser gelesen werden kann.

JPEG

***J**oint **P**hotographic **E**xperts **G**roup*. Kompressionsverfahren für Grafikdateien, das im Internet weit verbreitet ist und insbesondere für digitalisierte Fotos eingesetzt wird.

Link

Kurzform für Hyperlink.

Netscape Navigator

Browser der Firma Netscape.

Pfad

Vektorgrafiken bestehen aus Pfaden, die aus Punkten und den dazwischen liegenden Verbindungen erzeugt werden. Ein Pfad kann verschiedene Eigenschaften haben. Er kann beispielsweise gerade, gebogen, geschlossen oder gefüllt sein.

Pixel

Ein Monitorbild setzt sich aus vielen Punkten, den so genannten Pixeln, zusammen. Die Größe eines Pixels ist dabei abhängig von der Höhe der Monitorauflösung.

PNG

***P**ortable **N**etwork **G**raphics-Format*. Als Nachfolger des GIF-Formats vorgesehen.

Punkt

Mit einem Punkt wird der Richtungswechsel bei einem Pfad gekennzeichnet, d.h., über Punkte kann der Pfadverlauf beeinflusst werden.

Quelltext

ASCII-Text, auf dem ein HTML-Dokument basiert. Er enthält unter anderem die Befehle (Tags), die der Browser zur korrekten Darstellung eines WWW-Dokuments benötigt.

RGB

Schema zur Darstellung von Farben. Farbwerte basieren auf der Mischung der Grundfarben ***R**ot*, ***G**rün* und ***B**lau*.

Segment

Element einer Fireworks-Grafik, das durch die Aufteilung in gleiche oder unterschiedlich große, rechteckige Teile entsteht.

Tag

Die Befehle im Quelltext der HTML-Dokumente werden Tags genannt. Der Browser interpretiert die Tags und stellt die Dokumente entsprechend formatiert dar.

TIFF

Tagged Image File Format. Dateiformat zum Austausch von Bilddaten, findet vor allen Dingen im DTP-Bereich Verwendung.

Transparenz

Durchsichtige Flächen innerhalb einer Grafik, durch die der Hintergrund zu sehen ist.

URL

Uniform ***R****esource* ***L****ocator*. Hierbei handelt es sich um die eindeutige Internet-Adresse eines Rechners bzw. eines Informationsangebots.

Vektorgrafik

Vektorgrafiken werden mathematisch als eine Reihe von Punkten definiert, die durch Linien miteinander verbunden sind.

Web

Kurzform für World Wide Web.

Web-Seite

HTML-Dokument als Teil einer Website.

Website

Informationsangebot einer Firma, Behörde oder Person, das meist aus einer Homepage als Start- oder Einstiegsseite sowie verschiedenen Web-Seiten besteht.

Werkzeug-Bedienfeld

Das *Werkzeug*-Bedienfeld beinhaltet eine Vielzahl an Arbeitsgeräten, so z.B. zum Auswählen, zum Erstellen und zum Bearbeiten von Objekten.

WWW

Kurzform für ***W****orld* ***W****ide* ***W****eb*.

World Wide Web

Als World Wide Web wird die Gesamtheit aller weltweit miteinander verknüpften WWW-Dokumente bezeichnet. Es handelt sich hierbei um den wohl beliebtesten Dienst im Internet, der oft mit dem Internet gleichgesetzt wird. Das World Wide Web macht es möglich, Dateien jeder Art mit einem Mausklick abzurufen.

WYSIWYG

What you see is what you get. Bearbeitungsmodus, bei dem die Ansicht weitgehend mit dem beabsichtigten Ergebnis (Druckausgabe, Browseransicht) übereinstimmt.

Index

Symbole

A

B

G

H

I

J

K

T

U

V